Beiheft zum Bulletin Jugend + Literatur 15

Kinder und Medien

Was Kinder und Jugendliche mit Fernsehsendungen, Radiosendungen und Zeitschriften machen (können)

Herausgeber: Ralf Plenz

Eulenhof-Verlag Ehrhardt Heinold, Hardebek 1981

Für alle Kinder

Für Bettina

Alle Artikel ohne weitere
Namensangabe sind vom Herausgeber

Titel, Fotos, Zeichnungen,
Composersatz und Layout: Ralf Plenz, Hamburg

Druck: Evert, Neumünster

Vor-Überlegungen

Haben Sie sich Ihre Erwartungen und Vorüberlegungen in Bezug auf das Thema des Buches bewußt gemacht? Nun denn, machen Sie sich doch einmal Notizen:

Mir, als dem Herausgeber, fällt zwar Zusammenfassendes und Grundsätzliches ein, aber es sind fast nur Leerformeln: Manipulation durch Medien, Gewalt im Fernsehen, Konsumfixierung, Fremdbestimmtheit, Mediensprache, Tradition... Diese gilt es mit Inhalten zu füllen.

Antworten wie „Medienkunde" oder „aktive emanzipatorische Medienarbeit" sind noch keine Patentlösung auf die Fragen, die durch die Analyse der Mediensituation aufgeworfen werden. Solche Antworten müssen ebenfalls mit konkreten Inhalten angefüllt werden. Die einzelnen Artikel von *„Kinder und Medien"* können Orientierungshilfen bieten, Informationen und Meinungen zusammentragen; die jeweilige Lösung für den gerade vorfindbaren Erziehungsprozeß muß jeder für sich selbst suchen. Kommentierte Hinweise auf empfehlenswerte Kinder- und Jugendbücher sowie auf populärwissenschaftliche und streng methodische Bücher in all diesen Artikeln können Ihnen Ihre Arbeit allerdings erleichtern.

„Kinder und Medien" wurde von mir nicht nur konzipiert und zusammengetragen, sondern auch teilweise geschrieben, insgesamt illustriert, fotografiert, am Composer gesetzt und im Layout hergestellt. Warum ist das heute so selten? — Ein anderes Medien-Thema.

Hamburg, Februar 1981   *Ralf Plenz*

Inhalt:

Vor-Überlegungen	5
Die Situation	8
Im Mediensumpf	8
Vater & Medienpädagoge (Joachim Burauen)	18
Meine Kinder und ihr Fernsehen (Sieglinde Issberner)	25
Durchschnitt	29
Medienlandschaft (Klaus Göbel)	36
Gewaltdarstellung im Fernsehen — Besteht Anlaß zum Umdenken? (Michael Kunczik)	53
Farbig/Farblos: Kinder- und Jugendbücher	73
Bücher zum Medium	84
Das vierte Programm — laut oder leise? (Hans Kimmel)	104
Kinderalltag — Medienalltag	114
Zeitschriften	117
Wegweiser ins optische Zeitalter? (Gudrun Jochmus-Stöcke)	117
BRAVO — bravo? (Hiltrud Kortz)	122
Für die ganze Familie — Programmzeitschriften (Gudrun Jochmus-Stöcke)	130
Superbonbonniere (Hans Bachmüller)	136
Gelungener Versuch? —Junior Journal	138
Der Jugendzeitschriftenmarkt	140
Warum immer nur lernen? — Kinderzeitschriften	154

Radio 158

WBAI (Network'ler) 158

Fernsehen 165

Die inszenierte Wirklichkeit 165
Das Detail ist das Ganze (Gert K. Müntefering) 182
Warum man fernsehen lernen muß (Helmut Greulich) 192

Selbstgemachtes 202

Kinder machen ihre Zeitung selbst (Bettina Pötz) 203
Das Tüpfelchen auf dem i (Detlev Fechtmann) 219
Soziales Lernen? (Rotraut Greune) 225
Action oder Aktionen? - Medienpädagogik im Jugendfreizeitbereich (Ulrich Gilles) 231
Mit Notenbuch und Kamera — Medienpädagogik in der Schule (Ulrich Gilles) 241
Adressen 248
Leerseiten 249
Am eigenen Schopf aus dem Sumpf ziehen 252

Autorenverzeichnis 257

Inserentenverzeichnis 259

Im Mediensumpf

Ein etwas polemischer Einstieg in den allzu bekannten Sumpf

Wenn man in ein sumpfiges Gelände kommt, merkt man dann nicht, daß der Boden unter den Füßen nachgibt, daß man sich nicht mehr so gut halten kann? Eigentlich doch. Wohnt man aber schon seit über 30 oder 40 Jahren in einem sowieso sumpfigen Gebiet, merkt man kaum, daß es immer sumpfiger wird, es fehlen Vergleichswerte, Bezugspunkte. Ergebnisse anthropologischer Forschungen belegen, daß die meisten Menschen ihre Lebenszusammenhänge und ihr Kommunikationsverhalten als „normal" und durchschnittlich ansehen — jeder definiert sich seine Situation so, daß er mit ihr zufrieden ist (zur Reduktion kognitiver Dissonanzen); dieses Verhalten scheint auch notwendig zu sein.

Ich möchte das Beispiel mit dem Sumpf im Augenblick nicht weiter ausführen, in einem späteren Artikel komme ich darauf zurück. Das Sumpfbild ist für mich jedoch so illustrativ, daß ich Vögel zwitschern und Frösche quaken höre, fast sogar Angst vor Mückenstichen bekomme. Ich möchte aber nicht, daß man mir als Medienpädagogen den Vorwurf macht, ich würde Fernsehen, Rundfunk, Zeitschriften usw., Teilhaber am Mediensumpf, als schädlich und gefährlich abtun, sie verdammen wollen. Das liegt mir nun verdammt fern, es wäre auch nicht realitätsnah.

Im Mediensumpf

Das Bild des Sumpfes habe ich nur als Einstieg gewählt, weil es ein gutes Denkmodell ist: auch durch den supfigsten Morast gibt es Wege —Pfade, die sich jeder selbst suchen muß. Je mehr ich über die Medienlandschaft, ihre Entstehungsbedingungen und Sachzwänge weiß, umso besser kann ich mich orientieren, **umso bewußter** kann ich in ihr leben, mich kritisch mit ihr auseinandersetzen. Auf Ratschläge und Rezepte, die **wie Dauerlutscher** sind, kann ich auch gut verzichten.

Konsum, schlechtes Gewissen, Abhängigkeit

Unsere private, berufliche und geschäftliche Umwelt ist von Medienprodukten angefüllt, Werte und Normen, die durch Medien an uns vermittelt werden, bestimmen unseren Alltag mit. Durch Gewohnheit und die Vorbildfunktion unserer Freunde und Verwandten gibt es für uns eigentlich nur eine Verhaltensweise gegenüber den Medieninhalten: aufnehmen, sie konsumieren. Immer wieder schleicht sich **bei jedem** das schlechte Gewissen ein („Eigentlich ist dieser ewige passive Konsum ja doch nicht das, was ich will, eigentlich müßte ich mal wieder was eigenständiges machen."). Wer gibt denn schon zu, am letzten Sonntag 7 Stunden vor der Glotze gehangen zu haben? Teilweise sind wir gegenüber diesem latent vorhandenen schlechten Gewissen aber auch gut abgestumpft. Wir bemerken — ironisch zwischendurch oder z.B. nach der Rückkehr aus dem Urlaub — daß wir in eine Abhängigkeit zu diesen Medienprodukten geraten sind.

Ich möchte **nicht** wie *Marie Winn* von der *„Droge im Wohnzimmer"* sprechen und mich vor allem auch nicht *Jerry Mander*s Plädoyer: *Schafft das Fernsehen ab* anschließen. Es sei zunächst am Rande bemerkt, daß beide Bücher sehr gute Nachweise und Argumentationsrahmen liefern, jedoch beziehen sie sich auf amerikanische Verhältnisse, die bekanntlich extremer sind als hiesige. *Marie Winn: Die Droge im Wohnzimmer, Reinbek: Rowohlt, 1979, 318 S.,kt., 22.—DM* und *Jerry Mander: Schafft das Fernsehen ab! Eine Streitschrift gegen das Leben aus zweiter Hand. Reinbek: Rowohlt, 1979, 320 S.,kt., 24.—DM.* **Es erscheint mir überhaupt nicht sinnvoll, etwas abzuschaffen, gegen etwas zu sein** — das ist zu einfach. Sinnvoller ist es, bewußter und aktiv seine (Medien-) Lebenszusammenhänge zu gestalten.

Zunächst einmal eine Bestandsaufnahme dessen, was sich in den meisten Familien abspielt. *Hermann Bausinger* beschreibt dies sehr illustrativ: „ ... Was so aufgezählt wird, ist ja nicht etwa eine bemühte Anhäufung, sondern eher eine reduzierte Auswahl. Was 14- oder 10- oder auch 6jährigen Tag für Tag begegnet, geht weit über diese Aufzählung hinaus.

Das beginnt schon mit der Frühstückszeitung, aus der der Vater in patriarchalischer Verfügungsgewalt Informationen verteilt; seiner Frau teilt er einige Todesanzeigen und vielleicht noch Sonderangebote zu, während er die Kinder mit einigen Sportergebnissen versorgt. Gleichzeitig spielt das Radiogerät; solange der Vater spricht, handelt es sich um bloßen Hintergrund; wenn aber das Kind während der Zeitansage eine Frage stellt, dann muß es plötzlich bemerken, wie schnell die primäre Orientierung wechseln kann. Freilich: es *ist* auch Zeit, höchste Zeit. Es reicht gerade noch zum Zähneputzen. Seit einiger Zeit unterwirft sich das Kind dieser Prozedur verhältnismäßig gerne, weil auf der Zahnpastatube Donald-Duck-Geschichten abgebildet sind; der große Bruder hält das für eine üble Manipulation; die Mutter ist froh, daß das Kind die Zähne überhaupt putzt; der Vater hilflos, weil das Kind von ihm verlangt, daß er die Geschichten vorlesen solle, was ihm schwerfällt, weil er die Fremdsprache der Comics nicht beherrscht. Auf dem Schulweg sieht das Kind Tag für Tag den BILD-Verkäufer, bei dem die Männer mit der gleichen lässigen Süchtigkeit aufkreuzen, mit der die Kinder in der Schulpause Brezeln oder Brausepulver verlangen. In der Schule registriert die Lehrerin, die eigentlich ein Diktat schreiben lassen wollte, große Müdigkeit. Nach einigen Rückfragen bringt sie das in Zusammenhang mit dem „großen Preis" — da es aber nicht der von Hockenheim ist, sondern der von Wim Toelke, wird sie selber unsicher, ob sie etwas dagegen sagen soll — außerdem hat es keinen Wert. Statt dessen ergreift sie die massenmediale Offensive und bietet den Kindern Naturschutzkalender an — Schulkinder pflegen in solchen Fällen zu behaupten, sie *müßten* die Hefte kaufen, was oft zu erstaunlich hohen Auflagen führt. Auf dem Heimweg kauft einer von den älteren Schülern die neue BRAVO; gleichzeitig fällt der neugierige Blick des Jüngeren auf die Comics und Illustrierten. Zuhause werden die Schulaufgaben gemacht, und selbst die stehen im Bannkreis der Massenmedien: die Lehrerin hat gesagt, man solle große D ausschneiden, und das Kind hat schnell entdeckt, daß die Programmzeitschrift ein besonders gut geeignetes Mittel ist, weil zu den wenigen Gemeinsamkeiten zwischen ARD und

ZDF eben das große D gehört. Das Kind macht die Schulaufgaben schnell, denn um 15 Uhr wird „Flipper" übertragen; der große Bruder hält das zwar für ;;bäbisch", zumal es schon vor Jahren gelaufen ist, aber jüngere Kinder wachsen immer wieder nach; und da die Lehrerin einmal gesagt hat, Tierfilme seien lehrreich, ist auch die Mutter einigermaßen unsicher geworden. Inzwischen kommt eine Freundin. Sie hat neue Platten mitgebracht, eine neue Märchenplatte vor allem. Vorher aber spielt das Kind noch das Lied ab, über das die Eltern am Tag vorher so gelacht haben. Die Kinder hören: „Laß die Morgensonne endlich untergehen..." — dies ist zwar unverständlich, aber das Unverständliche ist ein Signum der bewunderten Erwachsenenwelt. Erst danach wird „Frieder und Katerlieschen" aufgelegt. Einmal stellt die Mutter das Grammophon kurz leiser; sie hört im Radio den Stand des jüngsten Entführungsfalls. Andererseits ist sie ganz froh, daß die Kinder versorgt sind; sie muß nämlich noch rasch in die Stadt, um etwas für den Geburtstag eines Nachbarkindes einzukaufen — wobei sie schwankt, ob sie das wahrscheinlich ungefähr 1 200 000. Exemplar „Hotzenplotz" oder das „Nein-Buch für Kinder" kaufen soll, das auch ganz gut sein soll. Sie beeilt sich, denn gegen sechs Uhr pflegen Streitigkeiten um das Fernsehprogramm zwischen den Geschwistern zu entstehen; sie will vor allem nicht, daß die Kinder die neue Serie des Werbeprogramms ansehen. Aber sie kommt zehn Minuten zu spät, und da sie kein Unmensch ist, erlaubt sie den Kindern, den Film zu Ende zu sehen — ohne sich darüber im klaren zu sein, daß sie damit auch die nächsten zwölf Folgen eingekauft hat. Ärgerlich ist sie vor allem deshalb, weil sie den Kindern schon versprochen hatte, sie dürften am Abend „Dalli-Dalli" sehen — Erziehung — Orientierung — Bildung ...

Eine solche Häufung wirkt grotesk. Sie macht aber nur verfremdend bewußt, was tatsächlich abläuft. ..." (*Hermann Bausinger: Kinder und Jugendliche im Spannungsfeld der Massenmedien, Seite 12 — 14, in: Martin Furian, Kinder und Jugendliche im Spannungsfeld der Massenmedien, Stuttgart: Bonz, 1977, 228 S., kt., 22.80 Mark*)

„Aber so ist das doch gar nicht" meint da der kritische Leser und Pädagoge und merkt dennoch, wie der Boden unter seinen Füßen nachgibt. Um nun in die Vielfalt der Medienprodukte eine Ordnung zu bekommen, habe ich mich in diesem Buch bewußt auf die Medien Fernsehen, Rundfunk und Zeitschrift beschränkt und behandele hier auch nur die

Aspekte, die für die Erziehungssituation im Umgang mit Kindern und Jugendlichen relevant sind. Um den Start weiter zu erleichtern, möchte ich mich zunächst auf das Fernsehen beschränken und andeuten, wie es zu seiner heutigen Rolle gekommen ist. Ein solcher historisch-analytischer Bezugsrahmen liefert eine Grundlage, die einen ersten Standort im Sumpf markiert.

Seit Anfang der fünfziger Jahre erlebte die Wirtschaft der Bundesrepublik Deutschland einen kaum gekannten (wenngleich auch nicht ganz kontinuierlichen) Aufschwung, der sie zu einer der bedeutendsten Industrienationen machte, und in bescheidenem Maße vielen Familien einen kleinen Wohlstand brachte. Mit wachsenden sozialen Leistungen wurden die Arbeitszeiten verkürzt, was zur Folge hatte, daß mehr Freizeit als bisher zur Verfügung stand. Diese Entwicklung lief parallel mit einer enormen Expansion in sachlichen Wissensgebieten, die sich besonders seit den fünfziger Jahren mit einem immer schneller werdenden Tempo ereignete. Heutzutage verdoppelt sich das Wissen alle vier bis fünf Jahre, also etwa viermal so schnell, wie zu Anfang des Jahrhunderts.

Die (lebensnotwendige) Individualkommunikation, insbesondere die in der Familie, ist nicht (mehr) ausreichend, um alle notwendigen Erfahrungen sowie Einblicke in die wichtigsten Lebensbereiche zu vermitteln. Durch die in fast allen Industrienationen verbreitete Tendenz zur Kleinfamilie und zu eher individuellen Lebensformen (Stichwort: 'Singles') entfallen jedoch viele Möglichkeiten zur Erfahrung im sozialen Bereich, wie sie beispielsweise in einer Großfamilie oder einer größeren Lebensgemeinschaft zu machen wären. Zur Wissensvermittlung auf Fachgebieten ist man in Zukunft mehr und mehr angewiesen auf Informationen, die durch Fachliteratur oder Lernprogramme **medial** vermittelt werden. An die Stelle der **leider** zurückgehenden Primärerfahrungen treten die nicht unmittelbar selbst gemachten, sondern durch (Schul-) Bücher, Zeitschriften, Rundfunk, Film und Fernsehen vermittelten **Sekundärerfahrungen**. Diese Medien haben eine sehr ernst zu nehmende Sozialisationsfunktion. Ein und derselbe Sachverhalt wird von jedem dieser Medien mit den jeweils ihm zur Verfügung stehenden (medienspezifischen) Möglichkeiten dargestellt. Eine je spezifische Darstellung kann jedoch nicht ohne Einfluß auf die Aufnahme (Rezeption) des Stoffes bleiben. Jede Kommunikationsform ist z.B. durch schulisches

Im Mediensumpf

Versuch, nicht im Sympathisanten-Sumpf zu versinken.

Zeichnung von Gerhard Seyfried, in: Gerhard Seyfried, Freakadellen und Bulletten, Berlin: Elefanten Press Verlag GmbH, 1979, 86 S.

Lernen beeinflußbar (Erwerb einer umfassenden Sprachkompetenz in der Schule); insbesondere ist die Rezeptionsqualität durch Lernen in allen Sozialbereichen beeinflußbar.

Einerseits steht also mehr Freizeit als je zuvor zur Verfügung, andererseits geht aber gleichzeitig tendenziell die persönliche Kommunikation zurück. Am Beispiel des Fernsehens läßt sich andeuten, wie mit fortschreitender technischer Entwicklung diese „Lücke" gefüllt wird, indem sich durch ein regelmäßiges Fernsehprogramm die Lebensgewohnheiten ändern. Lassen Sie sich beispielsweise gerne um 19.00 Uhr oder 20.00 Uhr durch einen Telefonanruf von den Fernsehnachrichten abhalten?

Der zentrale Platz, den das Fernsehen seit Anfang der siebziger Jahre in der Mediennutzung der Jugendlichen einnahm, soll zur Verdeutlichung kurz skizziert werden: von den **170 Minuten täglich**, die Jugendliche (die einen Fernseher in der Familie haben) zwischen 14 und 19 Jahren für Medien allgemein nutzen (Bundesdurchschnitt aller Fernsehzuschauer: 186 Minuten), entfallen
    5% auf Bücher
    10% auf Zeitungen/Zeitschriften
    31% auf Hörfunk/Schallplatten/Tonband
    54% auf Fernsehen
Diese Zahlen sind entnommen den großen repräsentativen Studien zum Tagesablauf 1970/71, die das ZDF veranlaßten, sein Programm ab 1973 völlig neu zu strukturieren. *Dieter Stolte (Hg): Das Fernsehen und sein Publikum – Studien zum Tagesablauf 1970/71, Mainz: v.Hase & Koehler Verlag, 1973, 320 S., Ln, 48.– DM.*

Zahlen sind nüchtern und verbauen oft den Zugang zu den eigentlichen Ursachen, dennoch möchte ich als Basiswissen noch einige genauere Zahlen zum Fernsehen vermitteln. Die Informationen und Daten sind entnommen dem Artikel: *Einschaltquoten und Sehverhalten in der Familie. Neuere Ergebnisse der teleskopie-Zuschauerforschung* von *Bernward Frank*, in: *ZDF-Schriftenreihe, Heft 21, Medienforschung – Familie und Fernsehen, Mainz: ZDF, 1978. 56 S., kostenlos über die Presseabteilung des ZDF.* Kinder und Jugendliche wachsen zum größten Teil in Familien auf, in denen ein Fernseher benutzt wird. Wir haben in der Bundesrepublik Deutschland 20,5 Millionen Fernsehhaushalte, wo „durchschnittlich knapp drei Stunden werktags und je viereinhalb Stunden am Samstag und Sonntag" der Fernseher eingeschaltet ist. In 86 % bis 88% (Jahresdurchschnitt) dieser Haushalte wird mindestens einmal am Tag der Fernseher eingeschaltet.

Fernsehen nimmt also nicht nur einen festen Platz am Feierabend und in der Freizeit fast jeder bundesdeutschen Familie ein, sondern es strukturiert diese Zeit auch dementsprechend. Gerade Kinder und Jugendliche werden durch dieses „allgemeinste Medium" Fernsehen, das eine Vielzahl von Erfahrungen vermitteln kann und das wegen dieser Allgemeinheit die höchste Glaubwürdigkeit im Verhältnis zu anderen Medien hat, besonders angesprochen.

In diesem Zusammenhang darf nicht übersehen werden, daß durch eine meist sehr frühzeitige Gewöhnung an Fernsehkonsum und die Vorbildfunktion von älteren Freunden, Bekannten und selbstverständlich der Eltern, Kinder und Jugendliche bereits eine eigene Rezeptionshaltung aufbauen, die sich recht schnell verfestigt, ohne daß sie je die spezifische Zeichensprache des Fernsehens erlernt haben.

Die Art und Weise, in der uns Nachrichten, unterhaltende Geschichten und Bildung **medial** übermittelt werden, beeinflußt sehr wohl die Qualität dessen, was bei uns ankommt. In diesem Zusammenhang überzeugt folgender Vergleich immer wieder:

Wir lernen in der Schule die Techniken des Lesens und Schreibens; nach Erwerb dieser Kompetenzen erlernen wir später dann einzelne Schreibstile und das Interpretieren. Mit diesen Fähigkeiten können wir uns gut orientieren, wissen beispielsweise den Artikel einer Zeitung analytisch auseinanderzunehmen, uns die eigentlichen Informationen zueigen zu machen.

Aber wann haben wir die spezifische Zeichen- und Bildersprache des Fernsehens gelernt, wann konnten wir durch Selbermachen genaueres lernen — im Sinne von „erfahren", immer wieder durch die Sache durch fahren?

Wir lassen alles auf uns einwirken und nehmen es auf, wie Realität. Wir betrachten das Fernsehen allzuoft als **Fenster zur Welt** (sogar als Gesprächspartner), und merken dabei nicht (weil wir ja quasi Analphabeten sind), daß wir in ein **Schaufenster** sehen, in dem alles fein säuberlich so arrangiert ist, daß es nur noch konsumiert zu werden braucht.

Fernsehbilder sehen der Realität nun einmal verdammt ähnlich – daher auch die Frage, wieso man „fernsehen" (genauer: die fernsehspezifischen Ausdrucksmittel) denn erst erlernen müsse. Wer aber längere Zeit in einer Videogruppe mitgearbeitet hat oder in Fernsehstudios als kritischer Beobachter dabeisein konnte, bekommt einen guten Eindruck davon, wie **ausschnitthaft** und tendenziös, wie arrangiert und manipuliert jedes Bild und jeder Ton ist, daß es **die Wirklichkeit** im Fernsehen gar nicht geben kann. Je besser er aber Entstehungsbedingungen, Sachzwänge und Gesetzmäßigkeiten des Mediums kennt, umso kompetenter ist er gegenüber ihm, umso weniger kann er manipuliert werden, umso besser kann er das Gesehene und Gehörte angemessen und 'richtig' „lesen".

Die Notwendigkeit, eine Fernsehkompetenz aufzubauen, wird von keinem Pädagogen und schon gar keinem Medienpädagogen bestritten. Woran hapert es aber, daß wir an unseren Schulen noch nicht einmal das Fach „Medienkunde" haben? Die Veröffentlichungen seit Beginn der siebziger Jahre belegen dieses: Medienfachleute und Medienkritiker theoretisierten, bastelteten (baukastenartige) Theorien und brauchten fast ein Jahrzehnt, um alleine die vielen theoretischen Ebenen und Begriffsabgrenzungen auf die Reihe zu bringen. Die euphorischen Ideen, wie ein Medienunterricht auszusehen habe, Lernzielformulierungen und erste Modellversuche folgten Mitte des Jahrzehnts. Medienpädagogen wurden ausgebildet, Ende der siebziger Jahre folgten empfehlenswerte und für die Praxis wichtige Bücher zu einem Medienunterricht, die endlich die Theorielastigkeit aufhoben.

Endlich war es nun so weit, die Weichen für die Praxis waren gestellt, es könnte losgehen. Doch: Das Fach Medienkunde gibt es noch immer nicht, allenfalls Unterrichtseinheiten über Kommunikation in den Fächern Deutsch und Kunst; die Reformideen sind auf unbestimmte Zeit verschoben, Etats für Videostudios auf ein Minimum zusammengestrichen, es gibt keine Planstellen für Medienpädagogen usw. Hat aber eine Schule einen Medienpädagogen im Kollegium (so selten wie die Stecknadel im Heuhaufen), so wird ihm die Arbeit durch bürokratische Hindernisse, engstirniges Fächerdenken und nichtvorhandene curriculare

Im Mediensumpf

Absicherung fast unmöglich gemacht. Medienarbeit (als notwendigerweise unbequeme gesellschaftspolitische Arbeit) wird nicht mehr gerne gesehen.

Die Vielzahl von Projektbeschreibungen, medienpädagogischen Modellversuchen und Aktionen, denen meist ausschnitthaft theoretische Vorüberlegungen vorangeschickt werden, erfreut und verwirrt zugleich zu Beginn dieser achtziger Jahre. Je besser dieses umfangreiche Material gesichtet, klassifiziert und bewertet werden kann, umso leichter wird sich der Ratsuchende orientieren können und umso eher findet er die richtigen Bücher und Zeitschriften zum Einstieg, die passenden Bücher für Kinder oder aber solche für gezielte Weiterarbeit auf dem bereits begonnenen Weg.

Die Pfade durch einen Sumpf sind nur in seltenen Fällen ausgeschildert, sie führen auch schon mal ins Nichts; daher sind Orientierungskriterien für das Mediengebiet notwendig und umso brauchbarer, je weniger sie den Leser (indoktrinierend) in eine Richtung drängen, oder mit Theorielastigkeit und Fachausdrücken überschüttet zurücklassen. Mein Ziel kann es nur sein, beim Leser eine (pluralistische) medienpädagogische Kompetenz aufzubauen.

Vater & Medienpädagoge

von Joachim Burauen

Aufgrund der kürzlichen Lektüre zweier Bücher war ich vor kurzem versucht, meine „Droge im Wohnzimmer" aus dem Fenster zu werfen, getreu dem Ratschlag der amerikanischen Psychologin *Marie Winn*, daß nur die totale TV-Abstineznz helfen kann. (Siehe Seite 91).

Ich habe es natürlich nicht gemacht, weil so das Problem Fernsehen nicht zu lösen ist. Unsere Nachbarn haben ja dummerweise auch immer noch ihren Apparat, so daß wir uns dort dem Fernsehkonsum hingegeben hätten. Marie Winn's radikaler Vorschlag hat also nur dann Sinn, wenn das gesamte Fernsehen verschwände, das hieße aber das Rad der Geschichte zurückzudrehen. Und warum nur das Fernsehen, warum nicht auch die anderen Massenmedien, wie Comics, Film, Bücher, Zeitungen, Flugblätter, Radio Schallplatten ...? Bei dem Aufkommen all dieser Medien warnten die Zeitgenossen vor der verderblichen Wirkung des jeweiligen Mediums auf die Jugend und den Rest der Menschheit. Jedesmal wurde der Untergang derselben vorausgesagt, wenn nicht sofort das Medium zum Teufel gejagt würde, wo es auch herkäme. Selbst das Massenmedium Buch war davon nicht verschont, das Buch, das doch heute im Großen und Ganzen als kulturell wertvoll angesehen wird. Vor einigen Monaten wurde in der Fünf-Minuten-Sendung „Wir über uns" ein Zeitgenosse aus dem 16.Jh. zitiert, der vor dem Lesen von Büchern warnte, weil dadurch die Jungen zu unvernünftigen Abenteuern angeleitet und die Mädchen von der Hand- und Hausarbeit abgehalten würden.

Als die Stummfilmtheater wie Pilze aus dem Boden schossen, traten ebenfalls Mahner mit ähnlichen Argumenten auf. Insofern stehen die Warner vor dem Fernsehen — auch die Artikel von Heribert Heinrich in der „Hör zu" nicht zu vergessen — in einer alten Tradition.

Aber zurück zum Fernsehen, dessen Entwicklung noch längst nicht abgeschlossen ist. Bildschirmtext, Videotext, Sattelitenfernsehen, Kabelfernsehen, kommunales Fernsehen, Privatfernsehen stehen uns noch bevor. Zur Zeit läßt sich ein enormer Boom mit Videogeräten beobachten, für mich ein Zeichen dafür, daß das Bedürfnis nach audiovisueller Unterhaltung und Information noch längst nicht von Film und Fernsehen ausreichend befriedigt wird.

Wir müssen uns vergegenwärtigen, daß wir im Zeitalter der Massenkommunikation leben. Und die Massenmedien bedienen uns nicht nur mit Unterhaltung und Information, sie bieten uns auch Belehrung an. Wir haben mitunter Schwierigkeiten aus der Fülle der Angebote uns das auszuwählen, von dem wir uns einen Nutzen versprechen. Steht im Hasue ein ständig einsatzbereites audiovisuelles Medium, ist die Versuchung doch sehr sehr groß, dieses bevorzugt oder ausschließlich zu gebrauchen. Damit ist schon ein Teil der Faszination des Fernsehens erklärt. Aber es gibt auch kein anderes Medium, das so perfekt uns die Illusion gibt, Zeizeuge zu sein. Wir konnten ja schon fast den Mondstaub riechen, damals . Mit dieser Live-Mondübertragung, sei es nun vom Mond, aus dem nächst Sportstadion oder von einem anderen Punkt der Erde aus, haben wir schon unsere Schwierigkeiten.

Einige Beispiele: Nicht wenige Menschen glaubten, die Übertragungen der ersten Mondlandung seien raffiniert und brilliant gemachte Aufnahmen aus der Wüste Nevada.
Viele Zuschauer der ersten Sendungen "Der große Preis" fragten verblüfft bei den Sendern an, wie es denn möglich sei, so kurz nach der Ziehung der Gewinnzahl schon die Gewinner parat zu haben. Sie hatten nicht erkannt, daß diese Ziehung eine Aufzeichnung innerhalb der Livesendung war und schon einige Tage vorher stattgefunden hatte. Die Fernsehmacher hatten selbstverständlich darauf verzichtet, von Anfang an diesen "Trick" zu verraten.
Bei einer Live-Übertragung eines Fußballspiels erlebte ich die folgende Episode. Ein älterer, hörbehinderter Herr freute sich königlich über das Ergebnis, das seine Mannschaft erzielt hatte. In Wirklichkeit hatte die Mannschaft nicht so hoch gewonnen. Der gute Mann hatte alle Wiederholungen der Tore als Ergebnis mitgezählt.
Diese Beispiele zeigen, daß es Schwierigkeiten gibt, Fernsehen zu verstehen. Wir haben es ja auch nicht gelernt; 'wir', das ist die "Vorfernsehgeneration". Es fasziniert uns, es verwirrt uns, es informiert und bildet uns, es beeinflußt unsere Meinung, es kann uns manipulieren, viel leichter, als dies mit dem Radio schon während der Hitlerzeit geschah.
Kein Wunder also, wenn Vertreter unser "Vorfernsehgeneration" sehr

engagiert vor den Gefahren dieses Mediums warnen, vor allem in Hinblick auf unsere Kinder. Noch vor einem Jahrzehnt wurde ein massenmedialer (gemeint war vor allem das Fernsehen) Schonraum für Kinder vor dem Hauptschulalter gefordert und, wie beim Kino, absolutes Fernsehverbot für Kinder unter sechs Jahren. Wie diese Vorschläge, die übrigens stark an den Vers "Messer, Gabel, Schere, Licht, sind für kleine Kinder nicht" erinnern, zu verwirklichen sind, ist mir völlig unklar, da in fast jedem Haushalt ein Fernsehapparat steht. Mit der Verwirklichung dieser Vorschläge hätten wir nur eines erreicht, aus Mitgliedern der "Fernsehgeneration", also denjenigen, die in die Fernsehzeit hineingeboren wurden, hätten wir künstlich wieder Menschen der Vorfernsehzeit gemacht. Das besagte Rad wäre, wenn auch nur ein wenig, zurückgedreht worden.

So geht es also nicht! Heike Mundzeck zeigt in ihrem Buch (siehe in diesem Buch S. 98) einen weitaus besseren Weg: Kinder müssen fernsehen lernen. Mir erscheint diese Forderung als die einzig vernünftige. Fernsehen ist da, und damit ist es ein Teil unserer Umwelt, somit auch ein Teil der Umwelt unserer Kinder. Wenn unser Erziehungsziel lautet, unsere Kinder zu befähigen, in der Umwelt und in der Gesellschaft bestehen zu können, diese auch noch verantwortlich mitzugestalten und weiterzuentwickeln, dann dürfen wir Erziehende nicht willkürlich Bestandteile der Umwelt und der Gesellschaft in der Erziehung ausklammern, auch nicht für einen bestimmten Zeitraum.

Wie soll das nun praktisch aussehen? Innerhalb unserer Erziehung muß also auch eine "Fernseherziehung" stattfinden. Aber nicht als eigene, von dem Rest der Erziehung losgelöste Disziplin, nach dem Schema: heute Erziehung und morgen Fernseherziehung. Weil diese Gefahr besteht, habe ich auch immer ein etwas ungutes Gefühl, wenn ich vor Eltern über das Thema "Kind und Fernsehen" spreche.

Allzu oft machen Eltern den Fehler, entweder in der Erziehung das Fernsehen zu vernachlässigen, also einen Laissez-faire-Stil beim Fernsehen zu praktizieren, obwohl sie sonst eventuell sehr autoritär erziehen, oder Fernsehen wird ungemein problematisiert.

Der Prozeß "Fernsehen lernen" muß meiner Ansicht nach vollkommen in den gesamten Erziehungsprozeß eingebunden werden, ohne irgendeine Über- oder Unterbewertung. Das klingt vielleicht schwieriger, als es ist. Aber wir beobachten doch unsere Kinder bei allen ihren Aktionen und Reaktionen, also beobachten wir sie doch auch während des Fernsehens. Lassen wir unsere Kinder nicht alleine fernsehen! In dem

Beitrag des SWF "Im Anblick von Gewalt — Kinder vor dem Bildschirm", der am 14.5.78 zu sehen war, wurde gesagt: "Kinder vor dem Fernseher zu beobachten, kann für Eltern ebenso spannend sein, wie selbst fernzusehen". Durch diese Beobachtungen erkennen wir, wann unsere Kinder durch fernsehen zu sehr beansprucht werden. Wir können uns dann entsprechend verhalten.
Im übrigen nehmen sich die Kinder uns Eltern als Vorbild, das heißt, das Fernsehverhalten der Kinder entspricht genau dem der Eltern. Sehen die Kinder also, daß die Eltern den Fernseher nur dann einschalten, wenn ein Programmbeitrag wirklich interessiert, dann dürfte es im Regelfall auch nicht schwierig sein, die Kinder zu überlegtem Fernsehen anzuhalten. Ist aber bei den Kindern das Einschalten des Geräts die erte Tätigkeit, wenn sie die Wohnung betreten, können wir sicher sein, daß auch die Eltern den Apparat ohne Blick ins Programmheft, eben nur so, einschalten. Kinder können nur dann fernsehen lernen, wenn die Eltern selbst das fernsehen beherrschen (und nicht umgekehrt) und wenn die Eltern ständig zur Verfügung stehen, sobald die Kinder sich einen Beitrag im Fernsehen ansehen.
Aber ab wann beginnt dann die Fernseherziehung? Anders gefragt, ab wieviel Jahren dürfen Kinder fernsehen? Unter den beiden oben aufgeführten Voraussetzungen gibt es meiner Ansicht nach keine Grenze nach unten. Sicher gibt es keinen Grund, warum Kinder im Grundschulalter und jünger fernsehen müßten, kein Beitrag des Fernsehens ist für Kinder so wichtig, daß sie ihn unbedingt auch sehen müssen, weder die Sesamstraße, noch die Sendung mit der Maus oder was sonst für Kinder dieses Alters produziert und gesendet werden mag. All das, was Kinder in diesen Produktionen sehen können, ist entweder entbehrlich oder sie können es auf andere Weise lernen, sehen, erfahren oder begreifen.
Kinder in diesem Alter lernen letztlich nur durch Selbermachen, Selberhandeln, selbst erfahren. Durch Fernsehen lernen sie nicht. Aus dieser Überlegung heraus stimme ich einem mir bekannten Psychologen zu, der sagt: "Jede Stunde, die Kinder in diesem Alter vor dem Fernseher verbringen, sind zwei verlorene Stunden in ihrer Entwicklung."
Eine Stunde ist deshalb verloren, weil sie in der Stunde, in der sie fernsehen keine eigenen Erfahrungen erleben können; die andere, weil sie diese Zeit in etwa benötigen, sich aus der Welt der Bilder zu lösen und sich in der wirklichen Welt wieder zurechtzufinden. Kinder unter fünf Jahren können anfangs gar nicht, später nur sehr bedingt Realität und Phantasie, also Objekt und Bild unterscheiden. Je realer beides er-

lebt wird, desto schwieriger ist es für das Kind, sich nach einem Fernseherlebnis zu orientieren.

Dennoch war das kein Grund für mich, meine Kinder vom fernsehen abzuhalten. Ich habe nie das Gerät ausgeschaltet, nur weil eines der Kinder den Raum betrat. Dadurch wurde bei meinen Kindern der Eindruck vermieden, Fernsehen sei etwas besonderes, etwas für Große. Mir kommt es darauf an, den Kindern zu vermitteln, daß Fernsehen ein „ganz natürliches Ding" ist, letztlich nur ein Gebrauchsgegenstand, wie andere Gegenstände in der Wohnung auch.. In der Zeit, in der die Kinder wach sind, sehe ich mir natürlich schon weniger Sendungen an. Kommt aber ein Kind während der Sendung mit einem Anliegen zu mir, dann widme ich mich auch diesem Anliegen. Das ist eben wichtiger. Kommt ein Kind nur so zu mir, kann es sich bei mir auf den Schoß setzen und mit zuschauen. Wenn es dann den Schluß der Sendung mitbekommt (was nicht die Regel ist, denn die Sendungen sind meist für Kinder zu langweilig), dann sieht es auch, daß der Apparat abgeschaltet wird. Dieses Abschalten des Gerätes halte ich für ungemein wichtig.

Wenn Kinder sich eine Sendung ansehen, muß das Ende der Sendung auch das Ende des Fernsehens sein. Es darf dann nicht mal schnell weitergesehen werden. Wird dieses nicht konsequent eingehalten, wird es später nahezu unmöglich sein, die Kinder zu einer Programmauswahl und -absprache zu bewegen. Zur Zeit reißen sich meine Kinder darum, das Gerät nach Ende einer Sendung abschalten zu dürfen. Das ist auch eine kleine Aufgabe, die schon Kleinkinder mit Freude übernehmen und die sie in dem Erleben ihrer eigenen Selbständigkeit bestärkt.

Schon relativ früh, so etwa ab drei Jahren, wollen Kinder „ihre" Sendungen oder überhaupt nur irgendetwas sehen. Dann beginnt es mit: „Mama, Papa, ich will fernsehen!" Wenn meine Kinder diesen Wunsch äußern, spreche ich mit ihnen darüber. Komt überhaupt etwas im Fernsehen, was, wann, , gibt es nichts anderes zu tun? Auf diese Weise haben wir dann eine Sendung abgesprochen, zusammen angesehen, das Gerät abgeschaltet, und wenn son seiten des Kindes der Wunsch bestand, uns anschließend mit der Sendung zu beschäftigen, dann machen wir dies. Das Fernseherlebnis ist für diese Altersgruppe sehr intensiv, für das Kind ist es unmöglich, alle aufgenommenen Eindrücke schon während der Sendung zu verarbeiten. Der größte Teil der Verarbeitung geschieht im Anschluß. Die Verarbeitung kann auf verschiedene Weise erfolgen, durch Fragen und Antworten, durch Malen, durch Nachspielen. Auch die Verarbeitungszeit ist unterschiedlich. Oft genug haben mich meine Kinder schon dadurch in Schwierigkeiten gebracht, daß sie mich nach einem Detail aus einer Sendung befragten, das ich selbst als unwichtig vergessen hatte. Für das fragende Kind war es aber eines der wichtigsten Sachen aus der Sendung. Das zeigt aber auch, daß es nicht nur darauf ankommt, bei den Fernsehsendungen dabei zu sein, sondern es ist wichtig, daß sich Vater oder Mutter die Sendung konzentriert ansehen. Machen sie währenddessen etwas anderes wie Essen, Lesen, Basteln, Stricken, ist ihre Aufmerksamkeit geteilt und ganz sicher bekomen sie nicht mit, wonach ihre Kinder fragen, wovor sie sich ängstigen.

Sosehr ich auch dafür plädiere, daß sich Erwachsene auf das im Fernsehen Dargebotene konzentrieren, erst recht, wenn Kinder dabei sind, ebenso stark lehne ich es ab, das gleiche von Kindern zu verlangen. Alle Kindersendungen dauern länger, als sich ein Kind konzentrieren kann. Kein Kind kann länger als 5 bis 10 Minuten ruhig sitzen und auf eine

kleine Fläche starren. Meine Kinder verändern ständig ihre Position vor dem Apparat, wobei ich beobachtet habe, daß offensichtlich die bequemste Position, die Bauchlage, bevorzugt wird. Sie stehen mal auf, setzen sich oder gehen sogar mal ein paar Schritte. Es scheint mir, daß dies alles nicht nur dazu dient, den Körper zu bewegen, sondern auch den Geist. Sie lösen sich dabei vom Fernsehgeschehen ab, erholen sich ein wenig, um dann wieder mit frischer Aufmerksamkeit dem Geschehen auf der Mattscheibe folgen zu können. Auch werden Fragen gestellt, die nicht immer etwas mit dem Stoff der Sendung zu tun haben. Ich habe es mir zur Regel gemacht, auf diese Fragen und auch andere Bemerkungen sofort einzugehen. Mit Reaktionen wie: „Still, pass auf, warte bis nach der Sendung" würgt man die Eigeninitiative der Kinder sehr schnell ab, auf jeden Fall haben Kinder und Eltern bis zum Ende der Sendung die meisten Fragen vergessen. Auch Bemerkungen der Eltern können eine gute Hilfe für die Kinder zum Verständnis des Dargebotenen sein. So erzählte ein Vater während eines Seminars über „Kind und Fernsehen", jedesmal wenn etwas gezeigt oder gesagt wird, das seiner Meinung nach falsch ist oder was seine Kinder noch nicht verstehen können, mache er einige kurze Bemerkungen, aber nicht an seine Kinder gerichtet, sondern mehr als Selbstgespräch. Der Vorteil dieser winzigen Selbstgespräche läge darin, daß die Kinder selbst entscheiden können, ob sie diese Bemerkungen aufgreifen und etwas dazu sagen wollen: es ermutige die Kinder weitaus mehr zu verbalen Äußerungen, als daß das direkte Ansprechen oder Fragen an das Kind es vermögen. Die anderen Seminarteilnehmer fanden diese Methode alle sehr gut, meinten aber auch, dies könne nur mit sehr viel Fingerspitzengefühl angewendet werden. Mit Recht, denn ich glaube, wir können uns kaum vorstellen, was in unseren Kindern vorgeht, wenn sie sich eine Sendung ansehen.

Was verstehen sie, was nicht, was glauben sie zu verstehen, was ängstigt sie und was nicht? Die Gedanken, die wir uns darüber machen, gehen oft genug in eine falsche Richtung. Am deutlichsten kann ich es damit klarmachen: Kinder empfinden bei Streit- und Prügelszenen weitaus mehr Ängste, als bei einer Schießerei, in diesem Falle einsichtig, warum. Streit und Schläge kennen Kinder alle aus Erfahrung, die Wirkung einer Pistole oder eines Gewehrs können sie nicht einmal erahnen, zumal für die meisten Kinder auch „Tod" nur ein Wort ist. Als Eltern müssen wir sehr offen sein für die Reaktionen und Fragen der Kinder während und nach einer Fernsehsendung; wir müssen uns auf einiges Überraschende gefaßt machen und vor allem, alles, was die Kinder verbal und nichtverbal dazu meinen, ernstnehmen.

Diese soeben geschilderten Aspekte halte ich für die wichtigsten und wirksamsten in der Erziehung unserer Kinder zu einem angemessenen Fernsehgebrauch. Auf diese Weise erleben sie, daß Fernsehen zwar etwas Schönes, aber nicht etwas Außergewöhnliches ist. Unsere körperliche und geistige Anwesenheit während einer Sendung hilft den Kindern, wenn sie etwas nicht verstehen und wenn Ängst auftreten, die wir ja in keinem Falle vorausahnen können. Die Kinder erleben auch, daß Fernsehen nach einem abgesprochenen Plan für eine bestimmte Zeit einen ganz in Anspruch nehmen kann, wir haben dann auch immer die Möglichkeiten, uns von der Faszination der Mattscheibe lösen zu können, indem wir ihn abschalten. Fernsehen wird auf diese Weise zwar zu einem Teil des Tagesablaufes (wenn wir es wollen), aber es beherrscht weder uns noch unseren Tagesablauf. Das ist es genau, was wir unseren Kindern vormachen müssen und was ich in der Hauptsache darunter verstehe, Kinder Fernsehen lernen zu lassen.

Das schließt selbstverständlich aus, daß der Apparat als billiger Babysitter genutzt wird; es schließt ebenso aus, daß Fernsehen als ein Mittel für Lob und Strafe eingesetzt wird. Diese beiden Methoden, die weit verbreitet sind, sind meinen Zielvorstellungen genau entgegengesetzt.

Meine Kinder und ihr Fernsehen

Beobachtungen einer Mutter
von Sieglinde Issberner

Meine Kinder, ein Mädchen und zwei Jungen, (17, 13, 11 Jahre alt) unternehmen selten etwas zusammen, wenn es aber ums Fernsehen geht, sind sie sich einig. Jede Woche, wenn das neue Fernsehprogramm anfängt, werden alle Sendungen, die der einzelne sehen will, in der Programmzeitschrift angekreuzt, oder dick unterstrichen. Darunter sind auch Sendungen, die so spät abends gesendet werden, daß gar keine Aussicht besteht, sie zu sehen, weil wir es als Eltern nicht erlauben. Allerdings muß ich anmerken, daß es auch zu sehr später Stunde manchmal Sendungen gibt, die für Kinder geeignet sind und mein Mann – der sowieso bis zum Sendeschluß vor der Röhre sitzt – hat schon desöfteren die Kinder wieder aus dem Bett geholt, damit sie dieses oder jenes noch sehen sollten, ohne auf mein Protestgeschrei zu hören.

Ich bin eigentlich dagegen, daß Kinder (schon) so viel und so lange vor dem Fernsehapparat sitzen; wenn ich mich an meine Jugendzeit zurückerinnere, als es noch kein Fernsehen gab, wurde viel mehr gemeinsam, also Eltern und Kinder, unternommen. Es wurden Spiele gespielt oder erzählt oder sonst irgendwas, aber immer zusammen. Deshalb war ich lange gegen einen Fernseher in unserem Haus. Unsere Tochter war schon sechs Jahre alt, als wir uns einen Farbfernseher kauften. Die erste Zeit wurden auch nur Kindersendungen im Nachmittagsprogramm (Sesamstraße, Die Wikinger, Trickfilme u.ä.) angesehen. Unsere beiden Söhne interessierten sich noch gar nicht dafür.

Etwa zwischen dem dritten und vierten Lebensjahr schauten die Jungs dann auch schon mal zu, dabei kam es aber auch vor, daß sie beim Fernsehen einschliefen. Als sie dann in die Schule gingen, wurde das Fernsehen interessanter, sie konnten jetzt schon Zwischentexte lesen. Am liebsten wurden Kindersendungen oder Unterhaltungssendungen angesehen. Heute nun sind viele Kindersendungen auch interessant, aber wenn dann auf dem anderen Programm ein Wildwestfilm oder Fußball gesendet wird, schalten sie, die beide regelmäßig selbst „kicken", dann doch lieber um.

Wenn also meine Kinder heute vor „ihrem" Fernseher sitzen, muß erstens die Beleuchtung stimmen, also möglichst ein Fenster verdunkelt sein, oder abends nicht zu viele Lampen an sein; außerdem sollen alle still sein, wenn es sich nicht vermeiden läßt, dulden sie auch mal ein Gespräch am Nebentisch. Nun kommt es auch vor, daß mit einem meiner Söhne das Temperament durchgeht und er aufspringt, um eine Szene nachzuspielen, mitzumachen, dann schreien die anderen gleich: „Ruhe", oder „Setz dich wieder hin, steh nicht vor der Röhre rum, du bist nicht durchsichtig". Wenn das noch nichts nützt, wird einer auch schon mal handgreiflich, trotz spannendem Programm gibt es dann eine schöne Balgerei.

Unsere Tochter hat seit vier Jahren einen eigenen Fernseher in ihrem Zimmer. Wenn es ihr im Wohnzimmer zu laut wird, oder sie ein anderes Programm sehen will, flüchtet sie dorthin. Sie darf schon so lange fernsehen, wie sie es für richtig hält; dabei kommt es vor, daß sie zu uns Eltern kommt, wenn ein Film noch spät abends gesendet wird, der ihr vielleicht Angst oder Unbehagen einflößen könnte, so daß sie ihn mit uns zusammen ansieht.

Ob meine Kinder von dem Gesehenen und Gehörten im Fernsehen auch im Schlaf oder Traum noch verfolgt werden, kann ich nicht genau sagen, da jeder ein eigenes Zimmer hat. Es ist aber schon vorgekommen, daß sie nach einem Western nicht so recht ins Bett gehen wollten, oder auch nachts zu uns ins Schlafzimmer kamen, mit der Ausrede, sie könnten nicht schlafen oder hätten schlecht geträumt.

Das Fernsehen ist bei meinen Kindern sozusagen ein Teil ihres Tagesablaufs. Es vergeht wohl kein Tag, an dem sie nicht vor dem Fernseher sitzen und oft leiden auch die Hausaufgaben darunter, weil zuerst dieses oder jenes unbedingt gesehen werden muß. Für Fußballsendungen oder spannende Western lassen meine Jungs auch schon mal das Abendessen ausfallen, nur damit sie ja nichts verpassen. Ich glaube, Fußballsendungen stehen bei den Jungs an erster Stelle, gefolgt von Abenteuerfilmen und Western. Gern gesehen werden aber auch Tiersendungen, Quiz- und Sportsendungen. Unsere Tochter schaut sich auch gerne Liebesfilme oder ähnliches an, bei einem Happy-End fließen dann schon öfters die Tränen, was die Jungs belustigt zur Kenntnis nehmen, falls sie die Sendung auch gesehen haben.

Oft sitzen meine Kinder auch mit Freunden vor dem Fernseher, in Gesellschaft macht es doch mehr Spaß. Ab und zu kommt es auch mal vor, daß sie sich eine Sendung ansehen, die von einem Lehrer empfohlen wurde oder sogar ein Teil der Hausaufgaben ist. Ob sie allerdings von Sendungen mit wissenschaftlichem Inhalt vieles behalten, bezweifle ich sehr. Es ist schon für uns Erwachsene schwer, immer dabei richtig mitzukommen, man müßte sich schriftliche Notizen machen, um die Fülle der Vorgänge und Beispiele zu behalten. Anschließend müßten wir die Sendung noch mal besprechen, damit genug davon im Gedächtnis haften bleibt. Leider nehmen wir uns für eine solche gemeinsame Besprechung viel zu selten die Zeit, oder es ist uns lästig, denn es kommt ja gleich schon wieder etwas auf dem anderen Programm, also bleibt gar keine Zeit für Gespräche.

Da die attraktivsten und auch spannendsten Sendungen meistens abends gesendet werden, habe ich oft Schwierigkeiten, die Jungs ins Bett zu bekommen. Sie verstehen es bestens, das Schlafengehen immer wieder hinauszuschieben, auch wenn wir vorher ausgemacht haben, daß nur bis 20:30 oder 21:00 Uhr gesehen werden darf, wird es oft um eine halbe Stunde oder mehr überzogen. „Die anderen Kinder dürfen das auch sehen" oder so ähnlich heißt es dann immer, und ich muß dann schon ganz energisch werden, sonst blieben sie wohl bis zum Ende des Programms sitzen.

Eine Ausnahme bilden die Schulferien, da dürfen sie etwas länger aufbleiben und auch länger fernsehen, dafür können sie morgens länger schlafen. Im Urlaub in Frankreich habe ich immer wieder festgestellt, daß unsere Kinder den Fernseher nicht vermissen, sie haben Bekanntschaften gemacht oder unternehmen immer etwas. Im letzten Urlaub hat es allerdings sehr oft geregnet, so daß sie nicht aus dem Haus konnten, da langweilten sie sich und hätten wohl gerne ferngesehen. Sie sind im Haus auf Fernsehen eingestellt. Daß man auch spielen, basteln oder sonstwas machen kann, behagt ihnen nicht, meine Angebote blieben ungenutzt. Draußen im Wald, am Strand oder im Wasser findet sich immer eine Möglichkeit zum Spielen, manchmal auch zum „Nachspielen" von Fernsehgeschichten.

Resümee: der Fernseher ist aus unserem Haus und unserer Familie wohl nicht mehr wegzudenken, die Kinder und auch wir Erwachsene müßten dann erst wieder lernen, etwas mit der Freizeit und vor allem der Freizeit an den Abenden anzufangen. Es gäbe sicher vorübergehend viel mehr Streit und schlechte Laune. Aber warum nicht?

Durchschnitt

Wie häufig und wie lange ferngesehen wird

Was machen Kinder und Jugendliche in ihrer Freizeit — in der Zeit, die ihnen neben Schule, Ausbildung und Arbeiten im Haus verbleibt — wie nutzen sie diese Zeit? Antworten auf diese Frage sind ausgesprochen wichtig, damit man sich im Medienbereich orientieren kann, damit man von vornherein in etwa eine Gewichtung für die verschiedenen Bereiche angewandter Medienpädagogik hat. Je genauer ich die durchschnittliche Mediennutzungsgewohnheiten und Beliebtheit verschiedener Medien kenne, umso eher kann ich mich im Erziehungsprozess mit meiner Medienarbeit darauf einstellen.

Nun fällt bei diesem Thema gleich zu Anfang auf, daß es kompliziert wird: es sind nicht nur Statistiken angesagt (die man bei guter Präsentation und Interesse noch liest), sondern auch Formulierungen — die zu exakten soziologischen und psychologischen Statistiken dazugehören —, die verwissenschaftlicht klingen und den normalen Lesefluß hemmen. Zudem weiß ein jeder, daß je nach Anlage einer empirischen Untersuchung je unterschiedliche Ergebnisse erzielt werden.

Jeder Insider hat gelernt, Statistiken und deren Aussagegehalt zu mißtrauen, es sei denn, es lassen sich Untersuchungshypothese, methodischer Ansatz, die untersuchten Variablen und Formulierungen der gestellten Fragen nachlesen und sie genügen gewissen allgemeingültigen Kriterien der Wissenschaftstheorie. Der Nicht-Fachmann weiß zumindest „Statistiken lügen" und Zahlen sind nur „Schall und Rauch", weil sie das Äußere der Dinge zwar beschreiben und numerisch aufzählen können, aber dem Eigentlichen und Wesentlichen nur in den seltensten Fällen gerecht werden.

So lassen sich zwar Ursachen und Variablen für bestimmtes Verhalten herausfinden, aber immer nur mit einer gewissen Wahrscheinlichkeit und nur gültig für vergleichbare Stichproben. Die Zeiten, in denen mit Statistiken immer gleich ursächliche Zusammenhänge (interpretierend!) präsentiert wurden, sind noch nicht vorbei. Unter anderem aus diesem Grund kann ich zwar die Ergebnisse verschiedener empirischer Untersuchungen darstellen, weise aber genau auf die Quellen hin und bitte jeden Leser, sich dort genau über die methodischen und wissenschaftstheoretischen Hintergründe (**und die Auftraggeber**) jeder Statistik zu informieren! Jedes andere Vorgehen, bei dem statistische Angaben aus einer „black box" gezaubert werden, wäre Scharlatanerie.

Einen weiteren Grund für diesen verzögerten Anfang habe ich bereits im Titel angesprochen: „Durchschnitt". Wo gibt es die durchschnittliche Familie mit 1,8 Kindern, 1,2 Fernsehapparaten im Haushalt, bei denen der Fernseher täglich (1979) 189 Minuten **eingeschaltet** ist, vor dem die 3-7-jährigen Kinder duchschnittlich 45 Minuten täglich sitzen, die 8-13-jährigen 82 Minuten und die über-14-jährigen 122 Minuten? (Diese vorläufigen Zahlen sind der Zeitschrift *Media Perspektiven 7/80* entnommen, genauere Angaben folgen aus obengenannten Gründen noch.) Statistiken stellen sehr geringen Fernsehkonsum sehr intensivem Konsum gegenüber und berechnen Durchschnittswerte. Diese sind oft sehr aussageschwach, weil sie außer der Verdurchschnittlichung miteinflußnehmende Faktoren wie soziale Schicht, Wohnverhältnisse, schönes Wetter usw. außer Acht lassen und die unterschiedlichsten Personen über einen Kamm scheren. Wie wenig entspricht es der Realität und wie groß ist der Aussagewert, wenn wir erfahren, daß erwachsene Zuschauer pro durchschnittlichem Tag 1979 122 Minuten fernsahen, wenn in einer anderen Tabelle angegeben wird, daß dies an Montagen (Sommer oder Winter?) durchschnittlich 110 Minuten, donnerstags 104 Minuten, samstags 152 Minuten und sonntags 140 Minuten waren? Und der Vielseher mit 6 Stunden an einem Sonntag ist keineswegs die Ausnahme.

Diese Hinweise sollen dazu dienen, sich statistische Untersuchungen immer ausführlich im Original anzuschauen, will man sich den eigentlichen Wahrheits- und Informationsgehalt erarbeiten. Die neuesten Untersuchungsergebnisse stehen zudem nur in teuren und kompliziert zu lesenden Fachzeitschriften, die teilweise nicht käuflich zu erwerben sind, wie beispielsweise dem *Evangelischen Pressedienst — epd Kirche und Rundfunk, Informationsdienst für Hörfunk und Fernsehen —,* (2 x wöchentlich), *herausgegeben vom Gemeinschaftswerk der Evangelischen Publizistik e.V. (GEP)* oder der Monatszeitschrift *Media Perspektiven, herausgegeben im Auftrag der Arbeitsgemeinschaft Rundfunkwerbung,* (Media Perspektiven, Am Steinernen Stock 1, 6000 Frankfurt/M.1), die eine Vielzahl von Untersuchungen, Literaturübersichten und Teleskopie-Trends veröffentlicht. Weil diese Informationsdienste und Fachzeitschriften an recht abgelegen Stellen veröffentlicht sind, keine große Verbreitung haben oder einfach schwer zugänglich sind, ist eine Aufarbeitung in diesem Buch angesagt.

In dem Artikel *Tendenzen im Zuschauerverhalten — Teleskopie-Daten zur Nutzung der Fernsehprogramme seit 1976* weisen *Wolfgang Darschin* und *Bernward Frank* (in: *Media Perspektiven 7/80*) auf die neuesten Trends hin: in den Jahren 1975 - 1978 konnte man von fast konstanten Sehdauern sprechen. 1979 ging die Sehdauer von 130 Minuten täglich (1978) auf 122 Minuten zurück, bei Kindern (3-7 Jahre) von 50 Minuten auf 45 Minuten (1979) und den etwas älteren Kindern (8-13) von 87 auf 82 Minuten zurück. Diese sinkenden Nutzungswerte finden sich tendenziell auch bei allen Bildungsschichten. Trotz größerem Programmangebot (Ausbau der Dritten Programme) sah man also weniger fern. Könnte man daraus mehr schließen, als daß in den Jahren vor 1979 einfach unreflektiert zu viel gesehen wurde?

Erstaunlicherweise ist die Zahl der Haushalte mit Fernsehgeräten von 1976 bis 1979 noch einmal gestiegen, obwohl weit über 90% aller Haushalte bereits mit einem Fernseher „versorgt" waren. 1976 gab es 20,49 Mill. Fernsehhaushalte, Ende 1979 waren es 21,11 Mill.

Freizeitnutzung und Mediennutzung

In welchem Verhältnis steht nun die tägliche Sehdauer der Kinder zu ihren anderen Freizeitaktivitäten, wie stehen diese im Rahmen der Mediennutzung da? Hierzu zitiere ich eine Repräsentativ-Untersuchung, die *Jürgen Pfifferling* in seinem Artikel *(Werbe)Fernsehen im Alltag von Kindern* in *Media Perspektiven 12/79* beschreibt. Für die Interviews mit 900 Kindern (Juni/Juli 1979) wurden Bildvorlagen in Form von Spielkarten verwendet, so daß die Kinder 15-Minuten-Intervalle des Vortages (kontinuierlich eine Woche lang) jeweils Kärtchen zuordnen konnten. Parallel dazu wurden den Eltern Fragebögen zum Selbstausfüllen übergeben.

Anhand von Tabelle 8 kann man nun vielfältige Einzelergebnisse herausarbeiten. So sehen alle Jungen und Mädchen zwischen 6 und 13 Jahren täglich durchschnittlich 103 Minuten fern, hören 49 Minuten Radio, Platten, Kassetten und lesen 24 Minuten Bücher, Comics und

Zeitbudget pro Tag für Freizeitaktivitäten und Medien-Nutzung von Schulkindern bis 13 Jahre in Minuten

Freizeitaktivitäten	Gesamt	Jungen				Mädchen			
		alle	6-8 Jahre	9-11 Jahre	12-13 Jahre	alle	6-8 Jahre	9-11 Jahre	12-13 Jahre
Lernen, Hausaufgaben	31	30	26	29	36	31	24	36	33
Aufräumen zu Hause	21	17	9	17	23	25	13	29	33
Drinnen spielen Malen, basteln	54	50	51	56	41	59	78	61	39
Fernsehen	103	110	93	114	121	92	82	95	99
Hörfunk Platten, Kassetten	49	48	31	48	65	49	42	53	54
Bücher, Comics Zeitschriften, Zeitungen	24	22	9	28	28	27	17	26	36
Draußen spielen	143	149	174	140	134	137	167	146	96
Sport treiben	22	26	15	25	37	19	8	19	28
Freunde besuchen	50	51	72	42	41	49	61	40	49
Einkaufen	13	9	7	7	14	17	13	15	24
Summe 6: Freizeitaktivitäten	282	285	319	270	267	281	327	281	236
Summe 7: Medien	176	180	133	190	214	168	141	173	189

Tabelle 8, entnommen aus: Jürgen Pfifferling, (Werbe)Fernsehen im Alltag von Kindern, in: Media Perspektiven, 12/79

Zeitschriften/Zeitungen. Gegenüber den anderen Freizeitaktivitäten (durchschnittlich 282 Minuten) nimmt diese Summe der Mediennutzung von 176 Minuten einen bereits beachtlichen Raum ein. Schaut man nun genauer hin, unterscheiden sich Jungen (mit täglich 110 Minuten) und Mädchen (mit 92 Minuten) beachtlich voneinander in ihrem Fernsehkonsum; dies ist zudem noch vom jeweiligen Alter abhängig (Verschiebung der Relation Freizeitbeschäftigung — Mediennutzung mit zunehmendem Alter).

Aus der hier nicht abgedruckten Tabelle 5 der gleichen Untersuchung werden diese Tätigkeiten nach Regelmäßigkeit und Beliebtheit weiter aufgelistet. An oberster Stelle der Beliebtheit steht mit 97%/1%/2% (gerne/nicht gerne/keine Angaben) das Draußen Spielen, direkt gefolgt vom Fernsehen mit 94%/2%/4%. Freunde besuchen steht an dritter Stelle (87%/8%/5%), danach Platten/Kassetten hören (85%/5%/10%), Platz 5 belegt Malen und Basteln, Platz 6 Drinnen spielen und auf Platz 7 steht der Hörfunk (72%/15%/13%). Bücher erbringen einen Beliebtheitsgrad von 68%, Comics 72% und Zeitschriften 51%.

In einer großen Schweizer Untersuchung *Fernsehen im Leben der Zürcher Kinder*, die *Ulrich Saxer, Heinz Bonfadelli und Walter Hättenschwiler* in dem Buch *Wie Kinder mit dem Fernsehen umgehen — Nutzen und Wirkung eines Mediums, herausgegeben von Hertha Sturm und J.Ray Brown, Stuttgart: Klett-Cotta, 1979, 332 S. kt. 42.—DM* ausschnitthaft beschreiben, zählen sie nicht nur rein zahlenmäßig aus, sondern untersuchen auch die **Medienfunktionen**. Das Medium ist umso funktionaler für die Kinder und Jugendlichen, je mehr es folgende „Leistungsbereiche" erfüllt: „etwas über die Dinge zu lernen und erfahren, über die in der Schule nichts gesagt wird; um unter den Freunden mitreden zu können; wenn man etwas Aufregendes und Interessantes erleben will; wenn es nichts zu tun gibt und man sich langweilt; bei Traurigkeit, um sich zu trösten; wenn man alleine sein will; um Probleme oder Unangenehmes zu vergessen." In Bezug auf alle sieben Leistungsbereiche (**siehe Schaubild 2**) hat Fernsehen mit steigendem Alter eine sinkende Funktionalität, Radio/Platten hingegen eine steigende. Diese Funktionalität — das muß betont werden — ist unabhängig von der Häufigkeit und Dauer der Nutzung.

In dem Reader *Wie Kinder mit dem Fernsehen umgehen* wird von

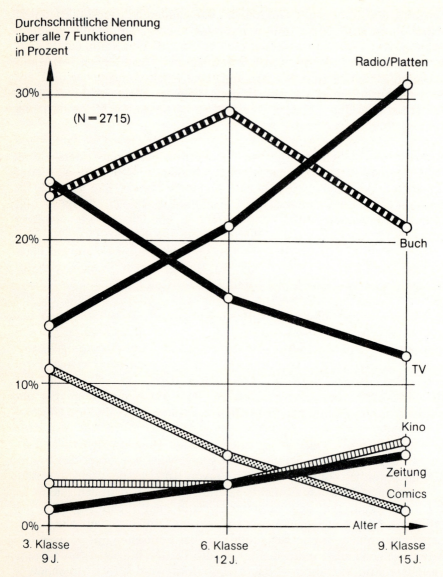

Schaubild 2: Gesamtfunktionalität der Medien im Entwicklungsverlauf

Schaubild 2 entnommen dem Artikel: Fernsehen im Leben Zürcher Kinder, in: Hertha Sturm und J.Ray Brown: Wie Kinder mit dem Fernsehen umgehen, Klett-Cotta, 1979

Gerhard Maletzke der gegenwärtige Stand der Wirkungsforschung in der BRD aufgearbeitet; ansonsten finden sich weitere hochqualifizierte Artikel zum Thema, die sich allerdings auf England, USA, die Schweiz und Schweden beziehen, woraus sich internationale Dimensionen der Wirkungsforschung ergeben. Die Originalausgabe *Children and Television* wurde *1976* von *J.Ray Brown* bei *Collier Maximillan, London* herausgegeben.

Dieses kurze statistische Intermezzo ist hoffentlich nicht zu schwerfällig geworden; für eine angemessene Beschäftigung mit dem Thema „Kinder und Medien" war es in dieser komprimierten Form unerläßlich. Je intensiver sich der Leser selbst um die Original-Untersuchungsberichte kümmert, umso weniger wurde er von mir mit den vorgetragenen Zahlen und Detailinformationen ‚manipuliert'.

Medienlandschaft
10 Thesen zur Voraussetzung für medienpädagogische Programme
von Klaus Göbel

Die Diskussion über die Medien in Öffentlichkeit, Institutionen, Wissenschaft und Schule wird in unserer Zeit vehement geführt. Das vielseitige Engagement, was die uns umgebenden Medien betrifft, ist nur noch vergleichbar mit einer erstaunlich ähnlich geführten Medienreflexion im 18.Jh. Nun ist einzuschränken, daß das Erstaunen so groß nicht sein kann, liegt es doch eben auf der Hand, daß Zeiten/publizistische Epochen, die sich plötzlich mit neuen Medienträgern, d.h. immer auch neuen Programminhalten und -anforderungen, konfrontiert sehen, ähnlich engagiert, bzw. auch verwirrt reagieren. Die Entwicklung der technischen Bedingungen für eine großangelegte bürgerliche Buchproduktion, die immense Verbreitung der trivialen Printmedien sowie die willkommene Annahme der ersten massenmedial konzipierten Publikumszeitschriften durch das Bürgertum wollten im 18.Jh. genauso medienpoetologisch, kulturpolitisch und pädagogisch bedacht und hinterfragt sein wie Film, Funk, Fernsehen in unserer Zeit — Schärfer ausgedrückt: der unerwarteten, also auch unvorbereiteten Lesegesellschaft des 18. Jhs. entspricht eine ebensolche A- und AV-Gesellschaft von heute.

Nun ist es nicht nur das fachimmanente Thema des Medienhistorikers, fasziniert eine Fülle von Gemeinsamkeiten zwischen Situationen von 1750 und 1960 - 80 festzustellen, sondern vielmehr das historisch-vergleichende Interesse umzuleiten, bzw. fruchtbar zu machen für ein primäres Interesse an der Aktualität; dieses ist das Ziel, das uns alle angeht. Dafür allerdings kann Geschichte möglicherweise sehr viel leisten, schon gar in einer Zeit, wie der unsrigen, die mit der Historie so sehr im Hader liegt und erst recht nicht bereit ist, nun gar ihre Medienreflexion, besonders die der Massenmedien, auch im historischen Kontext zu führen.

1. Medien sind Indikatoren der Gesellschaft

Medienstrukturen und -konzepte und Gesellschaftsstrukturen bedingen sich gegenseitig. Der Fortschritt des Bürgertums sowie spezifisch bürgerliche Ideologien des 18.Jhs. sind unmittelbar abhängig vom Vorhandensein technisch wie programmatisch gut funktionierender Mittlersysteme. Diese werden vornehmlich in dem Medium 'Buch' sowie bedingt in dem Repräsentationsmedium 'Theater' gefunden — Die Fernsehgesellschaft von heute ist nicht deswegen eine solche, weil es seit den 50er Jahren zufällig TV gibt, sondern es gibt Fernsehkommunikation, weil industrielle Massengesellschaften abhängig sind von adäquaten Mittlersystemen. Ein solches ist das Fernsehen in seinen Inhalten und Strukturen und seiner gegenwärtigen Ergänzung durch Videotextangebote im Bereich der ökonomischen Dienstleistungsprogrammatik. (Wer genau hinsieht, erkennt in der Diskussion der letzten Jahre um die öffentlich-rechtliche Struktur der bundesdeutschen Rundfunkanstalten weniger ein Organisationsproblem des Rundfunks und Fernsehens, sondern eine Korrektur von Bedürfnissen im Rahmen einer sich erneut verändernden, bzw. sich neu anpassenden Gesellschaft. Eindeutige Diagnosen erscheinen jedoch z.Zt. verfrüht.)

2. Medienpluralismus fördert Medienfreiheit

Von einer lebendigen Medienlandschaft kann man nur sprechen, wenn unterschiedliche Mediensysteme miteinander in Konkurrenz stehen und der Medienmarkt sich selbst reguliert. Eingriffe und Steuerungsmittel haben bei wenigen Ausnahmen immer nur destruktiv gewirkt bzw. Alternativmedien oder zumindest Programmwechsel gefördert.

3. Die Geschichte der Medien ist auch die Geschichte der Medienopposition

Fast jedes neue Medium/jede neue medienspezifische Programmatik hat den Weg vom Underground zur etablierten gesellschaftsintegrierten Position genommen. Daß dieser Weg oft steinig war, versteht sich von selbst. Wer aus der Sicht des Etablierten aus irgendwelchen Gründen dieses oder jenes Medium diffamieren will, tut dies in der Regel, indem er die vorgeblich alternative, gar gesellschaftsdestruktive Funktion dieses Mediums anprangert. Die Vokabeln dazu bekommt er meistens aus der Mediengeschichte bzw. der Entwicklungsgeschichte des attackierten Mediums selbst geliefert, denn diese ist immer auch zugleich Geschichte ideologischer Auseinandersetzungen. Das Buch, insbesondere der Roman, im 17.Jh. grundsätzlich als verführendes Medium in der

Hand junger Mädchen angesehen, das Drama als im Medium Theater präsentierte laszive Zurschaustellung von Körperlichkeit und Sinnlichkeit im Austrag der Leidenschaften, die Comics als Verblödungsmedium mit faschistoiden Tendenzen, zumindest aber mit hegemonialen Gewaltstrukturen aus der jeweiligen Perspektive, das Lichtspieltheater als dunkler Raum, d.h. Fluchtraum für Lichtscheue, Zeitung und Flugblatt als potentiell revolutionäre Kaderzellen, zumindest unter dem Aspekt der journalistischen Recherche ('Wühlarbeit') und der Kritik als Gefahr für geheiligte Ordnung, Fernsehen als familienfeindliches, kontaktunterbindendes Pantoffelkino, eben für frustrierte Pantoffelhelden, die ihre Impotenz durch täglich gelieferte amerikanische Gangster-Helden-Modelle scheinkompensieren und dasselbe Fernsehen, das aus fleißigen, sparsamen Hausfrauen durch Identifikationsmuster in Werbung und Programm konsumwütige Fanatikerinnen auf Jagd nach dem weißesten Weiß macht – kurz: die Medien tragen ihre Diffamierungsprogramme immer schon mit sich, und zwar geht das durch ihre ganze Geschichte, sie sind relativ ungeschützt vor Gegnerschaften, fremdbestimmten Inanspruchnahmen und Perfidien.

4. Publizistische Effizienz ist ein Schlüssel zur Unabhängigkeit

So liegt es nahe, daß Medien und Politik untrennbar zueinander gehören. Die Geschichte aller Medien ist immer auch eine Geschichte ihrer Auseinandersetzung mit politischen Kräften, d.h. ein Kampf um das Verhältnis zur Macht und zu den Mächtigen. Dieses unter verschiedenen Perspektiven: zunächst bedeutet das Vorhandensein multimedialer Kommunikationsstrukturen im intradisziplinären Raum das Austragen von **Konkurrenzen**, d.h. das Wetteifern um mehr Macht auf dem Felde des Marktes, wo die Konkurrenzen ausgetragen werden: wer kann welche Bedürfnisse mit welchen Mitteln besser erfüllen als andere? Jedes 'mehr' und jedes 'besser' bedeutet ein Zugewinn an Macht: im Sinne ökonomischer Solidität (d.h. bei Rezipienten in unseren Gesellschaftssystemen allzu häufig auch sofort ein Zugewinn an Glaubwürdigkeit) und Macht im Sinne der Unabhängigkeit und Eigenverantwortlichkeit im Dienste der Wahrheit und Überzeugungskraft (Unabhängigkeit ist wohl das höchstgeschätzte Wort in der Geschichte der deutschen Publizistik).

Medienlandschaft

5. Ein Beispiel: Film und Fernsehen auf dem Weg zu einem konstruktiven Wettbewerb

So ist das über ein Jahrzehnt erbittert geführte Ringen zwischen Kinofilm und Fernsehen neben soziologischen Ursachen vor allem psychologisch begründet: Augenzeugen- und Live-Ideologie, also die Rezipientenvorstellung von der ungeschminkte zuhöchst aktuellen Präsentation nichtinterpretierter Wirklichkeit im Fernsehen – eine Ansicht, die extrem trügerisch ist – ließ den Film im Ansehen mehr oder minder zur Hollywoodoper verelenden. Die Konsequenzen waren vorgezeichnet: nicht nur das Kinosterben war die Folge, sondern vor allem die partielle Ausschaltung der im Medienkonzert so wichtigen und notwendigen Stimme des Kinofilms. Es deutete sich an, hier und anderswo, das – bildlich gesprochen – Umkippen des ökologischen Gleichgewichtes in der Medienlandschaft. Ein jeder Schritt in diese Richtung bedeutet aber zwangsläufig eine Verarmung, weil Vereinseitigung von Bewußtsein, Weltverhalten und Ich-Beziehung, derer die Menschen der hochentwickelten Industrieländer mehr denn je bedürfen und bei denen sie auf eine möglichst intakte Medienlandschaft mehr denn je angewiesen sind.

Zum Glück ist der Kampf zwischen Kinofilm und Fernsehen nicht auf Biegen und Brechen geführt worden, der Ausgang scheint heilsam zu sein. Die gegenwärtige Befriedung des Verhältnisses zeigt vordergründig einerseits einen neuen Kinoenthusiasmus, andererseits eine spürbare Fernsehmüdigkeit. In Wahrheit, soweit man das heute schon sagen darf, findet z.Zt. eine erstaunlich liberale und feinsinnige Selbstregulierung zwischen diesen Medien statt, die sich weit vom Nebenbuhlerdenken entfernt: Film und Fernsehen scheinen aufgabenteilig in die Zukunft schreiten zu wollen, und zwar unter Beachtung der durchaus unterschiedlichen Programmspezifik beider Medien, beim Fernsehen Weltvermittlung, Zeitkritik, Unterhaltung, Information unter dem Primat eines spezifisch dokumentarischen TV-Journalismus, beim Film unter Federführung eher philosophischer und neuer filmästhetischer Kriterien. Regionalisierung der Fernsehversorgung, Kabelprojekte und intensivere Organisationsformen von Videoarbeit und -programmen könnten die Lage in Zukunft noch deutlicher entspannen.

Um es zu wiederholen: solche optimistischen Beobachtungen im Felde unserer Medienlandschaft dienen nicht so sehr der Diagnose und Analyse durch Insider der Medientheorie und -kritik, sondern intakt funktionierende, durchaus konkurrierende Kommunikationssysteme verbürgen für alle das Mindestmaß an Freiheit, das es in der fast ausschließlich medial vermittelten Wirklichkeit von heute als hohes Gut zu schützen gilt.

6. Medienmonopolismus ist der erste Schritt zur Indoktrination

Überall dort, wo es de iure oder de facto Medienmonopole gibt, ist der Freiraum in Gefahr. Im Bereich der Jugendillustrierten ist dieser Fall bereits gegeben und über Alternativangebote und Marktmechanismen kaum noch zu korrigieren. Wenn nichts Entscheidendes geschieht (auf das man allerdings wie auf ein Wunder warten muß), sind die 10- bis 15-jährigen im Begriff, eine fremdbestimmte, konforme BRAVO-Einheitsfamilie zu werden, die ihr Leben reduziert auf peer group-Kult mit den Inhalten Stars, Musik, Konsum und Sexualität in permanenter Rezeptfolge.

Was das Monopol der Bundesländer auf dem Sektor Rundfunk (auch Bildrundfunk) angeht, so kann man angesichts solcher Tatbestände im ganzen sehr dankbar verweisen auf den Weitblick der Gesetzesväter und der Urheber der betreffenden Staatsverträge, die Monopolstellung dieser Medien in öffentlich-rechtlichen Strukturen erträglich zu machen und anzugleichen an unsere demokratischen Verfassungsgrundsätze. Denn angesichts der technischen Kompliziertheit und der immensen Kostenträchtigkeit der Medien Fernsehen und Funk wäre die privatwirtschaftliche Alternative in Wahrheit unbeaufsichtigter, profitorientierter Konzernmonopolismus. Bei den Programmzeitschriften, die ja einen ganz wesentlichen Teil des Zeitschriftenmarktes überhaupt einnehmen, ist dieses in der Tendenz ganz eindeutig heute schon der Fall (ganz zu schweigen von deren fast lückenloser Verzahnung mit dem Schallplatten- und Tonkassettenmarkt).

7. Medienfreiheit ist ein Grundrecht und bedeutet Verantwortung

Aus der Geschichte kann man lernen – um zum Grundsätzlichen zurückzukehren: dort, wo Medien Kommunikation initiieren, Information, Aufklärung leisten, zum Nachdenken, Sich-Besinnen, zur Erkenntnis

auffordern — immer dort stand und steht auch der Zensor im Dienste der Mächtigen, der dieses nicht — oder so nicht — will. Denn jedes Mehr an Wissen bedeutet potentiell ein Stück Umverteilung von Macht. Freie Medien sind in ihrem Kern nur recht zu definieren als **Anwälte der Vielen**, deren kritisches Sprachrohr und Fürsprecher sie sind angesichts der Wenigen, die die Macht verwalten. (Es ist so gesehen ein Verhängnis und die Schuld einer bildungsbürgerlichen Elite, den Begriff 'Massenmedien' grundsätzlich als trivial zu kennzeichnen und ihre gesellschaftspolitischen Aufgaben nicht ernst zu nehmen.)

Der Artikel V unserer Verfassung benennt und garantiert Medienfreiheit. Dieses Grundrecht ist nach der Charta der Vereinten Nationen sogar als allgemeines Menschenrecht zu klassifizieren und gehört in dieser Sicht zur Basis eines menschenwürdigen Lebens überhaupt. Wie wertvoll und schutzbedürftig diese Garantie in unserer Verfassungswirklichkeit anzusehen ist, wird vielleicht erst klar, wenn wir zur Kenntnis nehmen, wie wenige Staaten dieser Erde zur Zeit (und in der Geschichte der Staaten) dieses Recht in praxi wirklich gewährleisten. Man muß allerdings nicht Verfassungsinterpret sein, um festzustellen, daß die Gewährung von Freiheit im Bereich der Medienproduktion auch **Konsequenzen** hat. Von diesen war oben schon die Rede: die wichtigste dieser Konsequenzen ist, Freiheit und Recht als Auftrag und Verantwortung zu verstehen (das heißt ja nicht gleich **dienen** in einem preußischen Verständnis des Wortes), die Pflicht, Öffentlichkeit, öffentliche Meinung unter Berücksichtigung des Einzelnen und der Minderheiten zu repräsentieren, zu fördern und einzusetzen für ein Mehr an Demokratie und Recht. Es mag vielleicht in einem idealen Sinne überinterpretiert sein, in der Tendenz ist daran jedoch festzuhalten: wenn 'alle Macht vom Volke ausgeht', so ist in parlamentarischen Demokratien mit Delegationsprinzip diese Macht komprimiert (und reduziert) auf Wahlgänge und Stimmabgabe. Zur Kontrolle zwischen Wahlgängen dient ein kritischer Journalismus in den Medien als Wille der Öffentlichkeit und erreicht damit beinahe die Dimension eines Verfassungsorgans. Beispiele, wie freie Medieninstitutionen tatsächlich in diesem Sinne agieren, gibt es genug.

Wieder liegt es auf der Hand, die Geschichte danach zu befragen, wie häufig sich z.B. die deutsche Publizistik und Literatur in den Dienst der Freiheit stellte, häufig unter Einsatz des Lebens; aber es gibt auch aktuelle Beispiele in großer Zahl, als sinnfälligstes Engagement sei 'Watergate' genannt. Die Schlußfolgerung aus dieser Erörterung ist klar, keineswegs moralistisch, sondern schlicht und einfach sachgemäß im Sinne der Verteidigung einer freiheitlich verstandenen Medienlandschaft: Medienfreiheit des Artikels V GG hat Pflichten der Medien im Dienste der Gemeinschaft zur Konsequenz, diese stehen nicht im Widerspruch zum Freiheitsgebot, sondern erfüllen dieses. Medien, insbesondere auch Massenmedien, sind nicht zuletzt daran zu messen, inwieweit sie jenem entsprechen. Und beileibe gilt dies nicht nur, auch nicht nur vorwiegend, für die politischen Informationsmedien und Magazine. Auch die Unterhaltungsmedien, sei es im Print-, A- oder AV-Bereich, sind mitbetroffen. Comics, die unter der Oberfläche der Abenteuer Kraftmeierei und Gewalt als vorbildliches politisches Handeln ausgeben und nebenbei die Menschen dieser Erde in Helden (=von nordischen Klischeerastern bestimmt) und Schurken (=Asiaten) aufteilen, sind eben danach zu beurteilen, inwieweit sie Gewaltstrukturen, intragesellschaftliche und/oder weltumgreifende, stützen, fördern oder ihnen entgegenwirken. Hier liegt der Kern einer jeden engagierten Medienkritik. Dagegen ist das kleinliche Gezänk, um beim Beispiel zu bleiben, ob nun Comics die Lese- (Rezeptions-)kompetenz vereinseitigen oder gar zur Verdummung führen, höchstens drittrangig. Ganz unbestritten ist heute, den ewig Gestrigen zum Trotz, daß Comics durchaus zur Intensivierung und Optimierung von Lernprozessen gute Hilfe leisten und u.U. emanzipationsfördernde Funktion haben können.

Kommen wir noch einmal zum zentralen Gedanken dieses Punktes zurück: Medienlandschaften sind immer auch gesellschaftspolitische Phänomene, sie wirken bewußtseinsbildens, -steuernd, und zwar **alle** Medien mit ihren Anteilen in der Gesamtstruktur. Sie bilden eine '4.Macht' in Rechtsstaaten, wie manche Analytiker sich verfassungsrechtlich ungenau, bildlich aber doch sehr prägnant ausdrücken. Für die Konstitution einer Gesellschaft und deren Handlungspraxis tragen die Medien ihren Teil Mitverantwortung, indem sie Bedürfnisse erfüllen und dabei Bewußtsein prägen. Weil dieses so ist, dürfen sich Medien auch einer **ethisch-moralischen Verantwortung** nicht entziehen. So wie eine Demokratie nicht nur duldend ist, sondern durchaus wehrhaft in der Verteidigung ihrer verfassungsgemäßen Grundsätze, so sind auch die in ihr wirkenden Medien nicht Verteiler eines wertneutralen 'Alles und Jedes' an Meinungen, Fakten, Mutmaßungen, Informationen usw. im journa-

aus: Phantom - Notruf von der Dschungelpiste
Bastei Comic Nr. 14, 162 S., 4.--DM

listischen Aberwitz der totalen Veröffentlichung dessen, was diese Welt und menschliches Leben insbesondere ausmacht. Das sind zwei Gesichtspunkte.

8. Medienethik gilt auch für die Informationspublizistik

Zum ersten: das alte publizistische Ethos von der Pflicht zur Trennung von Information und Meinung, also von Fakten und Standpunkten, die man dazu einnehmen kann, ist ein ganz hohes Gut in der Mediengeschichte und der Gegenwart.

Es ist gleichwohl problematisch: denn gibt es überhaupt die reine Nachricht, die Information an sich, zu der man dann sekundär und sozusagen in einem zweiten Akt sich auch noch in ein Verhältnis (z.B. wertend) bringen kann oder sollte? In der kurzen Geschichte des Fernsehens ist das hier zugrundeliegende Problem bis zur Absurdität hochkultiviert: klinisch saubere Nachrichten, wo der Sprecher als Medium im Medium, als entpersönlichtes Neutrum (=unmenschlich) sprachmechanisch agiert; getrennt davon in Kommentaren, Statements, Magazinen dürfen plötzlich Menschen auftreten, die leben und sich in ihrer Lebensauffassung bekunden, aber schnell vor der nächsten Nachricht wieder in der Versenkung verschwinden müssen. Ein unheimliches, auch unwürdiges Ritual! Und dennoch schier unlöslich, denn wo es nur noch meinungsgetragene Informationen gibt, ist bei der immensen Wirkungsintensität der großen Massenmedien die gesteuerte Beeinflussung durch massenhaft verbreitete Meinung, also Unfreiheit, nicht fern. Medienkritik wird dort sachgerecht betrieben, wo das beurteilte Medium auch daran gemessen wird, ob und wie es dieses Dilemma erkennt und zu seinem Problem (also sich zur Pflicht, es zu lösen) macht. Ideallösungen sind hier nicht zu erreichen, und es ist ein Glück: die deutschen Fernsehanstalten z.B. diskutieren hierüber seit einiger Zeit in anzuerkennender Weise mit zum Teil sehr praktischen Auswirkungen (siehe dazu in diesem Buch, Seite 192 :*Helmut Greulich, ZDF: Warum man fernsehen lernen muß*). – Aber noch dieses Beispiel, denn vom **Ethischen**, von einer in diesem Sinne positionsbestimmten Rechtsgesellschaft war die Rede: Tag für Tag fallen Menschen in totalitären Staaten der herrschenden Gewalt zum Opfer, ohne rechtsstaatliches Gerichtsverfahren und Urteil: können wir es verantworten, wenn es in unseren 'objektiven' Meldungen heißt: diese Menschen seien **umgekom-**

Medienlandschaften

men, exekutiert, erschossen, erhängt? Ist dieses auch nur richtig im Sinne der prägnanten Formulierung? Man kann es drehen und wenden, wie man will: es gibt nur eine Formulierung, die für diesen Sachverhalt 'stimmt': Diese Menschen sind **gemordet**. Doch hören kann man es in dieser Formulierung nur selten, die Objektivität vermag selbst angesichts der Mordopfer Moral und Ethik in die Knie zu zwingen.

9. Der 'Ethos' der totalen Veröffentlichung ist inhuman

Zum zweiten Gesichtspunkt, der ebenso mit ethischen Grundwerten zu tun hat: es ist ein Kennzeichen der modernen Massenmedien des 20. Jhs., die journalistischen Werte **Aktualität** und **News** bis aufs Äußerste zu strapazieren. Dieses ist einerseits verursacht durch Praktiken amerikanischer Pressekonzerne am Ausgang des 19.Jhs., andererseits bedingt durch zunehmende Konkurrenzen innerhalb ein- und desselben Mediums und der verschiedenen Medien untereinander. Durchaus sinnvoller Wettbewerb ufert zunehmend aus zu einer maßlosen Hatz nach Neuigkeiten um jeden Preis. Doch sind 'News', Entdeckung des Unbekannten

rden weggeworfen

Los Angeles,
In seinen 60 Filmen spielte er meistens ein Rauhbein. Der Mann, der nur an sich selbst und an seine Kraft glaubte. Doch nun hat Steve McQueen (49) das Beten gelernt. Dieser Satz: „Lieber Gott, laß mich die Geburt meines Kindes erleben!" Denn der krebskranke Star wird noch einmal Vater. Seine Frau Barbara Minty (26) erwartet ein Baby – im Oktober, in sechs Monaten.

Für Steve ein Wettlauf mit dem Tod! „Der Krebs ist im Lungenbeutel weitergewuchert. Da können wir nicht operieren", sagte der amerikanische Spezialist Dr. David Plotkin zu BILD.
Der Held aus „Bullit" und „Nevada-Smith" will seinen letzten

Kampf gewinnen: „Ich werde darum kämpfen, mein Kind noch zu sehen", sagte der Schauspieler bei einem Essen mit seiner Frau in Beverly Hills Restaurant· „Ma Maison".
Für die Zeit nach seinem Tod hat der Schauspieler und Renn

vorgesorgt. Er ve Lieblingshaus in Tr mit seiner zweit McGraw (41) glück drei Millionen legt Bank – als Rente f und damit es seinem geht.
Steve hofft, daß wird – mit grünen A er. „Der Kleine wird mer an mich erinnern McQueen hat bere der aus seiner erster Tänzerin Neile Adan chen (20) und einen

Patty Hearst flittert in der Schah-Villa
Millionenerbin **Patty Hearst** (25) verlebt in der Villa des Schahs in Panama ihre zweiten Flit-

Neuer BH kann Krebs testen
● Mit einem neuartigen BH können Frauen bald selbst testen, ob

Auf Wart 23 B(
● Me det e Ein N schor

Kinde töten

usw., sowie deren mediale Vermarktung keine Werte an sich (höchstens im Sinne des Abenteurers und Eroberers), sondern sie beziehen sich auf Menschen, denen sie dienen sollen, zu deren Aufklärung und zu deren Nutzen. So verfahren jedenfalls alle seriösen Wissenschaften — warum sollte es bei journalistischer Suche nach dem Neuen anders sein als in der Forschung? Der täglich (bzw. regelmäßig) zu konstruierende Aufmacher, die Headline (auch in Bild- und Funkmedien) wirken demoralisierend - sie verwandeln einen News-Wert in einen Sensations-Unwert, indem sie alles Werthafte des Neuen dem Warencharakter — sprich: dem Verbrauch — opfern.

In der Sucht nach der totalen Veröffentlichung all dessen, was menschliches Leben bestimmt, wurde dieses Leben zum medial inszenierten Panoptikum (es gibt wenige Medien, die da nicht mitgewirkt hätten). Am Schluß blieben noch Geburt, Sexualität und Tod als Menschliche/zwischenmenschliche Intimbereiche davor verschont. Aber von Dauer war das nicht. Heute haben wir uns fast daran gewöhnt, daß auch diese Bereiche den medienvermittelten Weg aller anderen Bereiche des Menschen und seiner Welt gegangen sind: sie werden gehandelt im trivialen Korsett massenmedialer Scheininformation, mehr noch: sie haben weiterhin naive Unterhaltungsfunktion wie die inzwischen uralte 'Dame ohne Unterleib' auf dem Jahrmarkt der Attraktionen. — Die TV-Kameras hautnah am Geschehen in der Sterbeklinik von London, d.i. Todeskampf bis zum letzten Atemzug, eingepaßt in eine 'spannende' Dreiviertelstunde Fernsehen; der Kriminalfall in den Headlines der Boulevardpresse, d.i. häufig genug, den Menschen bloßlegen, um hinter Nacktheit und sezierter Seele mit den Augen des Voyeurs immer noch mehr zu erspähen und dabei den Schauder des Ungeahnten zur täglichen Selbstbefriedigung lukulisch auszukosten. Beispiele über Beispiele drängen sich auf. Es sollte einem dabei nicht die Sprache verschlagen oder uns in die folgenlose Entrüstung treiben, es lohnt hingegen, aktiv dafür einzutreten, daß das Wort **Medienethik** nicht eine Leerformel bleibt, denn wo ethisch-humanistische Grundpostulate zugunsten eines scheinobjektiven Neutralismus geopfert werden, sind medienpolitischer Nihilismus und Faschismus nicht weit.

10. Kinder und Jugendliche haben ein Recht auf Mediennutzung — aber sie haben auch das Recht auf Medienerziehung

Was bedeutet das alles für das Thema Kinder und Medien?

● Kinder müssen mit den Medien leben, sie sind als besonderer Rezipientenkreis Mitspieler in einer Medienlandschaft, so wie sie ist, und nicht in einer utopisch gedachten, wie sie sein sollte.

● Häufig aus ehrlichem Grunde (und manchmal auch als Vorwand) versucht die Medienkritik (aus dem pädagogischen, journalistischen, wissenschaftlichen Bereich her) an den Kindern Beweis zu führen, wie verderblich dieses oder jenes Medium in seiner Wirkung sei. Wieder gibt die Mediengeschichte dazu einen wichtigen Hinweis: es gibt wohl nur wenige Medien, die nicht irgendwann in ihrer Wirkungsgeschichte den Vorwurf durchstehen mußten, sie seien **jugendgefährdend**. Mediengeschichte ist auch eine Geschichte von Diffamierung und Entrüstung: das Buch, das Drama (insbesondere das Theater), das Journal, die Comics, der Kinofilm, das Fernsehen, der Heftroman, die allgemeine Publikumszeitschrift, die Schallplatte — sie alle standen zu unterschiedlichen Zeiten im Zentrum einer zum Teil vernichtenden Kritik unter dem Aspekt ihrer Einflußnahme auf Kinder und Jugendliche. Ein voll überzeugender Beweis dafür ist zu keiner Zeit geführt worden. Dennoch sind viele Einzeluntersuchungen und auch groß angelegte Laborversuche der Soziologie und Verhaltensforschung Grund genug, die Frage nach der möglichen Sozialisationsgefährdung von Kindern durch Medieneinflüsse ernsthaft und engagiert in der Diskussion zu halten. Einige grundsätzliche Punkte sind oben genannt, die die Perspektiven und Konturen herausstellen für eine sachgemäße Behandlung der Problematik. — Allerdings: eine vordergründige 'Rettet unsere Kinder'-Ideologie hat noch kein Medium auf Dauer zur Besinnung gebracht und keinen Rezipienten zum Verzicht auf Medienkonsum, in der Geschichte nicht und ebenso nicht heute. Wo jedoch Beobachtungen und Sachverhalte zur Sorge Anlaß gaben, waren Vereinbarungen der Partner im Medienbetrieb nicht selten, sofern sie eben partnerschaftlich unter Ausschluß staatlicher Gewalt geregelt wurden. Ob Comic-Codes, Regularien für Leihbüchereien und Lesezirkel oder die verschiedenen Freiwilligen Selbstkontrollen (der Filmwirtschaft, der Romanheftverlage, usw.), so stehen sie zwar alle in unterschiedlicher Weise bis heute in der Kritik, funktionieren aber insgesamt doch so zufriedenstellend, daß man froh sein darf angesichts eines annähernd partnerschaftlichen Ausgleichs der Interessen in einer — sogesehen — dann eben doch demokratischen Medienlandschaft, in der wir leben.

● Unser Staat garantiert das Verbot von Zensur, demnach die Freiheit der Medien. Er garantiert aber auch gleichrangige Rechtsgüter. Ein solches ist z.b. auch die besondere Schutzbedürftigkeit von Kindern und Jugendlichen in ihrer körperlich-geistigen Entwicklung. Wie beide Verfassungsgüter in Einklang zu bringen sind, zeigt sich z.B. im „Gesetz über die Verbreitung jugendgefährdender Schriften" (ihnen stehen Tonträger und andere Medien gleich) und in der Praxis der 'Bundesprüfstelle für jugendgefährdende Schriften': Unter Beachtung des freien selbstbestimmten Regulierens der Ansprüche aller Medienpartner gebietet der Staat Einhalt in Extremfällen deutlich vermutbarer Mediengefahren. „Gewährung von Flankenschutz" hat dieses die Bundesprüfstelle selbst genannt, dort wo die Gefahr sozialethischer Desorientierung (= sittliche Gefährdung) von Kindern und Jugendlichen unverkennbar ist.

● Kinder müssen und sollen mit Medien leben, und es steht wie dem Staat auch anderen Institutionen unserer Gesellschaft nicht zu, eine Art innerer Zensur auszuüben. (So war es ein heilsamer Schock z.B. für die Literaturdidaktik, nach jahrelangen Diffamierungskampagnen gegen die massenhaft verbreitete Literatur zugunsten der 'hohen Literatur', etwa der Klassiker, einsehen zu müssen, daß der Konsum von Trivialliteratur in den verschiedenen Medien bei den Schülern nicht sank, sondern rapide stieg.) Kinder brauchen die Medien des Marktes zur Erfüllung ihrer Bedürfnisse, in der Freizeit, im 'Beruf', in der Bildung oder ganz allgemein als Staatsbürger, Individuen und Gesellschaftspartner in einer nur sehr schwer zu vermittelnden Umwelt, sei sie regional verstanden oder auch weltweit.

● Kinder kann man nicht vor Medien schützen, indem man sie ihnen vorenthält (in der Regel durch Gewaltandrohung), sondern indem man sie lehrt, Medienangebote sachgemäß und kompetent zu benutzen. Die Schule lehrt z.B. **Sprachen**, fördert mit großem Engagement **Spracherwerbsprozesse**, sie macht Schülern das Verhältnis **Sprache und soziales Handeln** bewußt, **Sprache und Emanzipation**, d.h. freie Selbstbestimmtheit des Individuums u.a. durch **Sprachkompetenz**, erkennt darin sogar ihr globales Lehrziel – **Die Sprache der Medien**, der modernen Massenkommunikation, lehrt die Schule hingegen nicht, jedenfalls nicht systematisch. Und das in einer Zeit, wo die Sozialisation in und durch Massenkommunikation in allen Ausmaßen wetteifert mit der Sprachsozialisation im linguistischen Sinne! **Medienanalphabetismus** führt zur Unterdrückung der Rezipienten durch das Medium. Daran sind nicht so sehr die Medien schuld, **sondern die, die versäumen, Medienkompetenz zu lehren** (Niemand käme auf die Idee, das gesprochene und geschriebene Wort abzuschaffen, weil man damit möglicherweise sprachinkompetente Rezipienten unterdrücken kann, oder Sprache deswegen nicht zu lehren, weil sie massenhaft verbreitet ist und häufig 'Triviales' ausdrückt.

• Pädagogik, Fachdidaktiken und Schulwirklichkeit lassen trotz Ausnahmen z.Zt. nicht erkennen, daß sie sich des Problems in seiner ganzen Tragweite bewußt sind. Der medienpädagogische Fachlehrer ist noch eine große Ausnahme im Spektrum der Lehrerstellen. In geradezu naiver Einfalt, so ist zu beobachten, bedienen sich die Fächer der Medien als Effektoren zur (scheinbaren) Optimierung von Lernprozessen, ohne je eben dieses Medium als **Gegenstand** des Lernens behandelt zu haben.

Verhängnisvoller kann man sich nicht aus der Verantwortung ziehen. Die Reformschule von heute wird in demselben Maße zum Rückschritt in eine bildungselitäre Restauration gezwungen werden, in dem sie der Mehrzahl von Kindern eine **konsequente Medienerziehung** verweigert. Daß das außerhalb der Schule auch die anderen Erziehungsinstanzen unserer Gesellschaft betrifft, versteht sich von selbst.

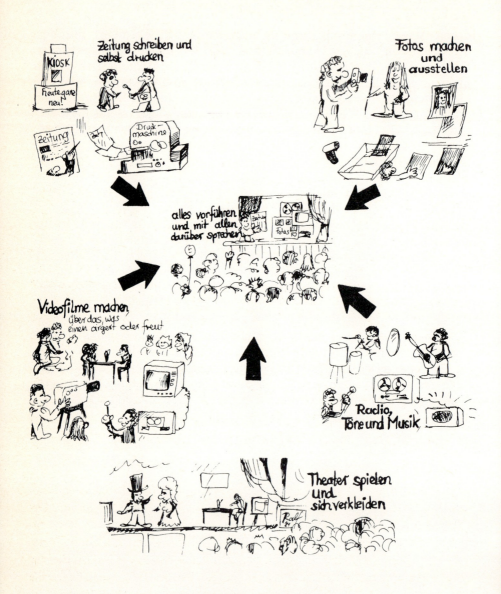

Was Kinder und Jugendliche mit Fernsehsendungen, Radiosendungen und Zeitschriften machen (können)

Gewaltdarstellung im Fernsehen

Besteht Anlaß zum Umdenken?

Michael Kunczik

Die Publikationsflut zu dem Thema der möglichen sozialschädlichen Effekte von Gewaltdarstellungen im Fernsehen — Gewalt ist die beabsichtigte physische und/oder psychische Schädigung einer anderen Person oder eines Personensurrogats (z. B. Lassie, Flipper usw.) — hält unvermindert an. Dabei wird der generelle Stand der massenmedialen Wirkungsforschung ganz entscheidend durch die empirischen Studien bestimmt, die auf die Analyse der möglichen Effekte von Gewaltdarstellungen (insbesondere im Fernsehen und dort besonders auf Kinder und Jugendliche) angelegt sind. Da für Untersuchungen in diesem Themenbereich in den angelsächsischen Ländern offensichtlich relativ leicht Forschungsgelder locker gemacht werden können, liegen hier auch Untersuchungen vor, die sich mit den möglichen langfristigen Effekten massenmedialer Inhalte befassen.

Auch die Besorgnisse einer moralisch engagierten Öffentlichkeit richten sich gegenwärtig wieder bzw. immer noch auf die von sozialwissenschaftlichen Laien als sicher vermuteten sozialschädlichen Effekte des Fernsehens. Es sei etwa auf den Bundeskanzler verwiesen, der im Rahmen des letzten Bundestagswahlkampfes eine Art medienbewirkte Apokalypse des deutschen Volkes beschworen hat: Ein sprachloses Volk sozial isolierter Glotzer.

Pseudowissenschaftliche Traktätchen wie das Buch von Mary Winn über *Die Droge im Wohnzimmer* oder traumtänzerische Forderungen wie die von Jerry Mander: *Schafft das Fernsehen ab* haben keinen wissenschaftlichen, allenfalls einen sozialen Wert: Ihr Verkaufserfolg kann als Indikator für die Existenz weitverbreiteter kollektiver Ängste bezüglich der Gefahr des Massenmediums Fernsehen interpretiert werden. Die Gefahr, die von "Tugendhütern" in Sachen Fernsehen ausgeht, besteht darin, daß nicht nur die Zensur fiktiver Gewalt in Unterhaltungssendungen, sondern etwa auch in Nachrichten- und Magazinsendungen gefordert wird, wie bereits geschehen. (1) Die Folge wäre eine total veränderte Struktur von Nachrichtensendungen: von Zensoren als harmlos eingestufte gewaltfreie Aktualitäten aus der heilen Welt (z. B. Mandelblüte an der Weinstraße

o. ä.). Angesichts der Schwammigkeit des Gewaltbegriffs besteht weiter die Gefahr, daß dieser leicht zum Synonym für politisch mißliebige Inhalte werden kann.

Keine sozialschädlichen Effekte von Fernsehgewalt — muß diese These revidiert werden?

Ausgangspunkt der hier zu leistenden Diskussion neuerer Forschungen ist die folgende sich auf den Stand der Forschung im Jahre 1977 beziehende Aussage: Je sorgfältiger eine Untersuchung, die sich mit den möglichen Auswirkungen von Fernsehgewalt vor allem auf Kinder und Jugendliche befaßt, von der Anlage und Durchführung her geplant ist, desto größer ist die Wahrscheinlichkeit, daß keine Beziehung zwischen Fernsehgewalt und Rezipientenaggressivität festgestellt wird. Es soll nunmehr untersucht werden, ob aufgrund neuerer Forschungsergebnisse die Aussage revidiert werden muß. Leider kann nicht auf in der Bundesrepublik Deutschland durchgeführte Studien zurückgegriffen werden. Und es gibt noch immer keinen umfassenden Bezugsrahmen, der es erlauben würde, die Vielzahl der Einzelbefunde zu integrieren.

Unter Sozialisation wird der Prozeß verstanden, in dessen Verlauf sich ein Kind die in einer Gesellschaft geltenden Werte, Normen, Gewohnheiten und Einstellungen aneignet, die es zu einem vollwertigen Gesellschaftsmitglied werden lassen. Die Kulturübertragung erfolgt durch Lernprozesse, wobei sich der überwiegende Teil des Sozialisationsprozesses in Form des Lernens am Modell vollzieht. Empirisch gesichert ist, daß Kinder sehr früh beginnen fernzusehen, und zwar auch solche Sendungen, die für Kinder nicht gedacht sind (vgl. z. B. Darschin 1976, 1977). Empirisch aber noch weitgehend ungeklärt ist, inwieweit das Fernsehen als "dritter Elternteil" Einfluß auf den Sozialisationsprozeß ausübt. Die lange Zeit als unumschränkt gültig angesehene These von Joseph T. Klapper, Massenkommunikation würde vor allem bereits vorhandene Prädispositionen und Einstellungen verstärken, ist für Kinder und Jugendliche mit Sicherheit nicht zutreffend. Kinder und Jugendliche, wobei im Einzelfall nach Altersstufen eng unterschieden werden muß, befinden sich in einer Phase hoher Plastizität, d. h. Einstellungen, Gewohnheiten und Verhaltensdispositionen sind noch nicht stark verfestigt.

Behauptungen wie die von William J. McGuire, daß von der Wirkungslosigkeit der Massenmedien ausgegangen werden könne, sind darauf zurückzuführen, daß die Ergebnisse der Wirkungsforschung wenig konsistent sind, was durch die Vielzahl der Faktoren, die in einem Wirkungsprozeß ein Einflußpotential besitzen, und eine weitgehend theorielos durchgeführte Forschung bedingt ist. Im Rahmen einer Interaktionstheorie der massenmedialen Wirkungen müssen zumindest die folgenden Variablen berücksichtigt werden: 1. die "Qualität" des(r) Medieninhalts(e), wobei insbesondere die Wahrnehmung der Inhalte durch die Rezipienten zu berücksichtigen ist (hierzu gehören auch Kommunikatorvariablen wie Medienimage, Glaubwürdigkeit usw., sowie Kanalvariablen, z. B. Fernsehen vs. Zeitung); 2. das Ausmaß des Medienkonsums; 3. die Persönlichkeiten der Rezipienten (individualpsychologische und sozialkategoriale Faktoren); 4. die Einbettung der Rezipienten in ein Netzwerk sozialer Beziehungen; 5. der situative Kontext des Medienkonsums; 6. der situative Kontext nach dem Medienkonsum; 7. die politisch-soziale Situation im umfassenden Sinne (z. B. Wahlkampfsituation, Wirtschaftskrise usw.). Das komplexe Problem der massenmedialen Wirkungen kann nicht erfaßt werden, wenn man bei der isolierten Untersuchung der einzelnen Variablen stehenbleibt. Vielmehr müssen bei der Analyse die Interdependenzen der einzelnen Variablen berücksichtigt werden. Mit anderen Worten: Es kann keine generelle Antwort auf die Frage nach den Wirkungen erwartet werden. Allenfalls noch zu entwickelnde multikausale Modelle sind zur Erklärung geeignet. Eine bestimmte Wirkung kann verschiedene Ursachen haben, und umgekehrt kann ein bestimmter Inhalt verschiedene Wirkungen nach sich ziehen.

Thesen zur Struktur und Wirkung von Fernsehgewalt

Bereits "vor" der eigentlichen Wirkungsforschung sollte bei der Inhaltsanalyse eine Neuorientierung erfolgen. Da unterschiedliche Rezipientenkategorien (z. B. Kinder und Jugendliche nach Altersstufen unterschieden) identische Inhalte unterschiedlich wahrnehmen bzw. nutzen, ist es sinnvoll zu versuchen, bei der Bildung inhaltsanalytischer Kategorien die Perzeption der Inhalte durch die Rezipienten zugrunde zu legen. Ein solches Vorgehen (funktionale Inhaltsanalyse) ist zwar sehr aufwendig, scheint aber, wie die Untersuchung von Mariann Pezzella Winick und Charles Winick belegt, durchführbar. Die Autoren, die sich an die Überlegungen von Jean Piaget anlehnen, können zeigen, daß bei der Wahrnehmung von Fernsehinhalten durch – nach Altersstufen eng differenzierte – Kinder sowie Erwachsene bezüglich solcher Dimensionen wie Phantasie, Glaubwürdigkeit und Gewalt starke Differenzen bestehen. Erst im Alter von zehn bis zwölf Jahren nehmen die Kinder die Inhalte wie die Erwachsenen wahr. In der Nichtberücksichtigung der unterschiedlichen Wahrnehmung identischer Inhalte durch verschiedene Rezipientenkategorien liegt – außer in hier nicht zu diskutierenden begrifflichen und methodischen Unsauberkeiten – die entscheidende Schwäche des viel diskutierten *Gewalt-Index* von George Gerbner begründet. Dieser Index mißt, was Gerbner für Gewalt hält, und dazu gehören auch Slapstick-Aktionen, Unfälle, Naturkatastrophen und

Gewalt in Zeichentrickfilmen, d. h. alles Aktionen, die von den meisten Zuschauern gar nicht als Gewalt eingestuft werden. Es wird nicht beachtet, daß etwa Kinder irgendeine Fernsehschießerei vollkommen distanziert wahrnehmen können und praktisch nicht beachten, aber durch Sendungen wie *Heidi, Pinocchio* oder *Biene Maja* emotional stark aufgewühlt werden können.

An der Struktur der Gewaltdarstellungen hat sich wenig geändert. Fernsehgewalt ist mit der maskulinen Rolle verbunden (allerdings werden neuerdings auch häufiger Aggressionen weiblicher Protagonisten gezeigt; vgl. z. B. *Charlie's Angels*) und erfolgt zumeist zwischen Fremden. Gewalt wird von den "guten" und den "schlechten" Protagonisten in einer Vielzahl von Einzelsequenzen erfolgreich zur Zielerreichung und Konfliktlösung eingesetzt. Es werden Handlungsmodelle angeboten, die zeigen, wie mit Hilfe von Gewalt legitime Ziele wie Wohlstand, Prestige, Macht und nicht zuletzt Gerechtigkeit erreicht werden. Die negativen Helden werden erst am Schluß bestraft, nachdem sie zuvor in einer Vielzahl von Sequenzen erfolgreich Gewalt eingesetzt haben. Aus lerntheoretischer Warte ist der Aufbau der Gewalthandlungen fast optimal: Gewalt lohnt sich, abgesehen von "kleineren Betriebsunfällen", nahezu immer. Dabei wird Gewalt ausgesprochen unrealistisch gezeigt, denn sie kann zwar tödlich sein, aber sie ist selten schmerzhaft.

In diesem Kontext sei nochmals auf Albert Bandura verwiesen, der aus lerntheoretischer Warte heraus argumentiert. Dieser Autor zieht in seinem unlängst auch in deutscher Sprache erschienenen Buch *Aggression: Eine sozial-lerntheoretische Analyse* (Stuttgart 1979) die Schlußfolgerung (S. 302), "daß die aggressive Modellierung im Fernsehen – durch Verfügung und Billigung aggressiver Methoden – die Wahrscheinlichkeit aggressiver Reaktionen erhöht und deren Form gestaltet." Wichtig ist, daß diese Behauptung durch die vorgelegten Daten nicht abgesichert ist. Bandura überinterpretiert in Experimenten, deren methodische Qualität vielfach anfechtbar ist, erhaltene Befunde hinsichtlich ihrer Bedeutung für den Fernsehalltag. Typisch hierfür ist die immer wieder zitierte Experimentreihe von Bandura, Ross und Ross (1961, 1963). Dabei beobachteten Kindergartenkinder im Alter von vier bis sechs Jahren eine erwachsene Person, die physisch und verbal aggressiv mit einer aufblasbaren Plastikpuppe, der berühmt-berüchtigten *Bobo-doll*, umging. Nach der Darbietung wurden die Kinder frustriert, indem ihnen Spielzeug gezeigt und wieder weggenommen wurde. Das Verhalten der Kinder wurde danach in einer Spielsituation beobachtet, die mit der vorher gezeigten Situation identisch war. Es zeigte sich, daß die Kinder das Verhalten des Modells imitierten. Aber die

Schlußfolgerung von Bandura, daß die Kinder nur Zugang zu Waffen benötigten, um das aus dem Fernsehen Gelernte in die Tat umzusetzen, stellt eine Überinterpretation der Daten dar. Es gab für die Kinder keinen Grund, das Modellverhalten nicht zu imitieren. Sie befanden sich in der unbekannten Situation des psychologischen Laboratoriums, in der auch Erwachsene beim ersten Mal unsicher sind. Unsicherheit aber geht mit der Bereitschaft einher, Verhalten eher nachzuahmen. Ferner waren die Kinder gar nicht in der Lage, das Modellverhalten als sozial unerwünscht einzuschätzen. Niemand hatte eine negative Äußerung über das Modellverhalten gemacht. Schließlich provozierte die aufblasbare Puppe, der weder vom Modell noch von den Kindern Schaden zugefügt wurde, das von den erwachsenen Beobachtern als aggressiv bezeichnete Verhalten, denn sie besaß die Eigenschaft, sich immer wieder aufzurichten. Mit sehr großer Wahrscheinlichkeit haben die erwachsenen Experten intensives Spielverhalten der Kinder als aggressives Verhalten fehlinterpretiert.

Im deutschen Sprachbereich wird neuerdings in wissenschaftlich sehr naiver Weise eine Emotionalisierungsthese vertreten. So behauptet Hans-Joachim Schneider (1977, S. 131 f.), durch den kontinuierlichen Konsum fiktiver Gewalttakte werde die emotionale Furcht vor dem Verbrechen gesteigert. Schneiders These basiert allein auf einer Inhaltsanalyse. Er schließt vom Inhalt direkt auf die vermuteten Wirkungen, was, wie man seit über 50 Jahren weiß, unzulässig ist. Trotzdem wurde die Behauptung von Schneider in der Presse häufig als gelungener Nachweis für die Gefährlichkeit von Fernsehgewalt zitiert.

Die ursprünglich von George Gerbner stammende Hypothese, durch den hohen Konsum von Fernsehgewalt wachse die Furcht der Rezipienten, selbst Opfer eines Verbrechens zu werden, ist inzwischen empirisch widerlegt. Die von Gerbner anhand von unzulässigerweise kausal interpretierten Korrelationskoeffizienten belegte These ist, wie eine in Toronto von Doob und Macdonald (1979) durchgeführte Studie zeigt, nicht länger haltbar. Auch diese Autoren stellen zunächst fest, daß Individuen mit einem höheren Fernsehkonsum sich durch eine höhere Furchtsamkeit auszeichnen. Wird aber das Ausmaß der tatsächlich in der Nachbarschaft begangenen Kriminalität ("actual incidence of crime in neighborhood") kontrolliert, dann ist keine Beziehung mehr zwischen dem Ausmaß des Fernsehkonsums und der Furcht, Verbrechensopfer zu werden, festzustellen. Vielmehr ergibt sich eindeutig, daß Individuen, die sich durch einen hohen Fernsehkonsum auszeichnen, deshalb höhere Angst besitzen, Opfer eines Verbrechens zu werden, weil sie in einer gewalttätigeren Nachbarschaft leben als die Wenigseher.

Eng verbunden mit der Emotionalisierungsthese ist die Habitualisierungsthese, wonach durch den ständigen Konsum von Fernsehgewalt die Sensibilität des Zuschauers gegenüber Gewalt abstumpfe, die schließlich als normales Alltagsverhalten betrachtet werde. In der noch zu diskutierenden Langfriststudie von William A. Belson (1978) konnte kein Zusammenhang zwischen dem langfristigen Konsum von Fernsehgewalt und den Einstellungen gegenüber Gewalt und Gewaltanwendung festgestellt werden. Es werden keine Belege dafür erhalten, daß mit dem Ausmaß des Konsums violenter Sendungen eine Abstumpfung gegenüber Gewalt einhergeht, Gewalt als geeignetes Konfliktlösungsinstrument angesehen und geglaubt wird, Gewalt sei unvermeidlich. (2) Insgesamt gesehen liegen keine Daten vor, die die Habitualisierungsthese stützen und eine Veränderung der Persönlichkeitsstrukturen der Rezipienten dahingehend belegen, daß sich eine Gleichgültigkeit gegenüber realer Gewalt entwickelt. Insbesondere aufgrund der Studie von William A. Belson, deren Aufbau noch dargestellt werden wird, kann die Habitualisierungsthese als empirisch widerlegt angesehen werden.

Drei vergleichbar angelegte Feldexperimente in USA und Belgien:
Stimulationsthese unterstützt ?

Im Zusammenhang mit der Stimulationsthese, die eine durch das Ansehen violenter Inhalte erhöhte Bereitschaft der Rezipienten, selbst aggressives Verhalten zu zeigen, postuliert, verdienen drei Feldexperimente besondere Beachtung. Während die Laboratoriumsstudien ganz eindeutig keine Belege für die Stimulationsthese erbringen können (vgl. z.B. Kunczik 1975, S. 294–382), sind die Ergebnisse der Feldexperimente differenzierter zu würdigen. Parke u. a. führten mit identischem Forschungsdesign zwei Studien in den USA und eine in Belgien durch. Das Ziel der Untersuchungen war die Analyse der Auswirkungen violenter Kinofilme auf das Verhalten männlicher delinquenter Jugendlicher, die in Erziehungsheime eingewiesen waren. Die Altersspanne der Jugendlichen betrug in den USA 14 bis 18 und in Belgien 12 bis 19 Jahre.

Zunächst wurde das Verhalten der Jugendlichen drei Wochen (in Belgien eine Woche) beobachtet. In der Experimentalphase wurden an fünf Tagen hintereinander je ein violenter Film gezeigt. Während dieser Zeit war den Probanden kein Fernsehkonsum möglich. (Damit ist immer die Gefahr gegeben, daß der "Entzug" zu Frustationen geführt hat, die ihrerseits für die später gemessenen Aggressionen entscheidend verantwortlich zeichnen. Es liegt hier mithin die allgemeine Problematik aller Reiz-Reduktions-Experimente vor.) Die Kontrollgruppen sahen nichtaggressive Filme. Die neutralen Filme wurden – zumindest in einem der Feldexperimente – als gleich interessant und aufregend bezeichnet. Festgehalten sei, daß in einem Fall zwischen einem von den Probanden als aggressiv und einem als nicht aggressiv eingestuften Film bezüglich des Ausmaßes der tatsächlich gezeigten interpersonalen Aggression kein Unterschied bestand: Ein deutlicher Hinweis für die Wichtigkeit funktionaler Inhaltsanalyse, die die Wahrnehmung durch die Rezipienten berücksichtigt. Das Verhalten der Probanden wurde noch für drei Wochen (in Belgien eine Woche) nach der Experimentalphase beobachtet. (3)

In allen drei Feldexperimenten waren die Personen der Experimentalgruppe aggressiver als die Probanden der Kontrollgruppen. Die Autoren behaupten, aufgrund ihrer Untersuchungen sei es nunmehr überflüssig, weitere Beweise für die These zu sammeln, der Konsum von Mediengewalt erhöhe die Aggressivität der Rezipienten. Dies ist sicherlich eine zu extreme Folgerung. So ist etwa unklar, welche Konsequenzen die in der Basisphase festgestellten Aggressivitätsdifferenzen zwischen Kontroll- und Experimentalgruppen haben. Fraglich ist auch die Übertragbarkeit der Befunde auf das Medium Fernsehen, da während der Experimentalphase kein Fernsehkonsum möglich war. Weiter sahen die Jugendlichen die Filme gemeinsam in einem Raum, d. h. wenn eine bzw. einige Versuchspersonen durch den Film aktiviert wurden, stimulierte dies aggressives Verhalten der anderen. Ferner können die Autoren die Möglichkeit einer systematisch verzerrten Beobachtung nicht ausschließen, obwohl die Beobachter einem einwöchigen Training unterzogen worden waren und die Inter-Coder-Reliabilitäten hoch waren. Aber die Beobachter waren Studenten, die mit sehr hoher Wahrscheinlichkeit die konkreten Forschungshypothesen kannten. Im Idealfall sollte in einem Doppelblindtest die Datenerhebung an Personen delegiert werden, die die Hypothesen nicht kennen. Die Bedeutung der Feldexperimente liegt jedoch darin, daß in den USA erhaltene Befunde – zumindest für delinquente männliche Jugendliche – auf ein europäisches Land übertragbar scheinen.

Die Behauptung von Parke u. a. (S. 163 ff.), ihre bezüglich der aggressivitätssteigernden Wirkung von Gewaltdarstellungen erhaltenen Befunde seien auch auf nicht delinquente Populationen übertragbar, ist durch die vorgelegten Daten absolut nicht begründet. Hinzu kommt, daß in anderen Studien, die ebenfalls delinquente männliche Jugendliche als Probanden benutzten, keine Effekte festzustellen waren. (4)

Amerikanische Panel-Studie: Nachweis eines Kausalzusammenhangs zwischen Fernsehgewaltkonsum und aggressivem Verhalten nicht erbracht

Im angelsächsischen Sprachraum werden die Ergebnisse einer amerikanischen Panel-Studie neuerdings als „Beweis" dafür angeführt, daß es einen nachweisbaren kausalen Einfluß des „Konsums" violenter Fernsehsendungen in der Kindheit auf das spätere aggressive Verhalten männlicher Jugendlicher gebe. Die Autoren (Eron u. a. bzw. Lefkowitz u. a.) beanspruchen, die Frage nach einer eventuell sich ganz allmählich vollziehenden Veränderung der Persönlichkeitsstruktur durch den Fernsehkonsum im Rahmen einer langfristig orientierten Panel-Studie beantwortet zu haben. Dieser Kausalnexus wird durch die auf den ersten Blick eindrucksvollen Ergebnisse einer Pfad-Analyse „bewiesen" (vgl. Abb. 1). (5) Allerdings kann auch dabei die Möglichkeit nicht ausgeschlossen werden, daß die als kausal interpretierte Beziehung zwischen der Variablen „Vorliebe für violente Fernsehsendungen im Alter von acht bis neun Jahren" und „Aggressivität im Alter von 19 Jahren" durch eine Drittvariable bestimmt wird.

Abbildung 1: Ergebnisse der Pfad-Analyse, die den Zusammenhang zwischen der Vorliebe für violente Fernsehprogramme im Alter von 8 bis 9 Jahren (TVVL 3) und der von Gleichaltrigen eingestuften Aggressivität im Alter von 19 Jahren (AGG 13) für männliche Jugendliche (N = 184) verdeutlicht.

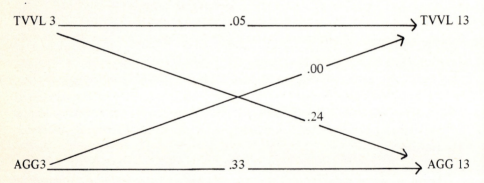

Quelle: Lefkowitz u. a. 1977, S. 136.

Die Bewertung der Bedeutsamkeit der in Abbildung 1 dargestellten Beziehung erfährt eine dramatische Verschiebung, wenn man in das im *Technical Report of the Surgeon General's Scientific Advisory Committee on Television and Social Behavior*, Vol. III veröffentlichte Originalmaterial der Studie schaut. Die Daten einer ganzen Erhebungswelle sind in Abbildung 1 weggelassen. Von 875 achtjährigen Probanden einer 1959/60 durchgeführten, auch das Medienverhalten berücksichtigenden Studie wurden zehn Jahre später 427 nochmals in einer Untersuchung erfaßt. Hierbei wurde die Vorliebe für violente Fernsehsendungen und die Verhaltensaggressivität (Einstufung durch Peers) ermittelt. Für männliche — aber nicht für weibliche — Probanden wird eine Korrelation von r = 0,31 zwischen der Vorliebe für violente Fernsehsendungen (nach Angabe der Mütter, wobei im allgemeinen zwischen den Angaben der Mütter und den tatsächlichen Präferenzen der Kinder starke Differenzen bestehen; vgl. z. B. Greenberg u. a. 1972) im Alter von acht bis neun Jahren und der Verhaltensaggressivität im Alter von ca. 19 Jahren festgestellt. Die Interpretation der Korrelation von r = 0,31 zwischen der Präferenz für violente Medieninhalte im Alter von acht Jahren und dem aggressiven Verhalten im Alter von 19 Jahren wird dadurch erschwert, daß zwischen der Präferenz im Alter von acht Jahren und dem in Abbildung 1 weggelassenen, ebenfalls ermittelten violenten Verhalten im Alter von 13 Jahren (252 Versuchspersonen wurden in diese Studie einbezogen) nur eine Korrelation von r = 0,16 besteht (vgl. Abb. 2). Ferner liegt zwischen der zwischenzeitlich gemessenen Vorliebe für violente Fernsehsendungen im Alter von 13 Jahren und dem violenten Verhalten im Alter von 19 Jahren praktisch keine Beziehung vor (r = 0,02). Wenn der Einfluß des Konsums violenter Fernsehsendungen in einem Alter von ca. acht Jahren in besonders intensiver Weise erfolgen soll, dann ist nicht ersichtlich, wieso die Medienpräferenz im Alter von acht Jahren mit dem aggressiven Verhalten im Alter von 13 Jahren in einer schwächeren Beziehung steht als mit dem aggressiven Verhalten im Alter von 19 Jahren. Aus dem Datenmaterial ist nicht erklärbar, wieso der Medienkonsum sich erst nach zehn Jahren auswirkt und nicht bereits nach fünf Jahren. Insbesondere liegen durch eine Präferenz für violente Fernsehsendungen im Alter von 13 Jahren induzierte kumulative Effekte auf das aggressive Verhalten im Alter von 19 Jahren nicht vor (r = 0,02). Eine medieninduzierte Persönlichkeitsstrukturänderung ist aus den Daten offensichtlich nicht abzuleiten, dies um so weniger, da die Autoren bei der Interpretation ihrer Daten immer vom Konsum violenter Fernsehsendungen sprechen, dabei aber den von ihnen erhaltenen Befund ignorieren, daß das ebenfalls gemessene Ausmaß des Fernsehkonsums im Alter von acht Jahren ("number of hours boys watch television") keine Vorhersage des aggressiven Verhaltens im Alter von 13 und 19 Jahren erlaubt (vgl. Lefkowitz u. a. 1972, S. 54 f.).

Unklar bleibt insbesondere, weshalb die Autoren die Ergebnisse der Erhebungswelle im Alter von 13 Jahren, die sie im Originalreport noch ganz ausführlich darlegen, in den 1977 bzw. 1978 erschienenen Publikationen ignorieren.

Während die Autoren für männliche Jugendliche einen kausalen Einfluß der Fernsehgewalt für erwiesen ansehen, kommt bei ihnen aufgrund einer nur als abenteuerlich zu be-

Abbildung 2: Korrelationen zwischen der Vorliebe für violente Fernsehprogramme und der von Peers eingestuften Aggression über einen Zeitraum von zehn Jahren.

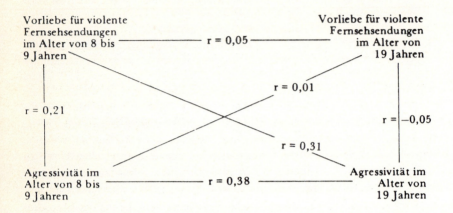

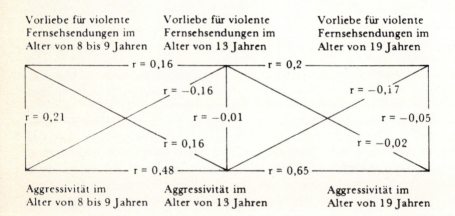

Quelle: Eron u.a. 1972, S. 257; bzw. Lefkowitz u.a. 1972, S. 49 sowie Television and growing up 1972, S. 155.

zeichnenden Überinterpretation extrem niedriger Korrelationskoeffizienten bei den weiblichen Jugendlichen die Katharsisthese zu neuen Ehren (vgl. Abb. 3). Dabei ist als empirisch eindeutig gesichert anzusehen, daß eine Aggressivitätsreduktion durch den

Konsum von Fernsehgewalt nicht erfolgt. Keine einzige Studie vermag derartige Kathartische Effekte aufzuzeigen. Die in Abbildung 3 aufgezeigte sehr schwache Korrelation von r = –0,13 zwischen der Vorliebe für Fernsehgewalt im Alter von acht bis neun Jahren und der Aggressivität im Alter von 19 Jahren wird folgendermaßen interpretiert: „girls may use television fantasies to express aggression and then aggress less in situations where their peers see them." (Eron u. a. 1977, S. 238). Durch Phantasietätigkeit sollen die weiblichen Probanden, denen aufgrund geschlechtsrollenspezifischer Sozialisation ein nichtaggressives Verhalten anerzogen worden sei, ihre Aggressivität in sozial unschädlicher Weise ablassen. Auch in diesem Falle liegt eindeutig eine Überinterpretation einer schwachen, nur zufällig etwas vom Werte Null abweichenden Korrelation vor. Die Ergebnisse einer Vielzahl von Untersuchungen lassen nur einen Schluß zu: Die Behauptung, durch Fernsehgewalt angeregte Phantasieaggression habe aggressionsreduzierende Wirkungen, ist empirisch als eindeutig widerlegt anzusehen. (6) Die Untersuchung von Eron, Lefkowitz u.a. zeigt als Hauptergebnis sowohl für männliche als auch für weibliche Probanden, daß 1. die Aggressivität im Alter von acht bis neun Jahren den höchsten

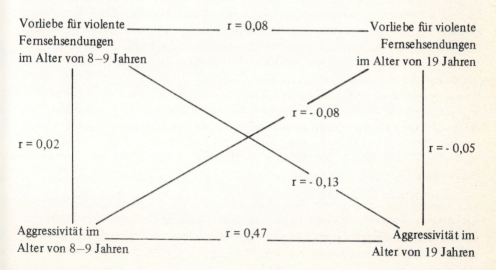

Abbildung 3: Korrelationen zwischen der Vorliebe für violente Fernsehprogramme und der von Peers eingestuften Aggressivität über einen Zeitraum von zehn Jahren für weibliche Probanden.

Erklärungswert für die Aggressivität im Alter von 19 Jahren (bzw. auch von 13 Jahren) besitzt sowie daß 2. Fernsehgewalt ganz offensichtlich keinen Einfluß auf die Violenz der Rezipienten hat.

Die Langzeitstudie von Belson: Desensitivierung durch Fernsehgewalt

Von besonderer Bedeutung für die Einschätzung möglicher langfristiger Wirkungen von Mediengewalt ist eine in London von William A. Belson durchgeführte Studie, in der die Beziehungen zwischen dem langfristigen Konsum von Fernsehgewalt sowie dem Verhalten und den Einstellungen eines repräsentativen Samples von 12- bis 17jährigen männlichen Jugendlichen aus London (N = 1565) untersucht wurden. Die Schwächen der üblichen Korrelationsstudien sollten überwunden und die Überprüfung kausaler Hypothesen versucht werden. Ausgangspunkt war die Hypothese, daß ein hoher Konsum von Fernsehgewalt zu einer erhöhten Violenz der Rezipienten führt. Belson teilte sein Sample zunächst in zwei Kontrastgruppen auf: die „Qualifiers" mit hohem Konsum von Fernsehgewalt und die „Controls" mit niedrigem Konsum. Eine ermittelte positive Korrelation zwischen der Violenz der Versuchspersonen und den Sehgewohnheiten kann auf dreierlei Weisen interpretiert werden: 1. Ein hoher Konsum von Fernsehgewalt bewirkt bei den Rezipienten größere Violenz. 2. Der zwischen den „Qualifiers" und den „Controls" festgestellte Unterschied beruht auf vom Fernsehkonsum unabhängigen Drittfaktoren. 3. Violente Individuen präferieren violente Fernsehinhalte. Die zweite Möglichkeit sucht Belson durch ein sehr aufwendiges Matching-Verfahren auszuschalten, in dessen Verlauf die Kontrastgruppen nach einer Vielzahl von Variablen parallelisiert werden. Ein nunmehr zwischen den Kontrastgruppen noch bestehender Aggressivitätsunterschied kann mit Hilfe der Interpretationsmöglichkeiten 1 und/oder 3 erklärt werden. Um entscheiden zu können, welche der Alternativen zutrifft, wurde das Matching-Verfahren auf die umgekehrte Hypothese 3 angewandt. Dabei werden die Kontrastgruppen nicht mehr nach den Fernsehgewohnheiten gebildet, sondern nach dem Ausmaß der Violenz. Wenn sich danach ergibt, daß der unterschiedliche Konsum von Fernsehgewalt mit dem Violenzniveau verbunden ist, aber unterschiedliche Violenz nicht mit dem Konsum von Fernsehgewalt, dann ist der nach diesem Verfahren bestmögliche Nachweis für eine kausale Beeinflussung der Rezipientenaggressivität durch Fernsehgewalt erbracht.

Das Ausmaß des Konsums von Fernsehgewalt wurde von Belson durch den Bekanntheitsgrad eines Samples von 68 Fernsehprogrammen aus dem Zeitraum 1959–1971 operationalisiert, wobei die Auswahl der Programme durch „Experten" erfolgte, die deren Violenz offensichtlich in ad-hoc-Verfahren einstuften. Die Violenz der Probanden wurde

Gewalt im Fernsehen – Umdenken?

Zeichnung von Gerhard Seyfried, in: Gerhard Seyfried: Wo soll das alles enden – 1 kleiner Leitfaden durch die Geschichte der undogmatischen Linken, Rotbuch-Verlag, Berlin, 1978, 96 S., kt., 8.–DM

anhand der Häufigkeit, mit der sie in nach der Schwere gewichtete Gewaltakte während der letzten sechs Monate verwickelt waren, operationalisiert. Über die Hälfte der Versuchspersonen (54 %) war nach eigenen Angaben während der letzten sechs Monate in keinen als ernsthaft eingestuften Gewaltakt verwickelt, aber 12 Prozent waren in zehn oder mehr und weitere elf Prozent in vier bis neun solcher Gewaltakte verwickelt. Belson stellt fest, daß hoher Konsum von Fernsehgewalt mit häufiger Verwicklung in Gewalttätigkeiten verbunden ist. Umgekehrt gilt aber nicht, daß Violenz zu einem hohen Konsum von Fernsehgewalt führt. Hinsichtlich der Auswirkungen spezifischer Formen von Fernsehgewalt ermittelt Belson, daß eine Zunahme interpersonaler Gewalt begünstigt wird durch den langfristigen Konsum von a) Sendungen, in denen enge persönliche Beziehungen ein Hauptthema bilden und in denen verbale und physische Gewalt gezeigt wird; b) Sendungen, in denen Gewalt um ihrer selbst willen gezeigt wird; c) Sendungen, in denen fiktive Gewalt in realistischer Weise gezeigt wird; d) Sendungen, in denen Gewalt im Dienste einer „guten Sache" gezeigt wird; e) violenten Western. Im Gegensatz dazu konnte eine derartige Beziehung nicht festgestellt werden für violente Cartoons, Slapstick-Filme, Science-fiction-Filme und Sportsendungen (ausgenommen Boxen und Ringen). Der Autor folgert aus seinen Daten, daß in beschränktem Maße eine Imitation von Fernsehgewalt erfolgt. Der wesentliche Effekt des Konsums von Fernsehgewalt aber wird in einer Enthemmung gesehen, d. h. einem Abbau der Schranken, violentes Verhalten zu zeigen.

Belson stellt ferner fest, daß zwischen dem Ausmaß des Gewaltkonsums und den Einstellungen gegenüber Gewalt und Gewaltanwendung keine Beziehung besteht. Diese Diskrepanz zwischen Einstellungs- und Verhaltensdaten versucht der Autor dadurch zu lösen, daß dem Fernsehen die Fähigkeit zugeschrieben wird, das Verhalten der Jugendlichen in einem unbewußt erfolgenden Desensitivierungsprozeß verändern zu können, aber nicht die „bewußten Einstellungen" (conscious attitudes). Das Verhalten der männlichen Jugendlichen ändere sich fernsehbedingt, ohne daß sich die Jugendlichen dieser Tatsache bewußt wären oder irgendeine andere gefühlsmäßige Einstellung gegenüber Gewalt bekämen. Über die Natur des vermuteten Enthemmungsprozesses werden keine näheren Angaben gemacht. Belson interpretiert seine Daten zwar monokausal, bleibt aber ausgesprochen vorsichtig.

Allerdings weist auch die Studie von Belson einige Schwachstellen auf, die es nahelegen, die vorgelegten Befunde nicht als den endgültigen und absoluten Nachweis negativer Effekte von Gewaltdarstellungen anzusehen. So sind präzise Aussagen über die Wirkungen von Fernsehgewalt schon deshalb nicht möglich, weil keine systematische quantitativ-qualitative Inhaltsanalyse durchgeführt worden ist. Die Zuverlässigkeit und Gültigkeit der Einstufung der Violenz durch die Experten ist nicht sonderlich hoch, wobei auch nicht gesichert ist, daß die Probanden als violent wahrnahmen, was die Experten als gewalttätig einstuften. Bedeutsam für die Einschätzung der Qualität der Befunde ist auch die Unterscheidung von „Viel-Sehen" (Qualifiers) und „Wenig-Sehen" (Controls), die dahingehend erfolgte, daß die Vielseher die „higher scoring half of the sample" bildeten, d. h. die Versuchspersonen werden mit Hilfe des Median in die Kategorien viel/wenig unterteilt. Diese Zweiteilung kann dabei aber keine rein statistische Klassifikation sein, wie aus der Interpretation der Daten eindeutig hervorgeht, sondern soll eine Art qualitativer Grenze bilden. Der Nachteil einer solchen Dichotomisierung besteht darin, daß der Schnittpunkt entweder rein willkürlich gewählt ist oder aufgrund einer Annahme über die zugrundeliegende Häufigkeitsverteilung erfolgt. Hierbei ist besonders zu beachten, daß die Variation einer Variablen von Sample zu Sample unterschiedlich sein kann. Es besteht die Möglichkeit, daß diese Tatsache durch die Verwendung dichotomer Werte vollkommen verdeckt wird. Belson scheint die Dichotomisierung vor allem deshalb vorgenommen zu haben, um die beiden Kategorien der „Viel-Seher" und „Wenig-Seher" ausreichend besetzen zu können.

Resümee: Für die Genese realer Gewalt ist Fernsehgewalt bedeutungslos

Als ein Resümee dieses kurzen Überblicks über den Stand der Wirkungsforschung unter dem Aspekt der Gewaltdarstellung läßt sich festhalten, daß die These nicht länger haltbar ist, es sei um so wahrscheinlicher, keine Beziehung zwischen Fernsehgewalt und Zuschauerviolenz festzustellen, je sorgfältiger eine Untersuchung geplant und durchgeführt wird. Zumindest die Studie von Belson sowie mit Einschränkungen die Untersuchungen mit männlichen delinquenten Jugendlichen in USA und Belgien lassen die Möglichkeit sozialschädlicher Effekte nicht unwahrscheinlich erscheinen. Die Mehrzahl der Studien jedoch verweist eindeutig auf das Nicht-Vorhandensein negativer Effekte von Mediengewalt. Es kann, sehr vorsichtig formuliert, besonders aufgrund der Studie von Belson nicht ausgeschlossen werden, daß bereits violente bzw. violent prädisponierte Individuen durch Fernsehgewalt eine Bekräftigung erfahren. Mit Sicherheit aber werden sie durch den Konsum von Fernsehgewalt nicht friedlicher.

Aufgrund dieser Schlußfolgerung sollte man aber nicht in eine Art monokausale Überprotektion verfallen und den Bildschirm „säubern" wollen. Zum einen stehen die Befun-

de von Belson noch vollkommen isoliert da, denn die anderen Studien weisen eindeutig auf das Nichtvorhandensein sozialschädlicher Effekte hin, zum anderen sind die Ergebnisse in Großbritannien und nicht in der Bundesrepublik Deutschland erhalten worden. Eine absolut gewaltfreie Fernsehwelt würde weiter mit Sicherheit dazu führen, daß die Rezipienten auf andere Medien (Groschenhefte, Abenteuerromane, Filme oder Video) ausweichen und dort ihre „gewalttätigen Inhalte" konsumieren. Insgesamt gesehen ist Fernsehgewalt für die Genese realer Gewalt ziemlich bedeutungslos. Die Fokussierung der Diskussion auf Mediengewalt lenkt darüber hinaus von wichtigeren Ursachen ab. Mit Sicherheit wird ein wesentlich größerer Teil von Kriminalität und Gewalt durch andere Faktoren, etwa durch den gegenwärtigen Jugendstrafvollzug, bewirkt als durch Fernsehgewalt. Weiter sind nicht die isoliert betrachteten Gewaltakte primär gewaltsteigernd, sondern eher die Handlungsumfelder, in denen sie angesiedelt sind. Wenn neue Bedürfnisse geschaffen oder vorhandene Bedürfnisse verstärkt werden, z. B. durch im Wohlstandsmilieu angesiedelte Handlungen, und die Individuen sich ihrer am materiell-monetären Erfolg gemessenen Benachteiligung bewußt werden, kann ein Gefühl relativer Benachteiligung geschaffen werden, das kriminalitätsbegünstigend ist.

Anmerkungen:

1) So z. B. durch Ludolf Herrmann. In der SWF-Sendung "Blick in die Zeit" vom 2. März 1980 unterstellt er sogar ehrenrührige Motive: Dem wissenschaftlichen Schreibtischtäter wird sozialschädliche Blindheit unterschoben. Von Sachkenntnis ungetrübt, wird behauptet: "Kunczik will die Folgen von Gewalt nicht sehen, deswegen sieht er sje nicht."
2) Vergleichbare Ergebnisse finden sich bei Dennis Howitt, Attitudes toward violence and mass media exposure, in: Gazette, 18, 1972, S. 208—234.
3) Das aggressive Verhalten der Versuchspersonen wurde auch im Laboratorium erfaßt. Die Aggressivität der Probanden, die verärgert oder nicht verärgert worden waren, wurde (außer in der belgischen Studie) am Tag nach dem Ansehen des letzten Films mit Hilfe von Elektroschocks und mittels eines verbal aggression index gemessen.
4) Vgl. z. B. Feshbach und Singer 1971; Halloran u. a. 1972; McIntyre und Teevan 1972; ORF 1975; Pfuhl 1970.
5) Im Rahmen dieser Pfad-Analyse wurden standardisierte Regressions-Koeffizienten berechnet. Während ein Korrelationskoeffizient den Grad des Zusammenhanges

zweier Zufallsvariablen mißt, schätzen Regressions-Koeffizienten den Wert einer Zufallsvariablen aufgrund der Kenntnis des Wertes einer anderen Variablen desselben Elements. Mit anderen Worten: Korrelationen informieren über die Stärke des Zusammenhanges zwischen den Variablen X und Y, Regressionen geben Auskunft über die Art des Zusammenhanges.

6) Vgl. Kunczik 1975, S. 135 ff. Diese Aussage gilt auch für weibliche Probanden, obwohl die typische Untersuchung zur Analyse der Auswirkungen massenmedialer Gewalt folgendermaßen verläuft: Ein männlicher Versuchsleiter benutzt männliche Probanden und zeigt diesen Stimulusmaterial, das männliche Aggression zeigt (z. B. Boxkampf, Schießerei usw.; vgl. hierzu McCormack 1978).

Literaturnachweise:

Bandura, A.: Aggression, Stuttgart 1979.

Bandura, A., Ross, D., Ross, S.A.: Transmission of aggression through imitation of aggressive models, in: Journal of Abnormal and Social Psychology, 63, 1961.
Imitation of film — mediated aggressive models, in: Journal of Abnormal and Social Psychology, 66, 1963.
Vicarious reinforcement and imitative learning, in: Journal of Abnormal and Social Psychology, 67, 1963.

Belson, W.A.: Television violence and the adolescent boy, Westmead 1978.

Darschin, W.: Kinder vor dem Bildschirm, in: Media Perspektiven 8/1976.

Darschin, W.: Veränderungen im Fernsehkonsum der Kinder, in: Media Perspektiven 11/1977.

Doob, A. N. and Macdonald, G. E.: Television viewing and fear of victimization — Is the relationship causal?, in: Journal of Personality and Social Psychology, 37, 1979.

Eron, L. D., Walder, L. O., Huesmann, L. R. und Lefkowitz, M. M.: The convergence of laboratory and field studies in the development of aggression, in: Hartup, W.W. und de Wit, J. (Hrsg.): Origins of aggression, Den Haag 1978.

Feshbach, S. und Singer, R. D.: Television and aggression, An experimental field study, San Francisco 1971.

Gerbner, G. und Gross, L.: Living with television: the violence profile, in: Journal of Communication, 26, 1976.

Gericke, G.: Kriminalität, Brutalität und dargestellte Aggression im Fernsehen und ihre Wirkung auf die Öffentlichkeit, ein Forschungsauftrag des ORF, in: Media Perspektiven, 2/1975.

Greenberg, B. S., Ericson, P.M. und Vlahos, M.: Kinder vor dem Fernsehschirm — in der Beurteilung durch Mütter und Kinder, in: Rundfunk und Fernsehen, 20, 1972.

Halloran, J. D., Brown, R. L. und Chaney, D.C.: Fernsehen und Kriminalität, Berlin 1972.

Huesmann, L. R., Eron, L. D., Lefkowitz, M. M. und Walder, L. O.: Television violence and aggression: the causal effect remains, in: American Psychologist, 28, 1973.

Klapper, J. T.: The effects of mass communication, New York 1960.

Kunczik, M.: Gewalt im Fernsehen, Köln und Wien 1975.

Kunczik, M.: Brutalität aus zweiter Hand, Köln und Wien 1978.

Lefkowitz, M. M., Eron, L. D., Walder, L. O. und Huesmann, L. R.: Television violence and child aggression: a followup study, in: Television and social behavior, Vol. III, Washington D. C., 1972.

Lefkowitz, M.M., Eron, L. D. Walder, L. O. und Huesmann, L. R.: Growing up to be violent: a longitudinal study of the development of aggression, New York 1977.

McCormack, T.: Machismo in media research: a critical review of research on violence and pornography, in: Social Problems, 25, 1978.

McGuire, W. J.: The nature of attitudes and attitude change, in: Lindzey, G. und Aronson, E. (Hrsg.), Handbook of social psychology, Vol. III, 2nd ed., Reading, Mass., 1969.

McIntyre, J. und Teevan, J. J.: Television violence and deviant behavior, in: Television and social behavior, Vol III, Washington, D. C., 1972.

Parke, R. D., Berkowitz, L., Leyens, J. P., West, S. G. und Sebastian, R. J.: Some effects of violent and nonviolent movies on the behavoir of juvenile delinquents, in: Leonhard Berkowitz (Hrsg.), Advances in Experimental Social Psychology, Vol. 10, New York 1977.

Pfuhl, E. H.: Mass media and reported delinquent behavior: a negative case, in: Wolfgang, M. E., Savitz, E. und Johnston, N. (Hrsg.), The sociology of crime and delinquency, 2nd ed., New York und London 1970.

Schneider, H. J.: Kriminalitätsdarstellung im Fernsehen und kriminelle Wirklichkeit, Opladen 1977.

Stein, A. H. und Friedrich, L. K.: Television content and young children's behavior, in: Television and social behavior, Vol. II, Washington, D. C., 1972.

Winick, M. P. und Winick, C.: The television experience. What children see, Beverly Hills 1979.

Erstmals veröffentlicht in: Media Perspektiven 12/80
Der Abdruck erfolgt mit freundlicher Genehmigung
der Redaktion

```
dpa 095 ld

kirchenmaus als trauzeuge =

muehldorf am inn, 6. dezember 73 dpa - eine maus war unfreiwil-
liger trauzeuge einer hochzeit in einer dorfkirchebei muehldorf am
inn. die ''arme kirchenmaus'' hatte sich zwischen buch und buchruek-
ken des grossen messbuches verkrochen. von diesem ''logenplatz''
vertrieb sie der messdiener, als er das buch aufschlug. nach dem
ersten schrecken der hochzeitsgaeste nahm schliesslich die trauzere-
monie ihren vorgesehen verlauf. die braut soll nicht in ohnmacht
gefallen sein.
dpa 095 al re tk   mmt06.dez 73  1148 nnnn
```

 Donnerstag, 6. Dezember 1973

Maus als Trauzeuge

schw. Mühldorf

An der Hochzeit von Franz und Rosina Zwirgelmaier in der Pfarrkirche von Taufkirchen (Landkreis Mühldorf) nahm ein unerwarteter Trauzeuge teil — eine Maus. Als das Brautpaar nach dem Jawort einem alten Brauch nachkommend, das Meßbuch küssen wollten, erlebte es eine unangenehme Überraschung. Aus dem aufgeschlagenen Buch sah den Jungvermählten eine Maus erstaunt entgegen. Ehe sich das Paar, der Mesner und der Pfarrer von ihrem Schrecken erholt hatten, suchte das Nagetier Zuflucht in der Sakristei. Wie sich später herausstellte, hatte sich die Kirchenmaus den freien Raum zwischen Buch und Buchrücken als Winterquartier ausgesucht.

aus: Alfred Marquardt, Wahrheit mit beschränkter Haftung, Beltz, Weinh. u. Basel 2. Aufl. 1979, 63 S., 6.—

Farbig/Farblos: Kinder- und Jugendbücher
Wenig Angebote zu „Medien" und enorme Qualitätsunterschiede

Bedenkt man die Vielzahl der wissenschaftlichen/populärwissenschaftlichen/essayistischen Beiträge und Bücher zum Thema „Medien".. (Theorie der Medien, Fernsehen/Rundfunk: Theorie und Praxis, praktische und alternative Medienarbeit), die im nächsten Beitrag *Bücher zum Medium* und über das ganze Buch verteilt vorgestellt werden, so nimmt sich die Anzahl und teilweise auch die Qualität der Kinder- und Jugendbücher zum Thema sehr sehr bescheiden aus. Alles in allem sind es 14 Bücher, die ich bei den Veröffentlichungen der letzten 3-5 Jahre ausmachen konnte. Auch wenn ich einige Bücher übersehen habe, so ist es dennoch offensichtlich, daß das Thema Medien in all unseren Kinder- und Jugendbüchern ein unterbelichtetes Gebiet ist, fast möchte ich von einem „weißen Fleck" sprechen.

Wie kommt es wohl, daß sich auf dem Buchmarkt tausende Titel an Kinder- und Jugendbüchern zum Thema „Pferde", „Abenteuer", „Märchen" usw. finden, hunderte zum „Sport", „Natur", „Schicksal" ...Wo Kinder und Jugendliche mit all diesen Bereichen so gut wie nie täglichen Kontakt haben? Stellt man daneben die Themen Zeitschrift und Fernsehen, also die Lebensbereiche, mit denen Kinder und Jugendliche je nach Altersgruppe und Schichtzugehörigkeit zwischen einer und vier Stunden täglich Kontakt haben, so ergibt sich eine sehr große Lücke zwischen dem, was an Kinder- und Jugendbüchern angeboten wird, und den tatsächlichen Lebenszusammenhängen der Kinder.

Es gibt auch ausgesprochen wenig Bücher für diese jüngere Zielgruppe, in denen Fernsehen, Radio und Zeitschriften auch in der Bedeutsamkeit im Leben der Buchfiguren auftauchen, die sie in unserer Wirklichkeit nun einmal besitzen. Ein Tabu? – Höchstens am Rande wird kurz das Einschalten des Fernsehens oder die Lektüre einer Popzeitschrift erwähnt, viel häufiger hingegen der Besuch einer Disco; die Erwähnung der Medien geschieht ähnlich selten und wenn, dann umschreibend, daß der Vergleich zur notwendigen Tatsache, daß man auch mal auf's Klo muß – was auch höchst selten in Büchern angedeutet wird – daß der Vergleich zu diesem Tabu gar nicht so abwegig ist. Dieses liegt meines

Erachtens nicht nur an der „Heile-Welt-Ideologie" (der schon viele Jugendbuchverleger gar nicht mehr so sehr anhängen), sondern an der Berührungsangst der Medien untereinander. Als weiterer Grund kommt das schlechte Gewissen hinzu (auch das der Kinderbuchautoren), das man oft nach zu viel Fernseh- und Zeitschriftenkonsum bei sich feststellt. Und alles, was ein schlechtes Gewissen verursacht, wird verschwiegen/verharmlost. Zum „schlechten Gewissen" siehe mein Artikel *Im Mediensumpf*, Seite   und zur „Berührungsangst" mein Artikel *Der Jugendzeitschriftenmarkt*, Seite   .

Ein Foto-Bilderbuch ohne jeglichen Text ist von *Marie-Claude Haerdter* und *Margarete Redl* gemacht: *Tobis böser Traum, Kiebitz 3, Basis Verlag GmbH Berlin (o.J.), 32 S., Pb., 9,50 DM*. Tobi schaut sich einen Western im Fernsehen an. Tobis mimikreiches Gesicht wird jeweils auf der linken Buchseite, das Geschehen auf dem Bildschrim in vier Bildern auf der rechten Seite gebracht. Tobi träumt abends von der Grausamkeit des Films – sein Vater tröstet ihn, indem er ihm (alles nur in Fotos!) erzählt, wie beim Fernsehen gearbeitet wird und weshalb Ketchup im Fernsehen wie Blut aussieht. Gerade die Fotos eignen sich sehr gut dafür, daß man mit Kindern aller Altersgruppen über das Buch redet.

Hermann Altenburger und *Ulrich Greiwe* (inzwischen Lektüre-Chefredakteur) schufen ein kleines rororo-rotfuchs-Bändchen: *Die Maus flippt aus – Wie die Tiere Fernsehen machten, Rowohlt, Reinbek 1974, 32 S., kt., 3,80 DM*, das zwar ganz hübsche (naiv-comicähnliche) Tierzeichnungen enthält und vom Aufstand der Werbefernsehtiere gegen das „Menschenfernsehen" handelt, aber es bleibt an einem entscheidenden Punkt stehen. Die Tiere gründen ihr eigenes „Vierbeinerfernsehen" (mit geklauten Geräten) und brauchen hierfür einen „Chef". Auf der Suche nach einem bestimmten kleinen Jugen bestehen sie Abenteuer. Und weil die Kinder und Tiere von Knisterblick feststellen, daß man sehr gut miteinander reden – denn das haben sie durch diesen Aufstand gelernt – und spielen kann, bringen sie die Geräte wieder zurück und nennen ihre Spiele, in denen jeder sagen kann, was er will, „Vierbeinerfernsehen". Über die Wut und den Aufstand der Tiere hinaus passiert in diesem Büchlein leider nichts, was medienmäßig interessant wäre.

Der spannende Roman von *Walter Gronemann: Wir kommen von der*

Farbig/Farblos: Kinder- und Jugendbücher

Christian Bauer: Dem Fernshen in die Karten schauen, – Modelle für den Deutschunterricht, Don Bosco-Verlag München, 1979, 118 S., kt., 16,80 DM

Presse, Ensslin & Laiblin Verlag, Reutlingen 1980, 160 S., Pb, 10,–DM erzählt von Ute und Klaus, die in ihrer Nachbarschaft Leute interviewen, Fotos machen und ihre kleine Privatzeitung daraus machen. Durch Kombinationsvermögen und Hartnäckigkeit in der Recherche kommen sie dann auf den Fall eines Bauunternehmers, der eine alte Arbeitersiedlung abreißen lassen will; durch Eingriff der Kinder unter eigenmächtiger Einschaltung der Lokalpresse erreichen sie, daß die Arbeiterkolonie unter Denkmalschutz gestellt wird. Hier wird deutlich, welchen Weg eine Information (die sich nach mühsamer Recherche erst als solche herausstellt) gehen muß, damit sie zeitungsgemäß umgesetzt werden und eine Wirkung zeigen kann. Und wie die beiden Kinder das machen, ist schon toll. An diesem Buch ist höchstens ärgerlich, daß die Schülerzeitung von Olaf (Klaus' Bruder) eher lächerlich dargestellt wird und daher für die Reportagen von Ute und Klaus nur die „große" Zeitung in Frage kommt.

Thema: Zeitung

Einen „Wallraff" für Kinder, gibt es den? *Hans Schulte Willekes* war zwei Jahre bei „Bild" in Hamburg und schrieb nach dieser Zeit: *Schlagzeile – Ein „Bild"-Reporter berichtet, Rowohlt (rotfuchs 146), Reinbek, 1977, 95 S., kt., 3,80 DM*. Es ist wirklich mit Wallraffs Reportagen vergleichbar und vermittelt ganz hervorragend (ab 12 Jahren), wie eine Tageszeitung gemacht wird, welche Tricks und Lügen gerade bei „Bild" an der Tagesordnung stehen und unter welchen Arbeitsbedingungen und Machtstrukturen sie entstehen. Zitat: „Die ständig wechselnde Thematik und die verschiedenen Interview-Partner zwingen den Reporter zeitweilig nach Schema zu denken. Alle Probleme müssen in BILD-Schubladen gequetscht werden. Das geht vielen Reportern allmählich so in Fleisch un Blut über, daß sie diese Methoden auch unbewußt auf ihr Privatleben übertragen...Jeder dritte BILD-Reporter ist geschieden" (Seite 63) Dieser rotfuchs-Band eignet sich auch sehr gut zum Einsatz im Unterricht, weil er nicht nur motivierend wirkt, sondern auch viele Neuigkeiten und gut erklärte Fachausdrücke enthält. Lehrer können beim Verlag auch ein didaktisches Paier beziehen. Ein „Mini-Wallraff-Buch", geschrieben ein halbes Jahr vor *Günter Wallraffs* Coup bei „Bild" – authentisch und für Jugendliche.

In der Reihe *Beltz Informationen für Jugendliche* erschien von *Alfred*

Farbig/Farblos: Kinder- und Jugendbücher 77

```
FERNSEHTAGEBUCH FÜR DIE WOCHE VOM....... BIS........
TRAGE HIER DEN TITEL DER SENDUNG, DAS PROGRAMM UND DIE ZEIT EIN.
```

FREITAG, den	DAUER (MIN)
	bis 19h
	ab 19h
GESAMTZEIT:	

ZUSAMMENFASSUNG

MONTAG ⟶ ___

DIENSTAG ⟶ ___

MITTWOCH ⟶ ___

DONNERSTAG ⟶ ___

FREITAG ⟶ ___

═══ MINUTEN

IN DER WOCHE VOM   BIS ZUM   HABE ICH   STD   MIN
VOR DEM FERNSEHAPPARAT GESESSEN. IN DER GLEICHEN
WOCHE WAR ICH   STD   MIN IN DER SCHULE!

SCHÄTZUNG (VOR BEGINN DES FERNSEHTAGEBUCHES):
     FERNSEHZEIT PRO WOCHE (MO-FR) .... STD.

Christian Bauer: Dem Fernshen in die Karten schauen, – Modelle für den Deutschunterricht, Don Bosco-Verlag München, 1979, 118 S., kt., 16,80 DM

Die Situation

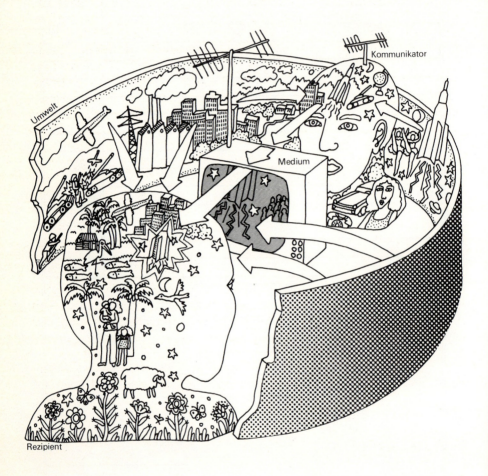

aus: Irmgard Probst und Pauls Hasler: Film + Fernsehen – Technik und Gestaltung der Bildtonmedien, Pro Juvente Zürich, 1973

Marquardt: Wahrheit mit beschränkter Haftung — Vom Umgang mit Massenmedien, Beltz, Weinheim,Basel, 1976, 63 S., kt., 6.—DM. In kurzer, neutraler und dennoch gut geschriebener Form finden sich Artikel, Fotos und Faksimiles zu Themen wie „Nachricht", „Wahrheit", „Auswahl", „Fälschung" usw., sowie eine gute Analyse der Nachrichtenlage eines bestimmten Tages mit einem Vergleich von Hörfunk-, Fernseh- und Zeitungsnachrichten eines bestimmten Tages. Zum Alleinelesen und auch für den Unterricht bzw.für Jugendgruppenarbeit sehr gut geeignet.

Fridhelm Klein und Peter Müller-Egloff schufen die *Zeitungsfibel — oder Ich mach' mir meine Zeitung selbst, Beltz Verlag, Weinheim Basel, 1975, ca. 64 Seiten, mit Begleitheft, Loseblattsammlung, Poster, Montageblätter, Spiele, 18.— DM.* Mit dieser Fibel kann jeder basteln, spielen, recherchieren, kombinieren, lernen, umdenken... Die meisten Seiten sind auf Karton gedruckt, sodaß man mit den einzelnen ausgeschnittenen Elementen sehr gut arbeiten, lernen und spielen kann. In fast jedem Aufgabenbereich ist das spielerische und kommunikative Element im Vordergrund. Es finden sich viele Anregungen für ein eigenes Zeitungsprojekt, beispielsweise eine eigene „Familienzeitung". Von Stunde zu Stunde verändert sich das Aussehen der einzelnen Spiel- und Arbeitselemente.

Das Taschenbuch *Schreiben vor Wut*, das sich ganz konkret (fast wie ein Handbuch) der Arbeit an einer Schülerzeitung widmet, wird noch auf Seite   besprochen; da es ein sehr wichtiges Buch ist, sei hier schon darauf hingewiesen.

Thema: Fernsehen

Zum Thema Fernsehen gibt es mehr Bücher als zu den Druckmedien, aber mit erheblichen Qualitätsunterschieden. Von *Christian Bauer* ist das Buch *Dem Fernsehen in die Karten schauen — Modelle für den Deutschunterricht, Don Bosco-Verlag München, 1979, 118 S., kt., 16,80 DM.* In ihm sind Materialien gesammelt, Arbeitsblätter konzipiert und Unterrichtsentwürfe für vier Phasen, die in ein Projekt münden. Die Planungen sind knapp und verständlich, die Arbeitsblätter in ähnlicher Form auch für den Jugendfreizeitbereich sehr gut zu übernehmen.

Ein weiteres Buch aus der Reihe *Beltz Informationen für Jugendliche* schrieb *Gideon Bachmann: Bewegte Bilder — Macht und Handwerk des Films, Beltz Verlag, Weinheim und Basel, 1977, 144 S., kt., 12.— DM.* Anhand des Mediums Film werden Techniken, Situationen und Tricks ausführlich und mit vielen Beispielen beschrieben.

Ein Schritt weiter: Die *Technik und Gestaltung der Bildtonmedien* (so der Untertitel) wird von *Irmgard Probst* und *Paul Hasler* in: *Film + Fernsehen, Pro Juventute Verlag, Zürich, 1973, 104 S., kt., ca.20.—DM* vergleichend beschrieben. Zunächst werden technische, bildgestalterische und ästhetische Fragen in Text und Bild dargestellt, dann auf die Spezifik des jeweiligen Mediums eingegangen und schließlich beide gegenübergestellt. Zum Abschluß werden Aufgaben und Anregungen zum Selbermachen angeboten.

Problematisch ist das Brönner-Kinderbuch *Fernsehen* aus der Reihe *Meine erste Bücherei, Brönner Verlag, Frankfurt/M, 1972, 32 S., Pb, 4,95 DM*. Mit bunten, einfach gemalten Bildern, werden die Grundlagen der Fernsehtechnik dargestellt. Daß aber an keinem einzigen Punkt kritisch angemerkt wird, welche Manipulationsmöglichkeiten es gibt, wie einseitig jede Sendung, wie ausgewählt jedes Bild ist, und daß alle Fernsehmacher in eine Art „Himmel" gehoben werden, ist einfach ärgerlich.

Schon um einiges besser ist da aus der Reihe *Farbiges Wissen* von *Eurfron Gwynne Jones* das Buch *Fernsehen, Otto Maier Verlag, Ravensburg, 1979, 61 S., Pb, 16,80 DM.* Die Darstellungsformen sind vielfältig: Gemalte Bilder, Zeichnungen, Comics, Fotos usw. Film- und Fernsehtechniken werden recht gut erklärt, aber dabei bleibt es fast. Fernsehen wird überhaupt nicht in seinem gesellschaftlichen Zusammenhang diskutiert, und lediglich auf zwei Seiten wird erwähnt, daß Fernsehen ja nicht nur zur Unterhaltung da sei, sondern daß man mit Kabelfernsehen auch Kaufhäuser überwachen könne, sowie Video auch von Schülern im Unterricht eingesetzt werden kann.

Das Thema Fernsehen in einem Mitmach**buch** zu behandeln, ist wegen der unterschiedlichen Art dieser beiden Medien schwierig. Es ist jedoch ähnlich wie in der *Zeitungsfibel* auch in der *Fernsehfibel* gelungen. Der Untertitel ist gleichzeitig das Programm: *Ich mach' mir mein Fernsehen selbst.* Gemacht wurde diese Loseblattsammlung von *Angela Grasser,*

Meilensteine der Fernsehgeschichte

Viel ist passiert, seit John Logie Baird die ersten flackernden Schwarz-Weißbilder vor über fünfzig Jahren zustande brachte. Anfangs konnten diese Bilder nur über kleine Entfernungen gesendet werden, mittlerweile hat sich das durch ständige technische Verbesserungen geändert. Heutzutage können Bilder aus der ganzen Welt, ja, sogar vom Mond oder Mars, gesendet werden.

Kleiner und billiger
Die Fernsehindustrie produziert heute kleinere, billigere und leistungsfähigere Geräte. Es gibt Kameras, Tonaufnahmegeräte und MAZ-Maschinen, die eine Person tragen kann. Einige Fernsehkameras können sogar im Dunkeln »sehen«. Die Fotos auf dieser Doppelseite zeigen »Meilensteine des Fernsehens«.

1884: P. Nipkow erfindet den ersten mechanischen Bildfeldzerleger. Weiterentwicklung dieser Technik vor allem durch J. L. Baird (um 1925).
1928: Erste Fernsehsendung von den USA über den Atlantik.
1929: Erste öffentliche Fernsehsendungen in England (BBC), erste Versuchssendungen in Deutschland.
1934: Die 1923/24 von V.K. Zworykin entwickelte Ikonoskop-Röhre (elektronischer Bildabtaster) geht in Serie. Versuchsprogramm des Fernsehsenders »Paul Nipkow«, Berlin.
1935: Marconi-EMI (England) entwickelt Bilder mit 405 Zeilen.
1936: Fernsehübertragung der Olympischen Spiele.
1951: In den USA wird das erste Farbfernsehprogramm ausgestrahlt.
1952: Wiederaufnahme des öffentlichen Fernsehens in Deutschland.
1961: Erste Live-Übertragung von Moskau nach Europa vom ersten bemannten Raumflug (Gagarin).
1962: Start des ersten Nachrichtensatelliten »Telstar«.
1967: Die BBC nimmt Farbsendungen in das laufende Programm auf.
1969: 723 Millionen Zuschauer sehen die ersten Bilder vom Mond.
1976: Weltweite Übertragung der Olympischen Spiele in Montreal.

Baird benutzte diese Kamera, um das Bild einer Puppe mit einem 30-Zeilen-Bild über eine kurze Entfernung zu übertragen.

Solche Spiegelradkameras waren bis 1936 in Gebrauch, danach benutzten die Fernsehanstalten Emitronkameras.

Eine der ersten Außenübertragungen in England: das Derby 1939.

Gagarin wurde während seines Fluges von Monitoren beobachtet. Da die Umlaufbahn seines Raumfahrzeugs nur 344 km von der Erde entfernt war, kamen die Bilder ohne Verzögerung an. Fernsehbilder von den Viking-Sonden auf dem Mars brauchen dagegen 4 Minuten, bis die Trägerwellen die enorme Entfernung überwunden haben.

54

aus dem großformatigen Band: Farbiges Wissen, Fernsehen, Otto Maier Verlag Ravensburg, 1979, Pb., 61 S., 16,80 DM

Fridhelm Klein, Henning Lüßmann, Peter Müller-Egloff, Arno Schulz-Merkel und Ed Sommer, Beltz Verlag, Weinheim und Basel, 1973, ca 60 Bögen, Plakate und Spiele, in Kassette, 20.– DM. Die Kinder werden zu Rollenspielen, Basteleien, Fernsehveränderungsspielen und Verkleidungsspielen angeregt; sie lernen viel übers Fernsehen, vor allem: Nachdenkliches, Kritisches. Emanzipationsbestrebungen zu Anfang der siebziger Jahre. Hervorragend.

Ein letztes Buch – ein *Klett-Leseheft: Klaus Göbel: Eine Fernsehsendung entsteht – Ein Erfahrungsbericht mit Abbildungen, Leseheft 26 043, Ernst Klett-Verlag, Stuttgart, 1977, 88 Seiten, 2,80 DM*. Konzipiert für den Unterricht (8.–10.Klasse) beschreibt Klaus Göbel hier die Entstehung einer Fernsehproduktion von der ersten Idee über Planung, Durchführung, bis hin zur Ausstrahlung. Tagebuchartig und mit Interviews der Beteiligten wird alles Wesentliche zusammengetragen und durch Fotos und Zeichnungen ergänzt, **ohne** daß die gesellschaftliche Bedeutung des Fernsehens ausgeklammert wird. Anregungen zur Arbeit in der Schule gibt es im dazugehörigen *Lehrerheft Neue Serie II (26 818)*.

Die Skizze muß also so aussehen:

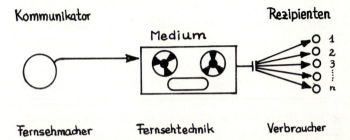

2. Alles scheint sich nun um dieses Medium, diesen technischen Apparat Fernsehen, zu drehen. Denn: Nicht jede Idee der Fernsehmacher ist mit ihrem mächtigen Apparat auch zu verwirklichen, sie müssen ihre Aussage so gestalten, daß sie dem Apparat und seinen ureigenen Bedingungen entsprechen. Erst dann kann er wirklicher Mittler sein für die Millionen, die ja dafür bezahlen. Andererseits müssen auch die Zuschauer erst und immer wieder neu lernen, die ihnen übermittelte Aussage (= das Programm) richtig, also sachangemessen, zu sehen. *Beide Partner müssen sich mediengerecht verhalten.*

Wir müssen unserer Skizze also noch eine kleine, aber wichtige Korrektur hinzufügen:

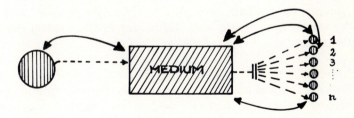

So geht es also um möglichst genaue Einsichten in den Apparat Fernsehen, in die Fernsehtechnik. Man kann sich dies nicht oft genug klarmachen, wenn man angemessen im Studio beobachten will.

aus: Klaus Göbel: Eine Fernsehsendung entsteht, Klett Leseheft 26043, Zeichnungen von Ralf Plenz, Stuttgart 1977, 88 S., br., 2,80 DM

Bücher zum Medium

Viel über's Fernsehen, wenig über praktische Medienarbeit

Da ich mich in meinem Artikel *Der Jugendzeitschriftenmarkt* bereits mit der Sekundärliteratur zum Thema Zeitung auseinandergesetzt habe, kann ich mich hier darauf beschränken, zu folgenden vier Themenschwerpunkten die mir vorliegenden Bücher aufzuarbeiten:

- Fernsehen — von innen betrachtet
- Medientheorie, -untersuchungen, -essays
- Hinweise für eine praktische Medienarbeit
- Selbermachen

Die Bücher stammen aus dem Zeitraum von 1978 bis Ende 1980, vereinzelt sind auch ältere dabei, die aber dann besonders wichtig sind.

Fernsehen — von innen betrachtet

Das erste Buch ist nicht von Insidern geschrieben, vermittelt aber einen sehr breit gefächerten und detaillier ten Überblick über die unterschiedlichsten Fernsehsendungstypen: Herausgegeben von *Helmut Kreuzer* und *Karl Prümm* ist der Sammelband *Fernsehsendungen und ihre Formen — Typologie, Geschichte und Kritik des Programms in der Bundesrepublik Deutschland, Verlag Philip Reclam jun., Stuttgart, 1979, 483 Seiten, Pb, 34,80 DM.* Namhafte Autoren wie *Knuth Hickethier, Helmut Schanze, Peter von Rüden, Hans-Dieter Kübler* und viele andere untersuchen die Entstehungsbedingungen von Fernsehsendungen, liefern historische Daten und bieten jeweils auch den theoretischen Unterbau für eine fundierte Kritik. Ein hervorragender Sammelband, der eine kritische Übersicht über den gesamten Komplex Fernsehen leistet — so unterschiedlich die Sender und Redaktionen auch sein mögen.

Ein ähnlich umfangreiches Buch beschäftigt sich dagegen ausschließlich mit dem ZDF und läßt Programmverantwortliche und Programm-Macher ausführlich zu Wort kommen. *Fritz Hufen/Wolfgang Lörcher*

(Hrsg.): Phänomen Fernsehen — Aufgaben, Probleme, Ziele — dargestellt am ZDF, Econ Verlag Düsseldorf, Wien, 1978, geb., 428 S., 68.— DM. In diesem Werk kommen viele ZDF-Oberen zu Wort, und siehe da: Recht viel Kritisches und Selbstkritisches ist dabei herausgekommen, der Leser bekommt hautnahe Einblicke in Gestaltungsmöglichkeiten und Sachzwänge, Finanzierung und Management. Eigentlich nur schade, daß dieser dicke Sammelband so teuer ist.

Eine zuhöchst interessante Untersuchung veröffentlichte *Dietrich Wolfgang Henckels: Fernsehredakteure und Fernsehtechniker — eine empirische Untersuchung zur Kooperation von Kommunikatorengruppen im Norddeutschen Rundfunk, Verlag Volker Spiess, Berlin, 1979, 318 S., kt., 48.— DM.* Er weist nach, daß sich der Konflikt zwischen technischer Intelligenz und den Geisteswissenschaften im Fernsehen zuspitzt. Redakteure mußten zugeben, daß sie trotz (zu 50% abgebrochener) Hochschulausbildung **nicht** medienspezifisch ausgebildet seien, daß sie vergleichsweise weniger kooperationsbereit sind und daß in diesen und anderen Punkten genügend Konfliktstoffe vorhanden sind, die das einheitliche Schaffen an einem Produkt verhindern. Beheben ließe sich dieser Konflikt (sowie auch die Kommunikationsbarrieren), wenn Techniker und Redakteure in jeweils festen Arbeitsgruppen zusammenarbeiten würden und nicht nach jeder Produktion auseinandergingen.

Medientheorie, -untersuchungen, -essays

Franz Dröge, Narciss Göbbel, Lisa Lovisach und Stefan Müller-Doohm schrieben das Buch: *Der alltägliche Medienkonsum — Grundlagen einer erfahrungsbezogenen Medienerziehung, Campus-Verlag, Frankfurt/New York, 224 S., kt., 19,80 DM.* Die Autoren versuchen, eine Theorie der Medienerziehung zusammenzustellen, bringen viele historische Anlehnungen und schaffen es, aufgrund der Praxisferne der vielen verwendeten Begriffe meines Erachtens nur schwerlich, ihre Ansätze auch mitteilbar zu machen. Gut gelungen sind die theoretischen Voraussetzungen für einen Medienunterricht.

Den Fernseh-Vorschul-Boom der ersten Hälfte der siebziger Jahre untersucht das von *Wolfgang Geisler* und *Peter E. Kalb* herausgegebene Buch: *Fernsehvorschule — Von Monstern, Mäusen und Moneten, Beltz Verlag, Weinheim und Basel, 1979, 432 S., kt., 32,— DM.* Autoren wie

Baacke, Paech und *Kommer* untersuchen die verschiedenen Aspekte aus meist sehr kritischer Perspektive. Entstanden ist das Buch im Auftrag der Redaktion „betrifft: erziehung", so daß auch gerade die systemstabilisierenden und wirtschaftlichen Tendenzen an diesem Boom ins Licht gerückt werden.

Die Zukunft der elektronischen Medien und des zunehmenden Einflusses der Elektronik beschreibt *Johannes Kunz* in: *Medienrevolution — Die Elektronik verändert die Welt, Verlag Fritz Molden, Wien-München - Zürich - Innsbruck, 1980, 176 S., kt., 26.—DM*. In kurzen, pointierten Aufsätzen beschreibt Kunz alle Medien, die mit elektronischen Elementen verändert wurden/werden und diskutiert die Auswirkungen. Er bezeichnet die gerade angebrochene Zeit als „dritte industrielle Revolution".

Eine *programmierte Unterweisung zum Lernsystem Medienkunde* (Untertitel) liefern *Wolfgang E. Lehmann und Steffen Wolf* in den zwei großformatigen Bänden *Meinungsfreiheit oder werden wir manipuliert? , Deutsche Verlags- Anstalt GmbH, Stuttgart, 1980, je 188 S., kt., je 36.— DM*. Mit dieser programmierten Unterweisung erhält man grundlegende und weiterführende Informationen zur Bildgestaltung, Montage, Selektionsverhalten, Meinungsführern; jede Seite schließt mit Fragen ab, die das Neugelernte verfestigen und zur Weiterarbeit motivieren. Die beiden Bände sind sehr großzügig und übersichtlich ausgestattet und z.B. zum Einsatz in Volkshochschulen hervorragend geeignet. In Band II findet sich am Ende ein gut brauchbares Stichwortverzeichnis.

Dem Verlag Volker Spiess kommt der Verdienst zu, etliche medienpraktische wissenschaftliche Untersuchungen (meist Dissertationen) publiziert zu haben. Dies ist umso bewundernswerter, als diese von vornherein nur eine kleine Auflage haben und die Werbung auf dem eher kleinen Absatzmarkt schwierig ist. Die fünf folgenden Bücher aus diesem Verlag sind lediglich ein Ausschnitt des Programms und können — wegen der Komplexität der Untersuchungen — in der hier anvisierten Kürze selbstverständlich nicht beurteilt werden.

Frank Bockelmann, Jürgen Huber, Astrid Middelmann: Werbefernsehkinder — Fernsehwerbung vor und mit Kindern in der Bundesrepublik

Deutschland, Verlag Volker Spiess, Berlin, 1979, 252 S., kt., 20,-DM. Diese Untersuchung arbeitet den bisherigen Forschungsstand auf, bringt detaillierte Inhaltsanalysen (mit Fotos) von Fernsehwerbesendungen und stellt zum Abschluß acht Thesen zur Wirkung von Werbefensehsendungen auf. Höchst brisant deshalb, weil sich die werbende Industrie die Ergebnisse allesamt für eine noch verfeinerte Werbestrategie zunutze machen könnte und kann.
Holger Rust: Jugendliche und Gesellschaftsbilder im Fernsehen – Eine Fallstudie zur Rezeption neuerer Unterhaltungsprogramme, Verlag Volker Spiess, Berlin, 1978, 134 S., kt., 20.– DM. Hier werden die Rezeptionsgewohnheiten von Jugendlichen auf einen ZDF-Serienfilm und z.B. der Einfluß normativer Orientierung der Sendung untersucht. Nicht leicht lesbar, aber ein sehr wichtiger Beitrag.

Rainer Weber legt mit dem Buch *Fernseherziehung in Familie und Schule – Eine Studie zur Diffusion medienpädagogischer Konzeptionen, Verlag Volker Spiess, Berlin, 1980, 283 S., kt., 48.– DM* seine Dissertation vor. Eine gute Aufarbeitung der wissenschaftlichen Literatur ist ebenso selbstverständlich, wie eine eigene Untersuchung an Mannheimer Schulen – leider insgesamt schwer lesbar und schwerfällig.

Ihr fast schon klassisches Experiment beschreiben *Wolf Bauer, Elke Baur und Bernd Kungel (Hrsg.)* in: *Vier Wochen ohne Fernsehen – Eine Studie zum Fernsehkonsum, Verlag Volker Spiess, Berlin, 1976, 133 S., Pb, 14,80 DM.* Für die ZDF-Sendereihe „betrifft: fernsehen" (Redaktion: Helmut Greulich) verzichteten zwei Berliner Familien auf ihr Fernsehen und ließen sich und die Veränderungen in ihrer Familie von Studenten beobachten. Entzugserscheinungen während dieser vier Wochen und ungebremster Konsum danach waren das Resultat.

Eine vergleichende inhaltsanalytische Untersuchung sowie eine Befragung von Lesern/Zuschauern liefert *Michael-Andreas Schmidt* in: *Tagesberichterstattung in Zeitung und Fernsehen – Untersuchung zur Komplementarität konkurrierender Medien, Verlag Volker Spiess, Berlin, 1979 (2.Aufl.), 231 S., kt., 36.– DM.*

Eine Dissertation: *Helmut Kommer: Früher Film und späte Folgen – Zur Geschichte der Film- und Fernseherziehung, Basis-Verlag GmbH, Berlin, 1979, 214 S., kt., 22.–DM.* Kommer beschreibt die Entwicklung der Medienpädagogik seit 1945 und zeigt in Rückgriffen auf die frühen Anfänge dieser neuen Wissenschaft zu Beginn des Jahrhunderts, wie wichtig dieser Rückgriff für die heutige Zeit sein kann.

Auf ein spezielles Gebiet wagen sich *Reinhold Bergler* und *Ulrike Six* – und sie haben es hervorragend im Griff: *Psychologie des Fernsehens – Wirkungseffekte unter besonderer Berücksichtigung der Wirkung auf Kinder und Jugendliche, Verlag Hans Huber, Bern, 1979, 302 S., ca 20.– DM.* Hier werden alle relevanten Untersuchungen aufgearbeitet und kritisch gesichtet. Ein wichtiges Handbuch, nicht nur für Psychologen, sondern für alle Medienpädagogen und -kritiker, die mit den methodischen Problemen der Psychologie einigermaßen vertraut sind.

Für den Deutschdidaktiker besonders interessant ist von *Bianka Minte-König: Fernsehen und Video im Deutschunterricht – Zur Didaktik audiovisueller Rezeptions- und Produktionsmedien, Wilhelm Fink-Verlag, München, 1980, 248 S., kt. 48.– DM.* Dieses Buch bietet nicht nur einen guten Literaturüberblick und eine kritische Sichtung, sondern auch konkrete Beispiele für einen kommunikativen Deutschunterricht, der sich um die Erlangung einer fernsehspezifischen Rezeptionskompetenz bemüht.

In der *ZDF-Schriftenreihe* (kostenlos zu beziehen über die Informations- und Presseabteilung des ZDF, Postfach 4040, 6500 Mainz), erschien als *Heft 21: Medienforschung: Familie und Fernsehen – Neueste Ergebnisse der Fernsehforschung und deren Konsequenzen für die Programmarbeit, Mainz, 1978, 56 S., kt., kostenlos.* Zwar geschieht die Untersuchung der Zuschauerbeteiligung und -wirkung im Auftrag und somit aus ZDF- interner Sicht, aber die in ihm enthaltenen Beobachtungen und Konsequenzen sind beachtlich kritisch.

Herausgegeben von der *Stiftung Prix Jeunesse* erschien das Buch *Vorschulkinder und Fernsehen – empirische Untersuchungen in drei Ländern, Verlag Dokumentaion Saur KG, München, 1978, 78 S., kt., 16,80 DM.* In kurzer, knapper und sehr gut verständlicher Form werden die Anlage, Durchführung und die Ergebnisse zweier großer Untersuchungen aus England und Schweden vorgestellt.

Ingeborg Plaikner: Kinder als Fernsehkonsumenten – Eine experimen-

In der Nachricht sollten mindestens folgende Angaben enthalten sein:

Was, wann, wo, wer, wie
oder auch
Wann, wer, wie, wo, warum

Selbst wenn alle diese Elemente in einer Nachricht enthalten sind, spielt doch die Bearbeitung des Materials durch den Redakteur eine entscheidende Rolle. Der Kabarettist Dieter Hildebrandt hat dies in einem seiner Sketche zwar übertrieben, aber dennoch die Möglichkeit einer unterschiedlichen Bearbeitung treffend charakterisiert:

Der Polizeibericht meldet (Nr. 3689, 15.30 Uhr):
Auf dem Kurfürstendamm an der Ecke Meineckestraße wurde gestern von dem Radfahrer Peter K. ein Hund von unbestimmter Rasse angefahren.

„Die Rote Fahne":

Arbeiter, Arbeiterinnen und Jugendliche, Werktätige und national Unterdrückte aller Länder.
Auf dem Kurfürstendamm, jener prunkvollen Straße des satten Kapitalisten, auf der in kürzester Zeit die proletarische Revolution gegen die Imperialisten marschieren muß, hat ein Hund einen einfachen proletarischen Radfahrer überfallen. So fängt es an. Erst überfällt ein Hund einen einzelnen Radfahrer und dann vereinigen sich alle Hunde gegen die Sowjetunion. Es ist höchste Zeit zu handeln. Darum die Parole: Heraus aus den Betrieben, an die Bäume mit den Hunden! Es lebe die Diktatur der Radfahrer!

„Völkischer Beobachter":

Der gestrige Vorfall, dem ein aufrechtfahrender deutscher Radfahrer zum Opfer gefallen ist, hat gezeigt, welcher Werkzeuge sich die Weisen von Zion bedienen. Wieder ist ein Parteigenosse von einem krummbeinigen und o-füßigen Dackel bei Nacht und Nebel überfallen worden. Krummbeinig – das verrät die wahre Rasse dieser ostjüdischen Haustiere, die mit herabhängenden, gelockten Ohren am Rückenmark unserer Volksgenossen saugen und unseren deutschen Schäferhunden den Knochen vor der Nase wegschnappen. Unser Führer, Adolf Hitler, spricht morgen im Sportpalast zu dieser nationalen Sache. Parteigenossen erscheinen in einfacher Feldausrüstung mit Handgranaten und Flammenwerfern.

aus: Wolfgang Lehmann & Steffen Wolf: Meinungsfreiheit oder werden wir manipuliert Band II, Deutsche Verlagsanstalt, Stuttgart, 1980, 188 S., kt., 36.– DM telle Untersuchung zum Problem des Fernsehens sechs bis achtjähriger Kinder, Frankfurt, 1979 (Selbstverlag), 86 S. Die Autorin definiert die Spezifik der Informationsvermittlung im Fernsehen und untersucht das Ausmaß der psychischen Anspannung während des Fernsehkonsums.

Einen recht gewagten Versuch unternimmt *Elisabeth Lang* in ihrem Buch *Kind Familie und Fernsehen — Untersuchungen fernsehbedingter Störungen bei Kindern, Verlag Herder, Freiburg, 1980, 160 S., kt., 16,80 DM.* Sie versucht anhand von verschiedenen Untersuchungen (die methodisch stark differieren und in dieser Form daher gar nicht so einfach vergleichbar sind) nachzuweisen, welche Schäden durch das Fernsehen bei Kindern entstehen. Bei dieser etwas pauschalisierenden Betrachtung können nicht alle Rahmenbedingungen miteingebracht werden; daher sind die Ergebnisse, die hier festgehalten sind, nur bedingt gültig.

Eine sehr umfangreiche Studie mit einem hervorragenden (relativ gut lesbaren theoretischen) Teil legt *Kurt Kühhorn* vor: *Der Jugendliche als Fernsehzuschauer — Ein mediendidaktischer und -pädagogischer Beitrag zur politischen Bildung, Haag + Herchen, Frankfurt 1979, 578 S., kt., 78.— DM.* Er stellt im Anschluß Unterrichtsbeispiele zum Thema Fernsehnachrichten aus der Literatur vor, diskutiert diese und beschreibt sein eigenes goßes diesbezügliches Projekt in einem Landschulheim. Besonders wichtig ist in diesem Zusammenhang die Darstellung des Planspiels, in dem Schüler aus dem Nachrichtenagenturmaterial eines Tages ihre eigene Sendung machen. Begleitet und ausgewertet wurde die Untersuchung mit Fragebögen in der Projekt- und einer Kontrollgruppe.

Zu dem Bereich der Medien-Untersuchungen einen letzten — absolut gelungenen — Reader, der alle Medienbereiche, die für Kinder von Bedeutung sind, angeht und gut verständlich beschreibt und analysiert: *Klaus Jensen/Jan-Uwe Rogge: Der Medienmarkt für Kinder in der Bundesrepublik, 50. Band des Ludwig-Uhland-Institutes der Universität Tübingen, Tübinger Vereinigung für Volkskunde e.V. Schloss, 1980, 376 S., kt., 28.— DM.* Hier besonders wichtig der Beitrag über ,,Kinder vor dem Radiogerät", weil der Bereich im vorliegenden Buch *Kinder und Medien* nicht ausreichend berücksichtigt werden konnte. Auch die Analysen von ,,Kinderseiten in Zeitschriften", ,,Werbezeitschriften" und ,,Schallplatten/Kassetten" machen dem Titel alle Ehre. Beispiele zur Analyse von Medienrezeption durch Kinder aus der Sicht der Kinder (und das ist ein bisher sträflich vernachlässigter Untersuchungsansatz gewesen!) runden dieses wichtige Buch ab.

In einem *päd.extra*-Buch fand ich einen faszinierenden Beitrag, der das Hin- und Hergerissensein eines Fernsehzuschauers gut und aussagekräftig verdeutlicht. *Hermann Peter Piwitt: Eine Saison der Medien*, in: *Manfred Bosch (Hrsg.) Kulturarbeit, päd.extra Buchverlag, Frankfurt, 1977, 311 S.*, Einerseits sucht er die Entspannung und Privatheit vor dem Fernsehen, genießt diesen unreflektierten Konsum geradezu (und macht an sich und seinen Mitsehern sehr gute Fernsehbeobachtungen); andererseits ist er aber ganz nüchtern, distanziert und zieht eindeutige Konsequenzen aus seinen Überlegungen. Beispiel: „Das Fernsehen hat nicht die Welt zum Dorf gemacht, sondern ist im Begriff, das Dorf zur Welt zu machen" (S. 243).

Ein Blick in den Fernsehalltag von 1970: Da lief am 18.10. das „Millionenspiel" im ARD. Ein Kandidat stellt sich Killern und Jägern zur Verfügung auf Leben oder Tod — gejagt von professionellen Killern erhält er im Überlebensfall (und falls er nicht vorzeitig aufgegeben hat) eine Million Mark. Dieses Fernsehspiel von Wolfgang Menge, das die möglichen Auswirkungen einer künftigen Fernsehgesellschaft (Anfang der achtziger Jahre!) zeigt, wurde von vielen Zuschauern als bare Münze genommen — sie waren entsetzt oder wollten mitspielen. Etliche Artikel zu diesem großen Thema mit diversen Zwischenüberlegungen finden sich in dem Buch von *Günter Beaugrand: Fernsehmord für Millionen — Brutalität auf dem Bildschirm als Massenkonsum, Hoheneck-Verlag, Hamm, 1972 (2.Aufl.), 72 S., kt.*

Für streitbare Gemüter zwei Bücher aus dem *Rowohlt-Verlag*. Versucht Rowohlt den Aufstand gegen das bundesdeutsche Fernsehen, indem er in zwei vielbeachteten Büchern zum Absetzen der „Droge Fernsehen" auffordert und massiv dafür eintritt? Modeerscheinung oder ein echtes Anliegen? Versucht hier ein großer Verlag, den Kampf der Titanen einzuleiten? — Mitnichten. Beide Bücher sind aus dem Amerikanischen und in dieser Form nur aus der spezifischen amerikanischen Mediensituation heraus verständlich. *Marie Winn* nannte ihr Buch *Die Droge im Wohnzimmer, Rowohlt, Reinbek, 1979, 317 S., kt., 22.— DM* und zeigt an

„typischen" und extremen amerikanischen Familien auf, inwieweit Fernsehen eine sehr gefährliche Droge ist. Sie berichtet von Entzugserscheinungen nach Absetzen der Droge und von den positiven neuen Erlebnissen und Gefühlen nach längerer Abstinenz.

Auch *Jerry Mander* plädiert für Ähnliches: *Schafft das Fernsehen ab! — Eine Streitschrift gegen das Leben aus zweiter Hand, Rowohlt, Reinbek, 1979, 319 S., 24.— DM.* Auch hier wird hautnah beschrieben, inwieweit die primäre und natürliche Erfahrung enteignet worden ist und an ihrer Stelle ein Leben aus zweiter Hand quasi unter Hypnose dargeboten wird. Beide Bücher sind wirklich nur für eine bereits sehr verhärtete Diskussion zu gebrauchen. Darüberhinaus können sie möglicherweise ein Warnsignal setzen; daß wir in der Bundesrepublik Deutschland „amerikanische Verhältnisse" vorläufig sowieso nicht erreichen können, dafür sorgt schon zu einem Teil die öffentlich-rechtliche Kontrolle unserer Fernsehanstalten. Obwohl letztere mit der Einführung von Privatfernsehstationen allerdings flachfällt. Doch bis nach Italien (mit seinen vielen Privat- und Piratensendern) ist noch ein weiter Weg.

Einen ausführlichen Reader zum Thema Fernsehspiel hat *Peter von Rüden* zusammengestellt: *Das Fernsehspiel, Wilhelm Fink Verlag, München, 1975, 202 S., kt. ca. 20.—DM.* Hier sind Theoretiker und Praktiker versammelt, hier wird die Bildersprache des Fernsehspiels analysiert und die Gesetzmäßigkeiten und Tendenzen der Vorabendserien aufgezeigt.

Speziell mit dem Phänomen der Unterhaltung, einem Thema, das schwer zu fassen ist und zu dem bislang wenig Untersuchungen existieren, beschäftigt sich ein neueres Buch von *Peter von Rüden (Hrsg.): Unterhaltungsmedium Fernsehen, Wilhelm Fink-Verlag, München, 300 S., kt., ca. 24.— DM.* Hier werden sehr kritische Beiträge nebeneinandergestellt, die marktwirtschaftliche und statistische Gesichtspunkte nicht unberücksichtigt lassen und herausarbeiten, inwieweit das Bedürfnis nach (einer bestimmten Form von) Unterhaltung durchaus legitim ist.

Zeitschriften zum Thema Medien

Es ist beachtlich und praxisnah, wenn sich *medien + erziehung — Zwei-*

URIAH HEEP
EIN JAHR AUF ACHSE

In London bereiten sich die Heeps mit ihrem neuen Bassisten John Wetton zur Zeit auf die längste Tournee vor, die eine Gruppe je unternommen hat. Insgesamt ein Jahr wollen sie auf Achse sein und dabei die ganze Welt bereisen. Ende Juli beginnt der europäische Teil des Mammut-Unternehmens, der über Dänemark, Schweden, Norwegen, Belgien, Holland, Frankreich, Österreich und England auch zu uns nach Deutschland führen wird. Dann wird der gesamte Troß – 12 Tonnen Verstärker-Ausrüstung, Beleuchtung und eine 14köpfige Roadie-Mannschaft – in die USA verfrachtet, wo insgesamt 43 Konzerte eingeplant sind. Von hier aus geht's schließlich nach Australien, Neuseeland, Japan, Brasilien, Israel und Island. Erst im Juli 1976 werden Uriah Heep wieder heim nach England kommen – wenn sie auf ihrem Wahnsinns-Trip nicht schon vorher schlappmachen...

Abb. 30 a
Quelle: BRAVO, Hrsg. H. Bauer-Verlag, München, Heft 25 vom 12.6.1975

Uriah Heep: Die Rock-Band mit der goldenen Kreditkarte

Nicht nur auf der Bühne benehmen sie sich wie ungezogene Kinder. In den Umkleidekabinen werfen sie mit Messern, lassen sich aus nichtigen Anlässen zu Gefühlsausbrüchen und tierischem Gelächter hinreißen. Unflätige Witze, Albernheiten, wieherndes Gelächter sind bei der englischen Rockband Uriah Heep an der Tagesordnung.
Plötzliche Aggressionen führen immer wieder zu Rangeleien. Statt in eine Klappsmühle kamen sie mit diesem Gebaren zu Ruhm und Reichtum. Ihre Platten werden vergoldet.
Die nächste LP wird zur Zeit in Frankreich produziert. Für 65 000 DM hat sich die Band drei Wochen in einem Schloß in der Nähe von Paris einquartiert. Im Preis inbegriffen sind ein supermodernes 16-Spur-Tonstudio, 15 Schlafzimmer, Swimmingpool und Tennisplatz.
In England sind sie etwa drei Monate im Jahr. Stolz berichten sie von ihren Häusern, ihren zahlreichen teuren Sportwagen und Limousinen. Der steile wirtschaftliche Aufstieg steigt ihnen wohl zu Kopf. Selbst untereinander wollen sie einander imponieren. Trommler Lee beweist seine finanzielle Stärke mit einem Bündel Kreditkarten. Nachsichtig zuckt Organist Ken die doppelte Portion und kontert: »Zu Hause habe ich eine vergoldete Kreditkarte, mit der kannst du alles kaufen.«
Und die Fans kaufen und kaufen Uriah Heep-Platten.

Abb. 30 b
Quelle: „ran". Ein politisches Jugendmagazin, Hrsg. DGB, Bund-Verlag, Köln, Heft 11/1973

---

3. Unterrichtseinheit: Auch das ist Werbung! (Starberichte)

a) Einstieg
Schüler spielen eine mitgebrachte Schallplatte der Gruppe Uriah Heep vor; nennen Details über die Gruppe.

b) Erarbeitung
1. Teilziel: Erarbeitung eines Textes aus BRAVO. Schüler lesen den Text über Uriah Heep still durch und markieren dann in Partnerarbeit Textstellen, die
– neue Informationen liefern,
– rühmende Wörter enthalten.
2. Teilziel: Erarbeitung eines Textes aus „ran"
Der Lehrer gibt ein zweites Arbeitsblatt mit einem Text über Uriah Heep aus und zeigt ein Exemplar der Zeitschrift „ran", aus der dieser Bericht stammt. Die Schüler unterstreichen wichtige Einzelheiten im Text.
3. Teilziel: Textvergleich
In eine vorbereitete Tabelle an der Tafel werden typische Aussagen aus den gegensätzlichen Texten gegenübergestellt. Die Ziele beider Texte werden herausgestellt (kritisch-kommentierend/werbend).

c) Reflexion
– Lehrer: Zu welchem Verhalten werden die Leser des BRAVO-Textes aufgefordert? (Kauf von Schallplatten/Veranstaltungsbesuch.)
– Mit Hilfe eines Zeitungsberichts über den Musikmarkt kann den Schülern bewiesen werden, daß sie Bestandteil eines kalkulierbaren Musikmarktes sind.

aus: *Gerhard Graefe/Klaus Vogel: Massenmedien als Unterrichtsgegenstand*, Otto Maier Verlag Ravensburg, 1980, 142 S., 29,50 DM *monatszeitschrift für audiovisuelle Kommunikation, Leske-Verlag, Opladen, je 62 S., Jahresabo 32.—DM* in Heft 2/79 sehr ausführlich mit Ratgeberbüchern für Eltern und Erzieher zum Fernsehen der Kinder beschäftigt. Eine Zusammenstellung solcher Rezensionen war schon lange fällig und sollte öfter aktualisiert werden. *medien + erziehung* bietet Beiträge zu medienpädagogischen Diskussionen, Hinweise auf und Rezensionen zu wichtigen Kinder- und Jugendfilmen und zur Film/Videoarbeit. Rezensionen der Fachliteratur, Nachrichten und Termine runden diese Zeitschrift, an der etliche bekannte Medientheoretiker mitarbeiten, ab.

medium, herausgegeben vom *Gemeinschaftswerk der Evangelischen Publizistik e.V., Frankfurt/M. je 52 S., Jahresabo 42.—DM* erscheint monatlich, und darin liegt schon ein großer Vorteil. Hier wird nicht nur theoretisiert, sondern viel auf Fernseh- und Kinofilme, Hörfunksendungen und medienpädagogische Veranstaltungen hingewiesen, hier werden aktuelle medienpraktische und medienpädagogische Diskussionen im Schlagabtausch geklärt. Wichtige interne Angelegenheiten z.B. vom WDR und NDR werden engagiert und kritisch betrachtet. Hier ist ein Forum für die Themen in und um die großen Massenmedien herum, das sind Themen, die immer politisch wirksam werden. *medium* konzentriert sich darauf, als Forum zur Verfügung zu stehen und als Meinungsbildner zu wirken — bezogen auf Fernsehen, Hörfunk, Presse und Film, in etwa gleicher Gewichtung. Medienpädagogische Modelle und praktische alternative Medienarbeit mit Video, Zeitungen usw. werden wenn, dann am Rande erwähnt. Doch je mehr sich eine Medienfachzeitschrift auf einige wesentliche Elementarthemen beschränkt, umso schlagkräftiger kann sie sein. Nur leider verbaut sie sich damit die Chance, eine große Verbreitung zu erzielen. Doch wenn dieses nur mittels Themenverwässerung möglich ist, dann ist eine eher kleine Auflage nur positiv.

Medien ist eine relativ neue Zeitschrift aus dem *Verlag Volker Spiess, ca. 140 S., Jahresabo (4 Hefte) 32.—DM* mit einer ähnlichen Zielsetzung. Sehr wichtig ist das Heft 3/78 „Alternativmedien". Weil nur vier Hefte pro Jahr erscheinen, wollen diese auch nicht so aktuell und vielseitig sein. Vielmehr haben die einzelnen Hefte ein Thema und konzentrieren sich fast ausschließlich darauf.

Hinweise für eine praktische Medienpädagogik

Eher durch Zufall wurde ich auf eine Diaserie aus dem *Jünger-Verlag* aufmerksam, die man in seiner medienpraktischen Arbeit mit Eltern einsetzen kann: *Mit dem Bildschirm leben – Das Fernsehen in der Familie als pädagogische Aufgabe, Nr. 1510, Jünger-Verlag, Frankfurt/M. 94 Dias, Tonband - 35 min., Begleitheft, 204.–DM.* Eine ausführliche Kritik würde mindestens vier Seiten Umfang haben, in der Kürze nur dies: 94 Dias sind sehr viel optische Informationen, die der Einzelne erst mal verarbeiten muß; kommen hörspielartige Szenen vom Tonband hinzu, ist dieses manchmal eine wirklich gute Ergänzung – sobald aber die schwierigeren gesprochenen (vorgelesenen!) Zwischentexte zu hören sind, stören Dias von irgendwelchen Kindern oder Fernsehszenen doch sehr, hier müßten gutdurchdachte und gutgemachte Grafiken das Gesagte unterstützen.

Die Themen sind etwas sprunghaft dargeboten: Zahlen und Untersuchungsberichte, Gewalt in Krimis, Schlafstörungen, Werbung, Reizüberflutung, Aggressionen... Zum Abschluß werden 6 Konfliktfälle angeboten, die man in Elterngruppen sehr gut spielen (!) oder diskutieren kann. Conclusio: Als Einstieg für Eltern ohne Vorbildung und als Motivation, am Thema zu arbeiten, gut geeignet. Derjenige, der mit dem Thema ein wenig vertraut ist, findet oft Stellen, über die er sich ärgern kann: Ton-Bild-Dissonanzen, die ungeheuer ablenken. Denjenigen, dem das Thema Medien recht geläufig ist, reizt die Serie allerhöchstens dazu, detailliert zu analysieren, wie die Dramaturgie einer guten Diaserie aufgebaut sein sollte, und welche (hier vorfindbaren) Fehler zu vermeiden sind. Sehr gut sind die hörspielartigen Szenen vom Tonband, die gesprochenen Zwischentexte sind sowohl von der Präsentation als auch vom Inhalt her teilweise bedenklich. Das gleiche „Medienpaket" **ohne** Dias, lediglich mit dem etwas abgeänderten Tonbandtext wäre dreimal so gut wie das für 204,–DM bei *Jünger* erhältliche. Vielleicht hätten die Autoren sich für die Produktion einen Multimedia-Fachmann als Berater dazuholen sollen.

Der *Ernst Klett Verlag* beschreitet ebenfalls einen Weg, der über das Medium Buch hinausgeht: In der Mappe *Stücke zu einem mehrperspektivischen Unterricht, Teilcurriculum Kommunikation, Fernsehen, Ernst Klett Verlag, Stuttgart, 1977, 96.–DM* finden sich im *Grundmaterial: Lehrerheft, Schülerarbeitsheft, farbige Overheadtransparente, Arbeitsfolien zum Kleben und das Rasterspiel.* Diese Mappe geht spielerisch

Zum ersten Mal sind wir in der Lage, uns selbst im Fernsehen zu sehen und unsere eigenen Programme zu machen: an den Fabriktoren,

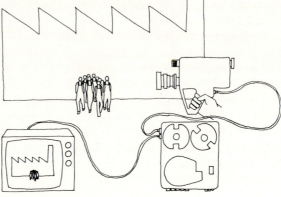

in Häusern und Stadtteilen,

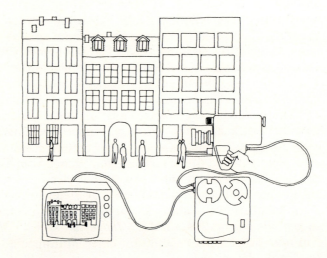

in der Schule,
in Krankenhäusern,
auf Plätzen und Straßen,
in Lokalen
und überall dort, wo kommuniziert und die Information von uns kontrolliert werden muß.

aus: Roberto Faenza: Wir fragen nicht mehr um Erlaubnis – Handbuch zur politischen Videopraxis, Basis Verlag GmbH, Berlin, 1975, 160 S., kt., 12,50 DM und kreativ neue Wege der Informationsvermittlung und Meinungsbildung, neue Wege, die den Schülern Spaß machen. Besonders die Spiele (Analysespiel, Argumentierspiel, Rasterspiel) und auch das Arbeitsheft für die Schüler weichen von den üblichen Unterrichtsmedien ab. Ausgezeichnet.

Ein weiteres — sehr detailliertes — für den Unterricht geeignetes Buch ist von *Joachim Paech (Hrsg.): Film- und Fernsehsprache 1 — Texte zur Entwicklung, Struktur und Analyse der Film- und Fernsehsprache, Verlag Moritz Diesterweg, Frankfurt/M., 1975, 110 S., kt.* Die einzelnen Texte sind meist recht kurz und bedürfen der Interpretation, wie sie im Deutschunterricht geübt wird, denn zum einfachen Durchlesen sind sie teilweise zu schwierig.

Etliche Unterrichtsbeispiele zum Thema „Tonband", „Fernsehnachricht" und „Tarzan" (als multimedial präsentierte Figur) finden sich in dem Buch: *Frigga Kuske/ Gernot Krankenhagen: Audiovisuelle Medien im Deutschunterricht, Ernst Klett Verlag, Stuttgart, 1978, 156 S., kt., 18.–DM.* Es ist in Zusammenarbeit mit dem Institut für Film und Bild in Wissenschaft und Unterricht (FWU) entstanden. Auf die Medienpakete, Filme, Tonbänder und Bildreihen des FWU wird Bezug genommen.

Ein sehr übersichtliches und vielseitiges Werk mit 41 Vorschlägen für Unterrichtseinheiten zum Thema Massenmedien liegt aus dem Otto Maier Verlag vor: *Gerhard Grafe/Klaus Vogel: Massenmedien als Unterrichtsgegenstand, Otto Maier Verlag, Ravensburg, 1980, 142 S., Pb., 29,50 DM.* Es wird ein recht breit gefächerter medientheoretischer Einstieg gegeben, auf die Entwicklung der Buchgemeinschaften, der Unterhaltungsliteratur, des Fernsehen, Hörfunks und der Presse wird gut eingegangen. Faksimiles im Text ergänzen die gelungene Präsentation. Und selbstverständlich fehlt auch nicht die Unterrichtseinheit zum Thema BRAVO.

Bereits für die jüngsten Schüler gibt es recht gute Unterrichtseinheiten mit didaktischen Hinweisen: *Julia Schwenk: Fernsehen - Lernen, 1./2./3./4. Schuljahr, Sachunterricht, Sozialwissenschaftlicher Bereich, Heft 5, Kösel Verlag GmbH, München, 80 S., Gebl., 9,80 DM.* Porträtfotos mit Beleuchtungs- und Perspektive-Variationen (im Anhang) sind gut im Unterricht einsetzbar.

Eine Sammlung von einfachen und guten Arbeitsblättern für die Unterstufe mit didaktischen und methodischen Hinweisen findet sich in dem Heft *Kontrast — Über das Fernsehen, Heft 4/74, Kontrast Verlag GmbH, Kassel, 44 S., br., 8.–DM*. Engagiert, kritisch und unkompliziert in der Aufmachung. Die Arbeitsblätter sind in dieser Form leicht für den Unterricht zu übernehmen.

Wer greift nach wem? — Fernseherziehung in Kindergarten und Hort von *Steven Goldner, Gerd Harms, Marianne Kokigei, Reinald Purmann, Schriftenreihe des Paritätischen Bildungswerkes, Heft 26, Verlag Franz Jos. Heinrich KG, Frankfurt/M., 1978, 46 S., br., 6.— DM Schutzgebühr* ist eine gutgeeignete Broschüre mit wichtigen Hintergrundinformationen und einer für Eltern und Kindergärtner gut verständlichen Einführung in die Medienpädagogik.

Praxisfeld Medienarbeit — ein klarer Titel — eine klare Konzeption — ein guter Reader zur praktischen Arbeit mit Fotos, Hörfunk, Video und Film. *Dieter Baacke/Theda Kluth (Hrsg.): Praxisfeld Medienarbeit — Beispiele und Informationen, Juventa Verlag München, 1980, 238 S., kt. 18.– DM*. Praxisnahe und gutgeschriebene Einblicke in die Medienarbeit, wie sie zur Zeit möglich ist.

Ein gelungenes Taschenbuch legt *Heike Mundzeck* vor: *Kinder lernen fernsehen — was, wann, wie lange und wozu?, Rowohlt, Reinbek, 1973, 158 S., kt., 4,80 DM*. Zwar beinhaltet dieses Buch auch etliche praktische Hinweise für den Erziehungsprozeß, aber seine Stärke liegt meines Erachtens in der vielschichtigen (und nicht nur theoretischen) Darstellung der gesamten Medienpädagogik. Eine völlige Neuüberarbeitung wäre aber angesagt und nicht eine 4.unveränderte Auflage 1979!

Drei Ratgeber-Bücher: Das Buch von *Otto Kelmer/Arnd Stein: Das Fernsehen und unsere Kinder, Kösel Verlag, München, 1978, 128 S., kt.* liefert in 10 Kapiteln die wichtigsten Themenschwerpunkte. Besonders an diesem Buch sind die an die Kapitel anschließenden Elterngespräche, die aus Diskussionsrunden aufgezeichnet wurden; in ihnen wird der Inhalt des vorangegangenen Kapitels diskutiert — Zweifel und neue Gedanken werden hier laut.

Die beiden anderen Bücher sind aus dem *Hoheneck-Verlag: Wolfgang*

Gernert/Günter Beaugrand: Fernsehen und Familie als gesellschaftliches Problem, Hoheneck-Verlag GmbH, Hamm, 1978, 64 S., kt. und *Günter Beaugrand: Familienpartner Fernsehen — Perspektiven der Fernsehpädagogik für Eltern und Erzieher, Hoheneck-Verlag GmbH, 1979, 116 S., kt., 16,80 DM.* Das erste Buch ist ein kleiner Sammelband mit Beiträgen aus verschiedenen Perspektiven von Programm-Machern und -Kritikern, nicht zu schwierig geschrieben und übersichtlich gegliedert. Im zweiten Buch werden ebenfalls die relevanten Grundlagen aufgearbeitet und Hinweise für eine Fernsehpädagogik innerhalb der Familie gegeben.

Das *Projekt-Team Gerd Albrecht, Ulrich Allwardt, Peter Uhlig, Erich Weinreuter* zeichnet als Herausgeber für das *Handbuch Medienarbeit — Medienanalyse, Medieneinordnung, Medienwirkung, Leske Verlag Budrich GmbH, Opladen, 1979, 216 S., Pb. 20,80 DM* verantwortlich. Sie schufen ein Handbuch, das sehr stark strukturiert ist und für jedes Anwendungsgebiert hilfreiche Raster vorgibt. Sie beziehen sich nur auf die Medien Film und Fernsehen und sind eher theoretisch orientiert. Im Anhang finden sich ein gutes Glossar wichtiger medienpädagogischer Begriffe sowie eine Loseblattsammlung, deren Blätter als Arbeitsunterlagen für die Schüler eingesetzt werden können. Ein weiterer Band für die Analyse von Zeitungen, Zeitschriften und den übrigen Druckmedie wäre von großem Vorteil.

Ein *Medienhandbuch für Bürgerinitiativen, Gruppen, Schülerzeitungen u.a.* fiel mir buchstäblich in allerletzter Minute in die Finger. Es behandelt in gut übersichtlicher Form und einfacher Ausdrucksweise (wird somit also seiner Zielgruppe gerecht) die Medien Flugblatt, Plakat, Schrift und Infostand. Die mediendidaktischen und medienpädagogischen Reflektionen mögen hier zwar zu kurz gekommen sein, aber das ist bei der Wichtigkeit des Themas auch zunächst nicht so interessant. Für die obengenannten Zielgruppen sehr gut geeignet. *Florian Maderspacher/Harald Winzen: Gegenöffentlichkeit, VSA, Hamburg, 1978, 10.-DM.*

Ein drittes Handbuch, das seinem Namen *Praxis Handbuch* alle Ehre macht, ist: *Peter Lefold: Medienerziehung am Beispiel Fernsehen — Medienprojekt mit Kindern — Drei Programme mit Fotos, Schmalfilmen und Tonbandaufnahmen, Hermann Schroedel Verlag KG, Hannover, 1980, 164 S., kt., 16,80 DM.* Der Autor geht davon aus, daß nicht überall Videoanlagen verfügbar und von Vorschulkindern auch nicht ganz problemlos zu bedienen sind. Er teilt daher seine medienpraktischen Vorschläge in die Bereiche Fotos, Schmalfilm und Tonbandaufnahmen ein und liefert für jeden Bereich etliche Miniprojekte. Diese sind enorm ideenreich, lassen viel Spielraum für eigene Kreativität und fügen sich zu einem umfassenden Konzept zusammen. Die Projekte sind für Vorschulkinder gedacht, können aber bis hinein ins erste und zweite Schuljahr durchgeführt werden. Die Kinder lernen die Handhabung und Techniken des Fotografierens, der Schmalfilm- und Tonaufnahmen; mit diesen Kenntnissen, die ja elementar im Fernsehen vorkommen, sind optimale Grundlagen für Eigenaktivität gelegt. Kinder haben gelernt, sich mit diesen einfachen, ihnen zur Verfügung stehenden Mitteln auszudrücken. Haben sie später dann den Zugang zu Videoanlagen, können sie ihre Fertigkeiten mühelos übertragen. Hervorragend.

Ein weiteres Buch mit Praxisanregungen: *Martin Furian/Monika Maurer: Praxis der Fernseherziehung in Kindergarten, Hort, Heim und Familie, Quelle & Meyer, 1978, 139 S., kt., 12,–DM*. Es wird einleitend sehr gut und nicht zu theoretisch auf die medienpädagogischen Grundlagen eingegangen. Viele Hinweise mit Reflexionen für die praktische Arbeit finden sich im Anschluß.

Ein Buch, das die vorangegangenen drei ausgezeichnet ergänzt: *Heike Mundzeck/Wilfried Schneider: Praktische Medienerziehung – Fernsehen, Hörfunk, Programmzeitschrift – Beispiele und Anregungen für Lehrer und Erzieher, Beltz Verlag, Weinheim und Basel, 1979, 151 S., kt., 17.–DM*. Nach einer guten Einführung werden 60 Anregungen für medienpädagogische Spiele und Arbeiten gegeben. Es geht um Leserbriefe- und Kritikenschreiben, Kameraeinstellungen und -führungen, Filmdrehen, Hörspiele machen usw. Geeignet für 10 bis 12-jährige Kinder, alle Spiele sind erprobt und können meist auch einzeln – also nicht nur im großen Zusammenhang – im Unterricht und Jugendfreizeitbereich eingesetzt werden. Mir gefiel dieses Buch wegen seiner unkomplizierten Praxisnähe sehr gut.

Selbermachen

Bilder und viele Fotos: Kinder in der Dunkelkammer, hinter der Videokamera und am Mischpult. Das großformatige Buch *Filme kieken is nich... – Praktische Medienarbeit mit Kindergruppen, Schriftenreihe des*

200   **Bürger initiativ**

5. 4. 9 Lesen Sie den Flugblatttext einzeln zwei bis drei Personen vor.
Ist er verständlich?
Kommt er an?
Haben sie Kritik?
Haben sie Ergänzungen?
Beobachten Sie die Gesichter - sie sagen meist mehr als Sätze.

5. 5 Der Gründungsausschuß trifft sich kurz und verabschiedet das Flugblatt.

5. 6 Einer läßt es drucken.
Einer tippt mit der Schreibmaschine nochmal den Text mit einem neuen Farbband.
Das billigste Druckverfahren: Auf Wachsmatrize tippen und hektografieren.
Schöner wirds mit Offset-Druck.
Man braucht der Druckerei nur die Schwarz-Weiß-Vorlage zu geben. Offset-Druck ist nicht teuer.

5. 7 Die Mitglieder des Gründungsausschusses verteilen das Flugblatt mit ihren Frauen und Kindern abends in die Briefkästen des betroffenen Stadtviertels.
Noch besser, aber zeitaufwendiger: In jedem Haus klingeln und dem Hausbewohner das Flugblatt mit einigen freundlichen kurzen Sätzen in die Hand drücken - wie bei Hausbesuchen zur Wahl.

5. 8 Einer geht mit dem Flugblatt zur Presse und bittet um eine Ankündigung. Er kann die Presse zur ersten Veranstaltung einladen. (Das hat Vorteile, aber auch Nachteile).
Er kann aber auch die Presse bitten, zur Pressekonferenz der neuen Bürgerinitiative am Tag nach der Gründungsversammlung zu kommen.

aus: Roland Günter / Rolf Joachim Rutzen: Kultur-Katalog, VSA, Hamburg, 1979, 239 S., kt., 15.—DM

Wannseeheims für Jugendarbeit e.V./ Jugendfilmstudio, Berlin, 1975, 204 S., kt. bringt diese Bilder so selbstverständlich, ergänzt durch Texte über die Arbeit an diesem Projekt, daß man ungeheuer motiviert ist, selbst Medienarbeit mit Kindern in dieser Form zu machen. Lernziele und Methoden werden fast beiläufig erwähnt, im Vordergrund stehen die Beobachtungen des Kinderverhaltens und diePräsentation ihrer Äußerungen.

Zwei neuere Bücher aus dem *Rowohlt-Verlag*, die sich gut ergänzen und eine Vielzahl an Informationen zum Thema Video beinhalten, seien kurz erwähnt: *Gerhard Lechenauer: Videomachen — Technische Grundlage, Geräte, Arbeitspraxis, Erfahrungsberichte, Rowohlt, (7182) Reinbek, 1979, 190 S., kt., 6,80 DM* und *Gerhard Lechenauer: Alternative Medienarbeit mit Video und Film, Rowohlt, (7184), Reinbek, 1979, 236 S., kt., 7,80 DM*. Das erste Taschenbuch bringt sehr detaillierte technische Beschreibungen und versucht, Ordnung in und Übersicht über den Video- und Zubehörmarkt zu geben. Kriterien für die Systementscheidung bei der Anschaffung sind ebenso selbstverständlich erwähnt wie die Vorstellung aller z.Zt. handelsüblichen Geräte incl. ca.-Preise. Darüberhinaus ist der technische Teil so gut und wichtig, daß er auch dann noch seine Berechtigung hat, wenn schon manch eines der dargestellten Geräte nicht mehr geliefert wird. Den Teil über die praktische Medienarbeit liefert das zweite Buch, angereichert mit etlichen Fotos. Verschiedene Gruppen berichten von sich und ihrer Arbeit. Im Anhang finden sich die Adressen von Medienwerkstätten, Filmverleihen, Landesbildstellen usw. Alleine diese umfangreiche Adressensammlung macht das Buch schon unentbehrlich.

Ein weiteres sehr überzeugendes Buch über praktische Videoarbeit: *Garleff Zacharias-Langhans: Bürgermedium Video — Ein Bericht über alternative Medienarbeit, Verlag Volker Spiess, Berlin, 1977, 83 S., kt.,* Hier wird eindeutig erklärt, warum Video von Betroffenen für Betroffenen gemacht werden sollte.

Wie sieht es in Italien aus? Ein Handbuch, zum Teil dem Rowohlt-Taschenbuch ähnlich, bringt nicht nur Technik und Geräte, sondern auch den politischen Anspruch, der hinter Videoarbeit stehen sollte. *Roberto Faenza: Wir fragen nicht mehr um Erlaubnis — Handbuch zur politischen Videopraxis, Basis-Verlag GmbH, Berlin, 1975, 160 S., kt.,*

12,50 DM.

Auch der *Fischer-Taschenbuch Verlag*, bezeichnenderweise in der Reihe *fischer alternativ* ist in das Thema Videoarbeit eingestiegen und berichtet über fünf Modelle aus Kanada, Italien, Frankreich und England. Ergänzt wird es durch einen Aufsatz von *Robert Jungk*. Das Taschenbuch heißt: *Massenmedien spontan — Die Zuschauer machen ihr Programm, (4011), Fischer Taschenbuch Verlag GmbH, Frankfurt/M., 1978, 119 S., kt., 5,80 DM.*

Einen sehr guten Beitrag von *Leo Dümpelmann u.a.* zur praktischen Videoarbeit findet sich in dem umfassenden und sehr wichtigen Reader, herausgegeben von *Dieter Baacke: Mediendidaktische Modelle: Fernsehen, Juventa Verlag, München, 1973, 269 S., ca. 18.—DM*. Das Buch liefert die meines Erachtens wichtigsten Ansätze für eine neue Kommunikationsdidaktik.

Ein Buch, das unheimlich viel Mut macht, weil es aus allen Lebensbereichen positive Beispiele von alternativer Medien- und Kulturarbeit liefert. Von Kultur-Läden, Druckwerkstätten über Flugblattarbeit bis hin zur Filmarbeit werden aufmunternde Beispiele mit vielen Fotos und Zeichnungen aufgezeigt: *Roland Günter/Rolf Joachim Rutzen: Kultur-Katalog, VSA, Hamburg, 1979, 239 S., kt., 15.— DM*. Hier geht es aber nicht nur um Medien, sondern um Kultur im weitesten Sinne: Mundart, Wohnen, Nachrichten von unten, Garten und Theater.

Zum Abschluß ein gutes lexikalisch angelegtes Medienhandbuch: *Werner Faulstich (Hrsg.): Kritische Stichwörter zur Medienwissenschaft, Wilhelm Fink Verlag, München, 1979, 437 S., kt., 19,80 DM*. Diese Stichwörter haben je ca. 30 bis 40 Seiten Umfang, sind thematisch gut gegliedert und von namhaften Medienwissenschaftlern geschrieben. Dieses umfangreiche Taschenbuch bekommt dadurch eine zusätzliche Reizqualität, daß es die Medien Brief, Heftchen und Plakat neben den klassischen „großen" Medien ebenfalls ausführlich bespricht. Jeder Artikel berücksichtigt die begriffliche/definitorischen Grundlagen, den aktuellen Stand der Diskussion sowie sehr gute neuere Literaturangaben. Gemeinsam mit den „kritischen Stichwörtern zur Kinderkultur" (Seite 114) gehört es zur Grundausstattung für ein Bücherregal zum Thema *Kinder und Medien*.

Das vierte Programm — laut oder leise?

**Einige Voraussetzungen über den Unterschied zwischen neuen Techniken und neuen Medien
von Hans Kimmel**

Neue Kommunikationstechniken, die wir vorschnell gern auch schon als neue Kommunikationsmedien bezeichnen, haben die merkwürdige Eigenschaft, bei ihrer Geburt zunächst die Inhalte älterer, ihnen vorangegangener Medien zu reproduzieren. Sie erkennen und nutzen also die in ihnen angelegten Möglichkeiten zu schöpferischer Produktion zunächst nicht: sie sind vorerst Technik und nicht Medium. Anthony Smith, der Direktor des British Film Institutes, hat kürzlich auf der Jahresversammlung des International Institute of Communication in Toronto darauf hingewiesen, daß auf der Gutenbergpresse erst einmal diejenigen Inhalte gedruckt wurden, die bisher handgeschrieben wurden, und daß es einige Zeit dauerte, bis Autoren heranwuchsen, die die Inhalte und Formen schaffen konnten, die der neuen Vervielfältigung, dem neuen Verteilsystem und damit dem neuen Publikum auf den Leib geschrieben waren, kurz, die aus Reproduktion Produktion machten.

Dementsprechend hat auch nach seiner Geburt das Fernsehen seine ersten Jahrzehnte damit verbracht, die alten Inhalte und die Formen von Variete, Hörfunk, Film und Zeitung zu reproduzieren. Das ästhetische Grundmuster des Fernsehspiels der Anfangsjahre war (nach Smith) die viktorianische Novelle. Die Erwartungen eines Massenpublikums und die Kreativität von gestern scheinen sich zunächst gut miteinander zu vertragen. Erst allmählich tauchen dann die „Neuen" auf, die Unabhängigen, deren kreative Möglichkeiten nicht von den etablierten älteren Medien absorbiert worden sind. Ihre Zuwendung zu den neuen Techniken schafft das neue Medium.

Das etablierte Medium Fernsehen steht, wie wir hinlänglich deutlich wissen, in einer Umbruchsituation, in der es durch neue Techniken der Produktion und der Verteilung herausgefordert ist, auf den möglichen Mediencharakter dieser Techniken Antwort zu geben. Das durch die Frequenzknappheit bedingte und durch Angebotsknappheit gekennzeichnete Fernsehmonopol steht am Ende. Wir wissen heute, daß auch das ZDF an diesem Monopol nichts geändert hat: seine Auffassung von Kontrast bestand in der zeitversetzten Rezeption der Formen und Inhalte des Ersten Programms. Diesen Eid auf die Wiederkehr und Vermehrung des Gleichen haben unterdessen auch die Dritten Programme nahezu vollständig abgelegt. Das Stichwort „Viertes Programm" ist deswegen inzwischen mehr als eine bloße Nummerierung der Fernsehkanäle: An ihm scheint sich entscheiden zu müssen, ob für Bestehendes lediglich eine vierte Abflußröhre, oder ob etwas anderes entsteht. Als sicher darf gelten, daß bei Vermehrung der Programmangebote sich die monopole oder oligopole Programmplanung der jetzigen Fernsehanstalten nebst ihrer Einschätzung des Zuschauers radikal wird wandeln müssen. Was aber noch wichtiger ist: Aus der quantitativen Vermehrung ergeben sich auch neue Qualitäten. Noch mehr Geld, noch mehr Kamera, noch mehr Stars, all dieses wird die qualitative Veränderung weder ausmachen noch sie verhindern. Die neuen Techniken werden sich ihre eigenen Gesetze und eigenen Macher schaffen und so zu neuen Medien werden, mit oder ohne die bestehenden Anstalten. Es wird lediglich darauf ankommen, welchen „response" die bestehenden Fernsehsysteme auf diesen mediengeschichtlichen „challenge" finden.

Bleiben wir noch ein wenig beim Hartzeug und den in ihm angelegten Möglichkeiten für ein neues Medium. Das Kabel etwa läßt sich auf zweierlei Weise betrachten: Als Verteilersystem für diejenigen, die über Rechte am vorgefertigten Programm oder Stars verfügen; in diesem Fall ist Kabel ein quantitativer Verteilmultiplikator für die Nutzung von Verfügbarem. Oder aber Kabel erlaubt den bisher im klassischen Verteilersystem marginal gebliebenen Kreatoren, in ihr eigentliches Medium zu kommen; dann wird Kabel ein Medium. Das neue Medium existiert deswegen nie an sich als etwas technisch Definierbares, sondern ist es selbst erst in Funktion von produktiven Individuen, die in ihm und durch es etwas Unverwechselbares hervorbringen. Nicht die Anilinfarben haben den Impressionismus gemacht; sondern diejenigen, deren visuelles Erfassen von Luft und Licht aus der klassischen Atelierproduktion herausdrängte, erfaßten die Möglichkeiten der neuen Farben, die nicht mehr nur drinnen, sondern auch draußen benutzt werden konnten (Smith). Die Kunst ging deswegen mit Cezanne und nicht mit Piloty weiter.

Es ist deswegen ein Irrtum zu meinen, die neuen Kommunikationsmedien würden von den Politikern und von der Industrie gemacht oder verhindert und zwar deshalb, weil neue Techniken (nicht nur Technologien; das ist etwas anderes) der Kommunikation weder gut noch böse sind. Sie sind da oder nicht da. Es ist sinnlos, in der Überflußgesellschaft in diesem Zusammenhang von Bedürfnissen zu reden, weil es in der gesättigten Gesellschaft nur um die Umschichtung vermeintlicher Lebensqualitäten gehen kann. Neue Techniken werden akzeptiert oder nicht, und im letzteren Falle werden sie vergessen. Für die sogenannten Bedürfnisse ist das Technologieangebot wahrscheinlich weit weniger entscheidend als der jeweilige Bildungsstand. Echte Bedürfnisse, die durch neue Medien gestillt werden könnten, gibt es nur in der Dritten Welt, nicht bei uns. Zu Recht hat daher die Ktk bei uns zum Thema „Bedürfnisse" festgestellt, daß diese in erster Linie das Telefon und den Fernschreiber und nicht die sogenannten „neuen Medien" betreffen. Nicht von ungefähr haben die Politiker immer nur von den nächsten Wahlen ausgehen können, müssen ihre Medienpapiere Werbestrategien betreiben, liberale oder protektionistische, je nachdem, ob die Partei in der bestehenden Medienlandschaft gut liegt oder nicht. Nur auf diese Weise kann es zu so absurden Debatten kommen wie etwa derjenigen, ob man gegen den schrecklichen Zwerg Luxemburg nicht Festungen bauen müsse. Von einer irgendwo zwischen Stoiber und Schwartz verlaufenden gedanklichen Linie her wird die Geschichte der neuen Medien und des Fernsehens von morgen folglich nicht nachhaltig bestimmt werden können, sondern von denen, die für die Medien von morgen die Gestaltung von morgen vordenken: von den Programm-Machern. Nach der technischen Phase des Fernsehens, in der die technischen Parameter das Selbstverständnis des Mediums und seiner Träger überwältigend bestimmten, folgte die juristische Phase, in der Fernsehen sich zusätzlich als Geflecht rechtlicher Strukturen und Beziehungen darstellte, das die Programmgestaltung determiniert. Das Aufbrechen dieses technisch-juristischen Kosmos durch das pluralistische Fernsehen kündigt das nächste Zeitalter an: Das der Programm-Macher.

Wenn diese These stimmen sollte, dann sind wir bei der Suche nach Elementen des nachklassischen Fernsehens in erster Linie auf die dieser Nachklassik gemäßen Macher angewiesen, auf die Unabhängigen, deren Formen und Inhalte die neuen Techniken zu neuen Medien machen. Diese „Unabhängigen" haben schon immer in den „alten", den klassischen Medien gewirkt, die aber ihren Ausdrucksmöglichkeiten entweder keine technischen Möglichkeiten oder aber keinen Programmplatz oder kein Publikum boten. Die oligopole Programmplanung des klassischen Fernsehens konnte nicht anders, als diese Unabhängigen an die Peripherie des Programms, der Produktion und der Finanzierung zu rücken. Oft sind solche potentiellen Hervorbringer nachklassischen Fernsehens im klassischen oder aber auch ganz anderen Medien verborgen, möglicherweise ohne von ihrer Berufung für das nachklassische Fernsehen etwas zu wissen.

Ohne Zweifel werden auch Elemente des klassischen Fernsehens des technisch-juristischen Zeitalters fortleben, wenigstens vorerst, und wahrscheinlich für einige Zeit sogar in beherrschender Weise. Seine auf der Nutzung von Rechten beruhende Verfahrensweise ist keineswegs bloß auf die Verfügung über Spielfilme oder Fußballspiele begrenzt; der Rechtsstandpunkt als Ausgangsposition für die Gestaltung von Programm ist vielmehr ein umfassender, alle Sparten durchdringender. Er reicht vom Recht von Politikern, genauso viele Sekunden vor der Kamera reden zu dürfen wie ein anderer Politiker, reicht von der „realistischen" Einschätzung einer scheinbar unabänderlichen Parteien- oder Produktionswirklichkeit in den Funkhäusern bis hin zum Rechtebestand der unkündbaren Rentenneurotiker, mit denen die Fernsehanstalten angefüllt sind, und deren letzter Rest von Eigenbewegung eine Art von geistigem Fitnesstraining mit den ihnen zustehenden Rechten ist. Das Recht auf den Bildschirm ist inzwischen auch von Nichtbegabten handhabbar, deren Eintritt ins unkündbare Rechtssystem auf dem Klagewege vonstatten gegangen ist. Seinen vorläufigen Gipfelpunkt hat der Narzissmus dieser Unkündbaren vorläufig in der These erreicht, daß das Recht der Macher auf dem Bildschirm auf einem „Recht des Publikums auf unsere Meinung" beruht. Der Rechtsanspruch als Prinzip des programmlichen Wollens reicht, so ist es zu vermuten, auch weit hinein in die sogenannte freie Produzentenschaft, deren im Ursprung spontan sein sollende Kreativität sich inzwischen im Rentensystem garantierter Umsätze und innenpolitisch gesicherter, nahezu einklagbarer Rechtspositionen zur Ruhe gesetzt hat oder dabei ist, es zu tun.

Neben die notwendigerweise in solche Zwänge eingespannte und voraussichtlich in ihnen verharrende Produktionsweise vermögen die Programm-Macher in Zukunft vermöge des von den neuen Techniken ausgelösten nachklassischen Pluralismus die nachklassische Produktionsweise der Unabhängigen zu setzen, die aus den neuen Techniken neue Medien macht. Dies bedeutet heute zunächst nicht viel mehr als Mut zu einer radikalen Theorie dieser neuen Techniken, zu einer phantastischen Erfassung der in ihnen angelegten kreativen Fragestellung sowie deren Umsetzung in die planvolle Suche nach den kongenialen Machern. Hierbei, und nur hierbei entscheidet sich, ob das „vierte Programm" die identische Reduplikation der ersten drei sein wird (was durchaus möglich wäre), oder ob etwas anderes entsteht. Es muß uns bei dieser Entscheidung nicht schrecken, daß die frohgemuten Anfänge des zweiten und der dritten Programme schließlich in der Vermehrung des bereits Dagewesenen geendet haben, denn ihnen standen für ihren Anspruch, anders zu werden als die vorigen, nur die Techniken und das Selbstverständnis der Filmwirtschaft von 1950 und der Atelierbetrieb von 1960 zur Verfügung, gruppiert um ein monopoles Fernsehen. Die klassische Produktionsgesinnung hat die Grundhaltung, hat das kreative Selbstverständnis der ersten drei Fernsehprogramme geprägt. Die Revolution des vierten Programmes wird, wenn sie überhaupt stattfindet, sich in dieser Produktionsgesinnung abspielen. Die Produktion, nicht die Verteilung von erworbenen Lizenzen, entscheidet über den Mediencharakter der neuen Techniken.

Über diese nachklassische Produktionsgesinnung des „vierten Programms" darf man durchaus jetzt schon Vermutungen anstellen. Es hat sie, wie gesagt, am Rande des klassischen Fernsehens schon immer gegeben, jedenfalls im Ansatz: bei Kamerafilmern, im Kleinen Fernsehspiel, unter Dokumentaristen und unter Interviewern. Verunklart wird das Bild dieser Vorläufer freilich oft durch den Glauben, daß allein schon die gegenparteiliche Attitüde die Zugehörigkeit zum nachklassischen Fernsehen andeute.

Die Revolution des „vierten Programms" ist vielmehr eine Revolution, in der eine durch neue Techniken mögliche, andersartige Produktionsgesinnung einen anderen Zugang zur Wirklichkeit findet. Die klassische schwere Produktion ist ein Apparat von solchen Aussagen, daß er an diese Wirklichkeit entweder überhaupt nicht herangefahren werden kann; sie muß vielmehr in ihn verpflanzt werden. Oder aber dieser Apparat wird als vieltonniges Übertragungsungetüm über sie gestülpt. Dieser schwere Apparat ist zur Erfassung feingliedriger Wirklichkeit etwa so geeignet wie ein Braunkohlenbagger für eine archäologische

Das vierte Programm — laut oder leise?

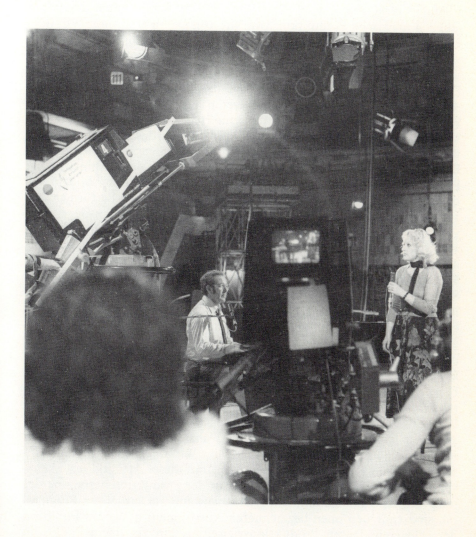

Die Sängerin und der Interpret am Klavier: umringt von Kameras und Technik — Eine typische Studioaufnahme, Ralf Plenz, 1977 (Marika Lichter und Gerhard Bronner während einer WDR-Produktion)

Ausgrabung. Allein schon durch seine Präsenz drückt er sich in die Realität derart ein, daß nur eine professionell verformte Wirklichkeit tragfähig genug für ihn ist. Eine Art elektronischer Unschärferelation läßt die klassische Produktionsform die von ihr zu erfassende Wirklichkeit im Ergreifen selbst verformen und Ergebnisse erbringen, die mehr von der Methode des Erfassens als von der erfaßten Sache aussagen.

Das Entscheidende hierbei ist nun, daß dieser laute, schwere, oppressive Apparat nicht nur mit seinem schweren Tritt die von ihm betretene Wirklichkeit verformt, sondern für seine Handhaber Organcharakter bekommt: er schleicht sich unbemerkt in den geistigen Haushalt seiner Benutzer, deren Insider-Gesinnung sich häufig im englischen Jargon der Branche verrät. Der verfremdende Apparat hat sich darüberhinaus seine Professionellen nicht nur auf der Producer-Seite geschaffen, sondern aus der von ihm durchkämmten Realität die ihm gemäßen Performer und Virtuosen geschaffen und selektiert. Seine atemberaubende Gegenwart verwandelt die Wirklichkeit in eine Bühne, auf der die von ihm angesprochenen Menschen nicht eigentlich erreicht, sondern zu einem „Verhalten" herausgefordert werden. Die äußere und innere Präsenz dieser Menschen angesichts des Apparats wird zu einem einzigen, ständigen Seitenblick auf die Kamera. Spürbar ist diese Pseudowirklichkeit nicht nur in Interview-Partnern, sondern auch bei den sogenannten „Gästen" oder „Familien" in unseren Shows: Was sie notwendigerweise erbringen, ist nicht die wirkliche Person, sondern deren „behaviour", und nicht aus Zufall spielen in diesen Scheingesprächen Scheinvertraulichkeiten, -freundschaften, -informationen eine zentrale Rolle. In der Frage nach dem Hobby gewinnt dieses Scheingespräch sein charakteristischstes Profil. Deutlich wird hierbei auch, weshalb noch vor den Profi-Fußballern die Politiker die kongenialen Partner des Apparates sind. Wir haben das drei Tage vor der Wahl in klassischer Weise wieder feststellen dürfen. Die Überschätzung der Wirkung dieses Apparatfernsehens auf das Publikum hängt engstens mit dieser Affinität des „behaviours" von Producer und Performer in der Produktionsgesinnung des schweren Apparats zusammen. Die Inhalte unserer bisherigen Programme sind (mit den oben bezeichneten Ausnahmen) deswegen Funktion der schweren, lauten Produktionsweise, bis hin zu einem Punkt, an dem diese Produktionsweise das Phänomen selbst zerstört, z.B. im Kabarett oder bei der Mainzer Fastnacht.

Die in absehbarer Zeit eintretende, nicht verhinderbare und möglicherweise drastische Erhöhung der Kanalzahlen, verbunden mit der Anwendung leichter, leiser und unapparatlicher Produktionstechniken, wird voraussichtlich einem Bewußtseinsprozeß freien Lauf lassen, der bisher durch die technischen und rechtlichen Zwänge des schweren Apparates gebremst war. Wir wissen seit langem, daß mit einer leichten, mobilen Einmann-Videotechnik neue Produktionsformen entstehen, die weniger Personal, weniger Licht, weniger Geld, weniger Zeit, kurz weniger Apparat erfordern. Es entspricht aber den Eigengesetzlichkeiten des schweren Apparats, daß wir diese Produktionstechniken in erster Linie arbeitsrechtlich betrachten. Die extrem konservative Einstellung der Gewerkschaften darf nicht Wunder nehmen, ist sie doch selbst Bestandteil dieses schweren, lauten Apparats. Was wir bisher gedanklich nicht ausreichend erfaßt haben, ist das spezifische Verhältnis von Produzent und Wirklichkeit, das durch diese Techniken ermöglicht wird, und das dem klassischen Fernsehen so schwerfällt: kein immenser Apparat steht mehr zwischen Redakteur und agierendem Subjekt. Die neuen leichten Techniken lassen diesen Apparat fast ebenso verschwinden wie im Hörfunk. Die Zuwendung eines Produzenten zu irgend einem realen Sachverhalt bedeutet nicht mehr, daß sich ein Halbgott mit einem Network im Rücken entschließt, den Scheinwerferstrahl auf ein Subjekt oder eine Szene zu richten, die unter dieser Lichtfülle ihre Eigenarten verlieren. Das von den leichten, leisen Videokameras der Zukunft erfaßte Subjekt bleibt, was es ist, unbeleuchtet, nicht erwählt, nicht herausgehoben durch die Aufmerksamkeit des monopolen Apparats. Nicht mehr die oligopole Programmplanung stanzt Wirklichkeit aus, sondern der Zuschauer wählt.

Es ist möglich, daß diese Art von Hervorbringung näher beim Radio und dessen besonderem Verhältnis von Producer und Wirklichkeit liegt, und daß deswegen die möglichen Träger einer solchen neuen Produktionsgesinnung eher im Hörfunk als in den klassischen Fernsehredaktionen aufzusuchen sind. Dreiviertel-Zoll ist eben mehr als bloß ein technisches Format: es hat das Zeug zu einem neuen Medium, weil es ein neues Verhältnis von Produzent, Mitwirkenden und Network ermöglicht. In der mobilen, schmalbandigen Aufnahmetechnik verschwindet die als Apparat verstandene Produktion aus ihrer beherrschenden Stellung, weil die Hardware als Determinante des Produktes zurücktritt, damit auch die klassische Software sinnlos wird und dafür eine andere Art von Programmwirklichkeit in den Mittelpunkt tritt. Es gibt keine Auslastungszwänge von Studios, Personal oder Produzenten, und es verschwindet vor allen Dingen die Kaste der Insider des schweren Apparats. Eine neue Art des Vertrauens zwischen dem Produzenten hinter der Kamera wird möglich, weil das Producerhafte des Produzenten, das von ihm (drohend) repräsentierte System nicht mehr die Szene beherrscht. Es ist Raum für ein Vertrauen, eine Intimität, gestiftet von einer nachklassischen Produktionsgesinnung. In dieses Vertrauen ist im Dreieck auch der Zuschauer einbeziehbar; insofern ist jeder der neuen, leisen, leichtfüßigen Produzenten auch sein eigenes Network.

Es ist vorstellbar, daß in dieser leisen Produktionsgesinnung dasjenige vollständig verschwindet, was wir im klassischen Fernsehen „performer" nennen, und daß die echten, ungelenken, sich nicht darbietenden Subjekte die spezifischen Partner sind. Wer „performance" sucht, gelangt nicht an die Person-Substanz heran. Die laute Produktionsgesinnung erzeugt gestellte Folklore. Die Folklore selbst findet nur noch dort statt, wo der Reporter nicht mit Reportergesinnung, sondern als Teilnehmer anwesend und akzeptiert ist. Wer sogleich angesichts des Phänomens das Notizbuch zückt, provoziert Verhalten und Performance: Die Wirklichkeit übt Selbstschutz, verschleiert sich, führt den Frager in die Irre. Eine neue Art des Hinhorchens, des Zuhörens, des Stehenlassens des Gegenübers wird möglicherweise den neuen Reporter kennzeichnen. Die Revolution des vierten Programms bestünde dann darin, daß seine Journalisten ihre Interviewpartner nicht als Material für ihre eigenen Gestaltungsmöglichkeiten betrachten dürften. Eine neue Würde des Menschen vor dem Auge der Kamera wäre die Folge. Die Wirklichkeit muß im pluralistischen Fernsehen nicht mehr so lange zurechtgerückt werden, bis sie den größtmöglichen gemeinsamen Teiler für ein maximiertes Publikum errechnet und zur professionellen Maxime erhoben hat.

Das Fehlen eines latent überlegenen Producerbewußtseins in der Beziehung zur Wirklichkeit und zum Zuschauer, jene Intimität erlaubende leise Produktionsgesinnung bedeutet möglicherweise auch weitgehend den Verzicht darauf, Wirklichkeit durch Schnittgestaltung zu manipulieren. Vielleicht muß diese Möglichkeit stehengelassen werden, um die Intimität zu bewahren. Es kann keine „takes" mehr geben, kein Hineinintegrieren des Producers in das Werk vermittels des ständigen gestalterischen Eingriffs. Das Diktat der Cutterin ist dieser Produktionsgesinnung ebenso fremd wie der durch den lauten Apparat mögliche Narzissmus seiner Moderatoren. Das nachklassische Producerbewußtsein ist vom Respekt vor der Authentizität gekennzeichnet. Ein leiserer, scheuerer, hellhörigerer Typ von Produzent, ein anderes, nicht inszeniertes Selbstbewußtsein.

Selbst wenn dieses alles zutrifft, bedeutet es nicht, daß die schwere Produktion völlig verschwindet, sowenig wie Supermärkte weggedacht werden können. Dennoch wird es – hoffentlich – zur gedanklichen und kreativen Erfassung der in den neuen Techniken möglichen Einstellungen zur Wirklichkeit kommen. Sie ist nichts anderes als das Wissen, daß der Kauf im Supermarkt ein anderer Kauf ist als der bei Tante Emma; oder daß Jogging einerseits als Erscheinung der Fitnessbewegung verstanden werden kann, aber auch tiefer reicht bis in die Erfahrung der Selbstbewegung ohne Apparat. Es mag sein, daß sich die neue Produktionsweise des „vierten Programms" eher für lokale Ausstrahlung oder gar nur für den Austausch auf Videokassette von Person zu Person eignet. Um die gedankliche Erfassung der neuen Produktion kommen die Anstalten jedoch auf keinen Fall herum. Es ist denkbar, daß ihnen der freie Zugriff zur Produktion von „performance" durch Kräfte entzogen wird, die die Anstalten als reine Ausstrahlungsbehörden für klassische, „schwere" Produktion auffassen möchten, die diese Anstalten selbst nicht mehr herstellen können oder sollten. In einem solchen Falle bleibt den Angestellten möglicherweise die Aufgabe, die neue, unabhängige, leichte, leise Produktion zu ermöglichen und zu schützen. Es mag eingewendet werden, daß dies alles mit Massenmedien nicht mehr viel zu tun hat. Das ist richtig. Aber das Publikum von morgen wird künftig in hohem Maße aufgesplittert sein, und „performance" kann sich der Gerätebesitzer künftig nach eigener Wahl von der Bildplatte holen. Es ist denkbar, daß „offene" Kanäle oder Programme bisher deswegen ein Reinfall waren, weil der laute, schwere Apparat den „access" von Leisen unmöglich macht und sich deswegen nur Schreier „access" verschaffen konnten. Jedenfalls scheint ein Zeitpunkt heranzurücken, zu dem die bestehenden Anstalten für ihr Überleben in der Programmvielfalt andere Konzeptionen haben müssen, wobei es gleichgültig ist, ob und welche Partei sich als erste hinter die Revolution des „vierten Programms" stellt.

abgedruckt mit freundlicher Genehmigung des epd, Redaktion Kirche und Rundfunk, erstmals veröffentlicht in KiFu Nr. 100 vom 10.12.1980

Kinderalltag — Medienalltag

Die Vierteljahreszeitschrift *Ästhetik und Kommunikation* hat sich bereits in *Heft 27/77* mit dem Thema *Kindermedien* beschäftigt und dabei — auch anhand historischer Vergleiche — untersucht, inwieweit Plastikfiguren, eßbares Spielzeug und Wundertüten als „Kinderunterhaltungsmedien" den Alltag der Kinder bestimmen.

In einer weiteren, sehr gelungenen Annäherung in 15 Aufsätzen zum Thema *Kinderalltag* liegt mit dem *Heft 38/1979* von *Ästhetik und Kommunikation, — Beiträge zur politischen Erziehung, Ästhetik und Kommunikation Verlags GmbH, 1979, 128 S., kt., 9,50 DM* ein weiteres Schwerpunktheft vor. Die Autoren beziehen Position, und zwar auf Seiten der Kinder. Sie berichten aus deren Perspektive z.B. über die Stadtwahrnehmung eines Dreijährigen oder über die Schule („Schule könnte von mir aus verbrennen"); dies geschieht mittels Fotos, Zeichnungen und Beschreibungen, die auf einfühlsamen Beobachtungen basieren. Meines Wissens liefert das Redaktionskollektiv hiermit die einzige Zeitschrift, die Kinderalltag unzensiert, unmanipuliert und ohne erhobenen pädagogischen Zeigefinger nichtwertend beschreibt.

Wer genaue Entstehungsgründe für die Geschichte von Kindheit und Kinderkultur sowie weitere Detailinformationen sucht, findet diese in einem Band der Reihe *Kritische Stichwörter* mit dem Thema *Kinderkultur*, herausgegeben von *Karl W.Bauer/Heinz Hengst, Wilhelm Fink-Verlag, München, 1978, 366 S., kt., 19,80 DM*. Zwar wird nur eine Annäherung an diesen Begriff — der in keinem anderen Lexikon zu finden ist — angestrebt, aber dies geschieht erstaunlich facettenhaft und kaleidoskopartig in 49 Artikeln zu den unterschiedlichsten Aspekten; sie alle fügen sich zu einem — selbst für Pädagogen verblüffend — neuen/gewandelten Begriff von Kindheit zusammen. „Kinderöffentlichkeit" wird ebenso angesprochen wie „Zeitschriften" oder „Sexualität", in seiner Kürze und Prägnanz kaum zu überbieten ist *Josef Kaspers* Beitrag über „Fernsehen".

Karl W. Bauer und *Heinz Hengst* arbeiten in ihrem vor kurzem erschienenen Buch *Wirklichkeit aus zweiter Hand — Kinder in der Erfahrungswelt von Spielwaren und Medienprodukten, Rowohlt, Reinbek,*

Zeichnung von Gerhard Seyfried, in: Gerhard Seyfried, Freakadellen und Bulletten, Berlin: Elefanten Press Verlag GmbH, 1979, 86 S.

1980, 238 S., kt., 8,80 DM nun detailliert auf, inwieweit Kindheit inzwischen immer „Medienkindheit" ist. In acht Skizzen beschreiben sie Produkte aus der kommerziellen kindlichen Erfahrungswelt, die im Gegensatz zur Kindheit vor nur ein bis zwei Jahrzehnten inzwischen immer eine Wirklichkeit aus zweiter Hand ist und keine originären Erfahrungen mehr ermöglicht. Desweiteren werden Ansätze für medienpädagogische Arbeiten sowie Anknüpfungspunkte hierfür aufgezeigt. Dieses Buch berücksichtigt nicht alle wichtigen Aspekte und liefert keine Rezepte, wie denn angesichts dieser sich verschärfenden Situation zu verfahren sei, beschreibt aber umfassend die Vielfalt dieser Spielwaren- und Medienprodukte, beobachtet (auch mit vielen Fotos) Kinder im Umgang mit ihnen und liefert hierdurch bereits eine heilsame Orientierung für dieses umfassende Gebiet.

Dieser Beitrag des Herausgebers wurde erstmals veröffentlicht in der Zeitschrift „Die Bücherkommentare", LESEN Verlag GmbH, München und Hamburg, Heft 6/1980

Wegweiser ins optische Zeitalter?
Zeitschriften — ein Produkt der „Neuzeit"
von Gudrun Jochmus-Stöcke

„Der moderne Mensch ist wieder 'Augenmensch' geworden. Wort und Sprache stiften kaum noch Beziehungen", schrieb *Peter Kaupp* in seinem Buch *Die schlimmen Illustrierten, Düsseldorf/Wien, 1971*. Zeitschriften, die hauptsächlich bildhaft Ereignisse wiedergeben (schon an ihrem anderen, für Publikumszeitschriften gebräuchlichen, Namen „Illustrierten" zu ersehen) scheinen diesem Trend zu folgen.

Die Geschichte der Zeitschrift beginnt mit der Zeitung, die im 16./17. Jahrhundert nach Erfindung der Druckpresse allmähliche Verbreitung fand. Zunächst sah man von jeder Illustration ab. („Illustration" definiert als „Abbildung, die einen geschriebenen oder gedruckten Text veranschaulicht, erläutert oder schmückt" — *Koszyk/Pruys: Wörterbuch der Publizistik, München, 1969*, aber auch alle Formen, die einen Text für den Leser leichter faßbar machen, wie z.B. die allgemeine äußere Aufmachung, das „Layout".) Gegen Ende des 17. Jhs begann sich die Zeitschrift zunächst als sogenannte 'gelehrte Zeitung' von der Zeitung abzuspalten. Sie wurde von Wissenschaftlern herausgegeben und enthielt hauptsächlich Rezensionen, aber auch Forschungsberichte. Das Zeitschriftenwesen erlebte über die Moralische Wochenzeitschrift des 18.Jhs bis zum Anfang des 19.Jhs einen gleichmäßigen Aufstieg. Der gelehrte Leserkreis erweiterte sich für das gebildete Bürgertum, was eine höhere Auflage und ein differenzierteres Themenangebot mit sich brachte. Im Laufe des 18.Jhs. entwickelten sich viele Fachzeitschriften für die verschiedenen wissenschaftlichen Disziplinen. Daneben gab es die aktuelle politische Zeitschrift, die eine Ergänzung zur politischen Zeitung sein wollte (wie ja auch heute noch die meisten Zeitschriften detailliertere Hintergrundinformationen — gut aufbereitet — zur Tagespresse liefern wollen), und die Unterhaltungszeitschrift, die vor allem für Nicht-Gelehrte, für Frauen und Jugendliche konzipiert war. Zur heutigen Situation der Zeitschrift siehe oben.

Bild und Text — echte Konkurrenten?

Wie bereits angedeutet, kommt die Zeitschrift mit der grafischen und fotografischen Illustration dem Bedürfnis des Menschen nach möglichst anschaulicher und einfacher Darstellung komplizierter Sachverhalte nach. Was ein Text oft mühsam, umständlich und unvollkommen zum Ausdruck bringen kann, gelingt dem Bild im Bruchteil einer Sekunde. Hier liegt die außerordentliche Faszination, aber auch die Gefahr der bildhaften Darstellung begründet. Denn zum einen vollzieht sich der Sehprozess mehr unbewußt, was z.B. zu Werbezwecken geschickt ausgenutzt werden kann (und in zunehmendem Maße wird), zum andern spricht das Bild stärker die emotionale als die intellektuelle Bewußtseinsebene des Betrachters an. Distanzierung wird durch die Unmittelbarkeit der Ansprache oft sehr schwierig, wenn nicht gar in der **entspannten** „Zeitschriften-Durchblätter-Situation.." fast unmöglich. Die „suggestive Macht des Optischen" kann somit zu einer neuen „Versklavung", zu einer Abhängigkeit von der Macht der Bilder führen.

So könnte z.B. auch das optische Medium Fernsehen mit wachsender Technisierung eine der wichtigsten massenmedialen Aufgaben, nämlich die Übermittlung von Informationen, ernsthaft in Frage stellen. Das Bild wird zu Ware, die dem Leser, bzw. Betrachter 'verkauft' wird. Dabei kann es als „Abbild der Wirklichkeit" nur die Oberfläche, nicht aber das Wesen darstellen, kann vom Fotografen geschickt zur Ablenkung vom Wesentlichen schließlich als ideologische Waffe eingesetzt werden (vgl. dazu: *Josef Kasper: Belichtung und Wahrheit — Bildreportage von der Gartenlaube bis zum stern, Frankfurt/New York: Campus, 1979,194 S.,*). Das Moment der Bildillustration ist das wesentliche Unterscheidungsmerkmal der Zeitschrift von der Zeitung, die beim Lese-Prozeß mehr Konzentration erfordert. Bei Boulevardblättern wie beispielsweise der BILD-Zeitung (der Name ist schon das Programm), ist ein Übergang vom 'reinen' Text-Blatt zum Bilder-Blatt zu beobachten. Das Zeitungsblatt ist in seiner Aufmachung mit unterschiedlich großen Lettern, Einstellungen und Hinzunahme der Farbe Rot, die den schwarz-weißen Zeitungswald auflockert, schon ein „Bild". Der Betrachter wird optisch so gefangengenommen, daß er einfach hinsehen und kaufen 'muß'.In diesem Zusammenhang sei auf *Günter Wallraff: Der Aufmacher — Der Mann der bei Bild Hans Esser war, Köln: Kiepenheuer & Witsch, 1977, 240 S.,kt,16.—DM* hingewiesen, in dem *Wallraff* nicht nur über seine Zeit in der Bildredaktion Hannover berichtet, sondern auch über die optische Präsentation viele gutverständliche Insiderinformationen gibt.

Wegweiser ins optische Zeitalter?

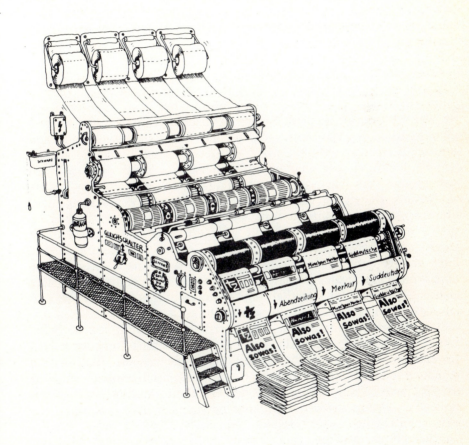

Zeichnung von Gerhard Seyfried, in: Gerhard Seyfried, Freakadellen und Bulletten, Berlin: Elefanten Press Verlag GmbH, 1979, 86 S.

Es stellt sich also immer mehr heraus, daß Bild und Text zwar miteinander um die Gunst des Lesers wetteifern, aber in ihrer unterschiedlichen Wirkung keine echten Konkurrenten sein können. Jedoch scheint die mehr bildhafte Darstellung dem — legitimen — Bedürfnis nach Unterhaltung und Entspannung der meisten Lesergruppen entgegenzukommen, was die enormen Auflagenzahlen von Illustrierten und Boulevardblättern beweisen.

Das Publikum — Käufer von morgen?

Zeitschriften wollen unterhalten und informieren, bzw. in unterhaltender Weise Wissen vermitteln. Schon *W.Haacke* nennt Unterhaltung in seiner Schrift *Die Zeitschrift — Schrift der Zeit, Essen 1961* ein „traditionelles Element der Publizistik", was jedoch zunächst hauptsächlich dem Feuilletonteil vorbehalten war. Einerseits soll sich der Leser entspannen und vom Alltag erholen, andererseits soll er aber auch Zugang zu Themen finden, für die er sich bei nüchterner Verpackung nicht interessieren würde. Unterhaltung wurde in der wissenschaftlichen Literatur oft abqualifiziert als nicht ganz ernst zu nehmende Gattung neben der 'hohen Dichtung', die von der Realität ablenke und falsche Wunschbilder entstehen lasse. Doch da der Wunsch nach Entspannung immer mehr als legales Bedürfnis der Menschen erkannt wurde, stieg auch das Ansehen der Unterhaltung. Dabei stellt *Haacke* die These auf, daß man den Leser nur dann für die Richtigkeit seiner politischen Ansichten einstellen kann, wenn man unterhaltende Publizistik betreibe. Dieser Behauptung der 'Allmacht' eines Massenmediums über den Rezipienten steht die der 'Wirkungslosigkeit' gegenüber. Unumstritten ist jedoch, daß vor allem dann die Gefahr der einseitigen Beeinflussung besteht, wenn keine Möglichkeit der Gegeninformation gegeben ist. Es liegt also beim Leser (soweit dies noch möglich ist), sich aus verschiedenen Quellen zu informieren, um ein 'wahrheitsgetreues' Bild der Wirklichkeit zu erhalten. Die Absurdität dieses Argumentes wird mit dem Blick auf den Zeitschriftenmarkt der Bundesrepublik offensichtlich.

Um ein **kritisches Bewußtsein** (was die Schüler ja laut Richtlinien in die Lage versetzen soll ihr Leben zu bewältigen) **dem Medium Zeitschrift gegenüber** zu entwickeln, muß der künftige und gegenwärtige Leser bewußt rezipieren lernen.

Gerade in den letzten Jahren, wo praktische Medienarbeit in einigen Schulen verstärkt betrieben wird, z.B.im Deutsch- und Gemeinschaftskundeunterricht, findet auch die Behandlung der Zeitschrift immer größere Bedeutung. Denn man muß davon ausgehen, daß die Schüler als gegenwärtige und zukünftige Rezipienten nicht nur an 'hoher Literatur' interessiert sind, sondern in ihrer Freizeit vielfach kaum anderes als Zeitschriften und Zeitungen lesen. Dies liegt sicherlich auch daran, daß diese Medien 'zwischendurch' im für viele hektischen Alltag jederzeit aufgenommen werden können, während man für ein Buch mehr Ruhe und Zeit benötigt. Man sollte also die oft als 'weniger anspruchsvoll' bezeichnete Lektüre nicht verurteilen, sondern die reale Lesesituation berücksichtigen. *Dieter Baacke (Hrsg)* zeigt in seinem Buch *Mediendidaktische Modelle: Zeitung und Zeitschrift, München: Juventa, 1973* die Modellanalyse der BILD-Zeitung in dem Aufsatz von *Hansjürgen Grosser* auf, die man ebenso auf eine Zeitschrift anwenden könnte. Mögliche Ansatzpunkte sind z.B. die Zeitschrift nach Aufbau, Erscheinungsbild, Funktion, Zielgruppe und Publikumswirkung 'auseinanderzunehmen', Sekundärliteratur über die Arbeit der Zeitschriftenmacher heranzuziehen, eine Druckerei zu besichtigen bis schließlich zu eigenen Projekten wie einer Schülerzeitschrift oder Stadtteilzeitschrift mit einmaliger Erscheinungsweise zu gelangen. Hier kann jeder einzelne seinen Interessen und Fähigkeiten entsprechend arbeiten. In der Schule kann im Idealfall fächerübergeifend gearbeitet werden (Deutsch, Kunst, Politik etc). Diese Medien-Erfahrung kann sehr gut auch in Freizeitgruppen, wo oft kein strenger institutioneller Rahmen besteht, mehr Zeit bleibt und dadurch das Engagement des Einzelnen ohne „Schuldruck" größer ist, gewonnen werden.

Ein solch praktisches Erleben des 'Zeitschriften-Machens' dürfte viel mehr zur kritischen Distanz diesem so beliebten (und somit gefährlichen) Medium gegenüber beitragen, als es manch gutgemeinte theoretische Erörterungen vermögen.

BRAVO — bravo?

Kommentar zu einer Unterrichtsreihe in einem 8. Schuljahr mit dem Ziel, Deutschlands beliebtestes Jugendmagazin BRAVO in den pädagogischen Griff zu bekommen

Hiltrud Kortz

Deutsch, 8. Klasse Hauptschule, Alter: 13-16 Jahre, 9 Jungen, 16 Mädchen, häufiger Lehrerwechsel in Deutsch

Grammatik liegt der Klasse scheinbar nicht so sehr am Herzen. Bei den Adverbien weiß ich auf die Frage: "Brauchen wir das denn später auch im Beruf?" nicht sofort eine Antwort. Was also betrifft meine Schüler? Was können sie aus dem Deutschunterricht für ihr Privatleben gebrauchen, auch für das spätere gesellschaftliche Leben? Weil ich erst zwei Jahre Schulpraxis habe, muß ich besonders darauf achten, die Schüler "thematisch" in den Griff zu bekommen.

Mein Blick fällt auf das Kapitel "BRAVO" im Lesebuch Ktitisches Lesen 4, Diesterweg Verlag. Ich denke etwas über 10 Jahre zurück und mir fällt ein, daß mir diese Zeitschrift für einige Zeit sehr viel bedeutet hat. Wie sieht es nun bei meinen Schülern aus? Eine kurze diesbezügliche Anfrage läßt reges Interesse erkennen. Ich erfahre, daß vor einem Jahr schon mal ein entsprechender Leserbrief aus dem Sprachbuch behandelt worden, BRAVO also schon mal Unterrichtsthema war. Ich fange an, mich mit dem Thema zu beschäftigen und muß feststellen, daß es an Sekundärliteratur nicht mangelt (siehe in diesem Buch Seite 147 f.). Die Arbeit beginnt.

BRAVO, Deutschlands meistgelesene und "beliebteste" Jugendzeitschrift (laut Umfrage), wird immer wieder ein nachhaltiger Einfluß auf die 12- 16-jährigen zugesprochen. Anhand der Sekundärliteratur wird eine Tendenz ganz deutlich: Die in BRAVO offen - und zum Teil verdeckt - gezeigte Aufforderung zum Konsum scheint vielen Autoren überhaupt das Thema für die Behandlung der Zeitschrift im Unterricht zu sein. Ich bin zum regelmäßigen Käufer von BRAVO geworden, um mich "vor Ort" zu informieren. Jeder Artikel wird von mir durch die didakti-

sche Brille betrachtet und ich bin begeistert. Alles was ich bisher über Aufmachung, Starpräsentation, Lebenshilfe und verdeckte Werbung gelesen hatte, finde ich in jedem Heft bestätigt. Bevor ich mit der Planung des Unterrichts beginne, stelle ich mir folgende zwei Fragen:
- Was genau spricht die Schüler in BRAVO besonders an? - Die Antwort darauf ermittele ich mit Hilfe eines Fragebogens, den ich sinngemäß dem Buch von Graefe/Vogel (siehe in Kinder und Medien, Seite 97) entnahm.
- Welches Ziel möchte ich eigentlich mit dieser Unterrichtseinheit verfolgen? - Ganz allgemein möchte ich bei meinen Schülern eine kritische Einstellung gegenüber Massenmedien wecken. Eas heißt das konkret für BRAVO? Die Schüler sollen einen Einblick erhalten, wie Berichte etc gemacht werden und welche Gründe es dafür gibt. Weiterhin sollen sie erkennen können, daß mit den Jugendlichen ein Geschäft gemacht wird. Hierzu ist es notwendig, auf den hohen Anzeigenteil und auf die in Interveiws und Starberichte gekleidete Aufforderung zum Konsum näher einzugehen. - Ein "Schülerorientierter Unterricht" sollte an den Interessen der Schüler eng orientiert sein, insofern ist eine kurzfristige Planung zwingen.

Die Schüler entschieden sich einstimmig, nicht die im Lesebuch abgedruckten Texte als Arbeitsgrundlage zu nehmen, die meiner Meinung nach zwar inhaltlich gut geeignete waren, aber in Bezug auf die Stars (Roy Black, Deep Purple) nicht mehr die Interessen der Schüler treffen, sondern wir wollten ein BRAVO-Heft (Nr. 37/80) einmal genauer von vorne bis hinten untersuchen.

Der konkrete Unterrichtsverlauf bestand dann aus vier Teilen:
Teil A:
1. Fragebogen
2. Auswertung des Fragebogens
3. Analyse von BRAVO Nr. 37/80
   Wieviel Seiten Text und Bild beanspruchen die Themen
           a) Stars
           b) Lebenshile
           c) Unterhaltung
           d) Werbung
4. Vergleich der Fragebogenergebnisse mit der Heftanalyse
Teil B: Stars
Arbeitsgrundlage BRAVO 37/80
1. Genaue Untersuchung des Artikels auf Seite 18/19 Aude Lan-

drey "Warum ich Ekkehard verlassen habe" - Fragestellung:
  a) Warum sind Stars so beliebt?
  b) Wie erreicht die BRAVO-Redaktion, daß
     Stars so beliebt sind?
2. Schriftliche Zusammenfassung und Diskussion über die Schulfernsehsendung "Das Leben kann so schön sein ..."

Teil C: Textvergleich BRAVO - ran
Arbeitsgrundlage: Plattenaufnahme "Hey Joe" von Jimy   Hendrix
       BRAVO 38/80 und ran 9/80
1. Freie Diskussion über das Magazin ran
2. Erarbeitung der Texte über J.Hendrix in beiden Heften
3. Textvergleich: Welche Intentionen werden in den beiden
   Texten deutlich?

Teil D: Verdeckte Werbung in BRAVO
Arbeitsunterlagen: Heft 37/80 und 38/80
1. Sammlung verschiedener Texte in BRAVO, die verdeckt den
   Kauf von Schallplatte, Veranstaltungsbesuch etc. empfehlen, für beides werben

Abschlußarbeit
Produktion eines Textes, der wegen seines Inhaltes nie in
BRAVO erscheinen würde.

Teil A
Der als Einstieg benutzte Fragebogen ergab folgende Ergebnisse (Tafelanschrift): "In unserer Klasse kennen von 25 Schülern alle BRAVO. 11 Schüler lesen BRAVO regelmäßig, 10 selten und 3 nie". Desweiteren habe ich den Fragebogen viel als Unterlage für meine eigene Planung benutzt. Die Ergebnisse benutze ich für eine allgemeine Diskussion über das Thema.

Die Stars sind nach Meinung meiner Schüler häufigst behandeltes und auch beliebteste Thema, gefolgt von den Themen Unterhaltung und Lebenshilfe (Aufklärung, Sex, Probleme anderer Jugendlicher etc.). 1/3 der Schüler würde BRAVO nicht nur unbedingt seiner Freundin empfehlen, sondern auch bei wenigem Taschengeld kaufen. Die Werbung betreffend waren 8 Schüler der Meinung, BRAVO enthalte viel, 12 Schüler entschieden sich für wenig und 3 Schüler glaubten, BRAVO enthalte gar keine Werbung.

Der nächste Arbeitsschritt war eine genaue Analyse des Heftes 37/80, um die im Fragebogen gemachten Angaben zu überprüfen. Es sollte untersucht werden, wieviel Seiten Text und Bild auf

BRAVO – bravo?

Fragebogen   1 fällt aus der
                                                       Wertung
1.   Junge 9   Mädchen 16
2.   Geburtsjahr: 64 (1) 65 (4) 66 (12) 67 (7) alle 25
3.   Liest du die Zeitschrift Bravo?   11   10   3
4.   Liest du regelmäßig BRAVO? regelmäßig ... auf
5.   Würdest du Bravo einem Freund / einer Freundin
     empfehlen? unbedingt 8 / eher nicht 21 / auf keinen Fall 7
6.   Welche Themen behandelt BRAVO häufig? (3-4 Beispiele)
     Stars (22)   Lebenshilfe (22)   Musik (7)
     Unterhaltung (7)   Mode (2)

7.   Welche Themen behandelt BRAVO selten oder nie?
     (3-4 Beispiele) Unterhaltung (10)   Sport (8)
     Schule (3)   Stars (3)   Drogen (2)   Politik (1)

8.   Was gefällt dir an Bravo besonders gut?
     Stars (15)   Unterhaltung (10)   Lebenshilfe (7)   Musik (3)
9.   BRAVO enthält nach deinem Eindruck
     viel 8   wenig 12   keine Wertung 3
(9.) BRAVO enthält nach deinem Eindruck:
     mehr Bilder als Text 5   mehr Text als Bilder 6
10. Der Anteil von Text und Bild ist annähernd gleich
11. Angenommen, du hättest wenig Taschengeld, würdest
     du die Bravo kaufen?
     unbedingt 8   weiß nicht 10   auf keinen Fall 6
12. Angenommen, du hättest viel Taschengeld, würdest
     du die Bravo kaufen?
     unbedingt 13   weiß nicht 9   auf keinen Fall 2

Die Zahlen in den Klammern beziehen sich
auf Nennungen.

die vier angesprochenen Bereiche entfallen. Hierbei stellten die
Schüler fest, daß ungefähr 1/3 des Heftes sich mit Stars beschäf-
tigt, was auch den Fragebogenangaben entsprach. Verblüffend
war für sie der hohe Anteil der Fotos bei den Starberichten.
Das insgesamt überraschendste Ergebnis kam für sie bei der
Werbung heraus. 1/3 des Magazins bestand ausschließlich aus
Werbung, die manchmal so geschickt kaschiert war, daß die
Schüler sie nicht immer auf den ersten Blick erkannten.

Teil B
Nach dieser Untersuchung wollten wir uns zuerst einmal auf
die Stars konzentrieren, das Interesse hierfür lag bei den Schülern
eindeutig an erster Stelle. Obwohl sie sich eindeutig für die
Arbeit mit dem BRAVO-Magazin entschieden hatten, brachten
sie es nicht alle fertig, sich dieses Heft zu kaufen. Sie befürchteten zum Teil Schwierigkeiten mit den Eltern, die nicht glauben
würden, daß BRAVO für eine Zeit "Deutschlektüre" sein
sollte. Die drei Schüler, die schon im Fragebogen gegen
BRAVO sich ausgesprochen hatten, zeigten z.T. offene Wider-
stände, sich mit dem Thema zu befassen. Für sie war von
vorneherein klar, daß die Zeitschrift "Mist..." sei und hielten
jede weitere Diskussion darüber für überflüssig. Bei den An-
hängern von BRAVO war es auf eine andere Weise nicht ganz einfach, die Arbeit in Gang zu bringen. Sie fanden immer neue Informationen über ihre Stars in BRAVO, die sie den Mitschülern
unbedingt mitteilen mußten und mit ihren in früheren Artikeln
erworbenen Detailinformationen anreicherten. Und wehe, einer
war anderer Meinung .. Die in BRAVO geäußerten Meinungen
und "Tatsachen" galten als schriftlicher Beweis. Scheinbar war
es also gar nicht so einfach, ein fast bei allen Schülern beliebtes
Magazin einmal näher zu untersuchen. Zunächst sollten sich
die Schüler mit den folgenden Fragen befassen: Warum sind Stars
so beliebt? Wie erreicht BRAVO, daß Stars so beliebt sind? -
Zur Beantwortung dieser Fragen sollten sie das Heft 37 zu Rate
ziehen. Auf zwei Interviews wies ich hin: "Aude Landry -
Warum ich Ekkehard verlassen habe" und "Maffay nimmt Re-
vanche / Super Poster Story".

Als Arbeitsergebnis schwebte mir ungefähr folgendes vor: "Stars
müssen Denk- und Verhaltensweisen haben, die die meisten Leser
gut finden. Die Ähnlichkeit (Stars wie Du und ich) zwischen
Star und Leser wird betont. Die Stars antworten auf ganz private Dinge aus ihrem Leben." - Mit dieser Vorstellung hatte ich

BRAVO – bravo?

aber weit gefehlt. Die Antworten auf die Frage nach den Gründen
für die Beliebtheit der Stars fielen einstimmig aus:
... weil sie tolle Musik machen
... weil sie gut aussehen
... weil sie gute Filme machen
... weil sie etwas für die Jugendlichen tun (was immer das sein
mag. Zu Frage 2: BRAVO erreicht die Förderung der Beliebtheit durch Poster, Interviews und Autogrammkarten.
Nach diesen Antworten stellte ich mir die Frage, wie ich den
Schülern den Blick hinter die Kulissen des Starrummels ermöglichen könne, sodaß sie in der Lage sind, sie Artikel einmal unter einem anderen Gesichtspunkt als dem des Fans zu
lesen. Hinzu kam, daß gravierende Disziplinprobleme ein Interesse am Thema BRAVO fast vollkommen überdeckten.

Die Lösung fand sich in Form einer 4-teiligen WDR-Schulfernsehsendung: "Das Leben kann so schön sein..." - Hier wird
anschaulich gezeigt, wie ein Star "gemacht" wird und wieder in
der Versenkung verschwindet, nachdem er nicht mehr den Vorstellungen des Produzenten entsprach. Diese Sendung löste
große Diskussionen aus und zeigte den Schülern ganz neue Perspektiven. Nun mußte nur noch der Transfer zu BRAVO gelingen. Dazu benutzten wir den Artikel von "Aude La ndry.."
und untersuchten ihn unter folgenden Gesichtspunkten:
a) Warum beantwortet sie die Fragen nach ihren privaten Verhältnissen? b) Wäs würde geschehen, wenn sie diese Fragen
nicht beantworten würde? Hierfür hatten sich die Schüler die
Passagen über Liebe, Familienleben, Elternhaus usw. unterstrichen. - Nun sehen die Schüler den Artikel durchaus aus unterschiedlichen Perspektiven. Das Mädchen stellte sich für sie
so dar, daß es vielleicht "gezwungenermaßen" auf die Fragen
antwortet, weil sie berühmt werden/bleiben will und sonst
- bei Weigerung - wahrscheinlich kein Artikel über sie geschrieben worden wäre. Die Frage, wem sie, die Schüler, eigentlich
ihre privaten Probleme erzählen würden. machte ihnen die Situation noch deutlicher. Sie waren richtig entrüstet bei der Vorstellung, ihre persönlichen Probleme würden in einer Zeitschrift
breitgetreten. Danach konte auch die Frage nach dem Grund
des Interviews noch genauer beantwortet werden. Der Hinweis
auf die Fernsehsendung brachte die Schüker sogar so weit, daß
sie an der Glaubwürdigkeit des Artikels zwifelten. Sie mußten
dabei feststellen, daß sie keine Möglichkeit hatten, die Angaben
aus dem Interview auf ihren Wahrheitsgehalt zu überprüfen.

Bei der genauen Durchsicht anderer Artikel gingen sie dazu über, mit einer fast sportlichen Begeisterung die dort gemachten Angaben in Frage zu stellen.

Um den Aspekt der Identifikation mit dem Star deutlich zu machen, sollte jeder Schüler alle Informationen, die er über seinen Lieblingsstar besitzt, zu notieren. Die Ergebnisse sammelten wir auf einer Overheadprojektor-Folie und ich teilte sie in die Rubriken   Beruf - Privatleben ein. Hierbei stellten die Schüler nun fest, daß bei der Spalte Privatleben wesentlich mehr stand, als bei dem Beruf. Nun fiel es den Schülern nicht schwer, die Rolle des Stars als Identifikationsobjekt/heimlicher Freund zu erkennen. Als Arbeitsergebnisse hielten wir folgende Aussagen fest: "Stras sind nicht nur beliebt, weil sie gute Musik machen, sondern weil sie z.B. für die Mädchen ein Ersatzfreund sind" und "Der Erfolg eines Sängers ist nicht nur von der Qualität seiner Musik abhängig, sondern auch davon, wie gut sein Manager ist."

Teil C
Um den Schülern eine Alternative zu BRAVO aufzuzeigen, habe ich jedem das ˋran Heft Nr 9/80 zur Verfügung gestllt. Nachdem die Schüler sich das Heft zu Hause ansehen sollten, sollten sie in der folgenden Stunde die ersten Eindrücke hierzu wiedergeben. Am positivsten, zumindest bei den Jungen, war noch der Sportbericht über Fußball-Fans und die Witze beurteilt worden. Ansonsten wurden nur negative Stimmen laut, hier einige Beispiele "..ist nicht mit BRAVO zu vergleichen" - "das Poster ist doof" - "...uninteressant" - "langweilig". Nur die wenigsten Schüler hatten sich die Mühe gemacht, auch nur einen Artikel zu lesen, da sie scheinbar die Themen nicht ansprachen bzw. die Aufmachung für sie keinen Leseanreiz bot. Diese negative Einstellung bewog mich, nur einen Teil des Magazins in den Vergleich mit BRAVO einzubeziehen. Durch einen konkreten Textvergleich sollten die unterschiedlichen Intentionen herausgearbeitet werden. Hierzu bot sich jeweils ein Artikel über Jimi Hendrix an, der anläßlich seines Todestages sowohl in BRAVO 38/80 als auch in ˋran 9/80 erschien.

In Partnerarbeit markierten die Schüler die Textstellen, die
a) Informationen über den Star geben, und b) rühmende Wörter enthielten. Anschließend stellten die Schüler auf einem Arbeitsblatt einen Textvergleich an, der darauf abzielte, die Intentio-

nen der jeweiligen Zeitschrift zu verdeutlichen. Dieser Arbeit war kein großer Erfolg beschieden, da die Schüler erhebliche Schwierigkeiten hatten, den ʾran-Text zu verstehen. Die Fremdworte erschwerten ihnen den Zugang zum Inhalt des Textes und blockierten ihr Interesse, sich mit dem Text näher auseinanderzusetzen. Hinzu kam, daß Jimi Hendrix nicht gerade ein Idol meiner Schüler war - Anfang der siebziger Jahre war die große Hendrix-Zeit gewesen. Zwar erkannten sie, daß BRAVO die Leser verdeckt dazu auffordert, Platten zu kaufen und durch an den Artikel anschließende Verlosung von LP´s ein Kaufinteresse wecken will, sahen aber nicht, daß die Intention des ʾran-Artikels die der Konsumaufklärung ist. Nach diesem Arbeitsabschnitt war das Interesse an ʾran vollkommen erloschen und eine BRAVO-Müdigkeit machte sich auch breit.

Teil D
Anknüpfend an die verkaufsfördernde Wirkung der Verlosung einer Schllplatte von Jimi Hendrix untersuchten wir unsere BRAVO auf weitere "versteckte" Werbung. Diese Gruppenarbeit war noch einmal ganz erfolgreich und die Schüler fanden in vielen Artikel entsprechende Aufforderungen meist zum Kauf von Platten und den Besuch von Veranstaltungen.

Abschluß
Eine Abschlußarbeit wurde erstellt: die Schüler verfassten in Gruppenarbeit einen Text nach folgender Arbeitsanweisung: "Schreibe einen Starbericht oder ein Starinterview, wie es nie in BRAVO stehen könnte". Diese Arbeit machte nicht nur viel Spaß, sondern sie zeigte auch mir, daß fast alle Schüler die in der Unterrichtsreihe gewonnenen Einsichten in Bezug auf die Darstellung von Stars anwenden konnten. Die Arbeitsergebnisse wurden auf ein großes Plakat aufgeklebt unter der Schlagzeile "Diese Berichte konnten leider nie aus folgenden Gründen in BRAVO veröffentlicht werden:"

Darunter war Platz gelassen, sodaß jeder Schüler die Gelegenheit hatte, die Gründe hier aufzuschreiben.

Für die ganze Familie
Ein kritischer Blick auf die Programmzeitschriften
von Gudrun Jochmus-Stöcke

Wie jedes Massenmedium buhlt auch die Programmzeitschrift um die Gunst des Rezipienten. Indem sie zunächst das Radio- und Fernsehprogramm der kommenden Woche ankündigt, erläutert und kommentiert, spricht sie alle an, die dieses Medium nutzen, was ein ziemlich beträchtlicher Teil der Bevölkerung in der BRD ist. 95% aller Haushaltehaben ein Fernsehgerät und jeder Deutsche sieht täglich durchschnittlich 2 Stunden fern. Doch allmählich reichte die reine Information - orientiert am Programm der Woche — nicht mehr aus, da Tageszeitungen und seit einigen Jahren auch die farbigen Wochenendbeilagen der Tageszeitungen, z.B. *Prisma* diesen Dienst ebenso und als kostenlose Beilage erfüllen.

Aus den Programmzeitschriften entwickelten sich langsam, wie *Michael Wolf Thomas (Hrsg)* in seinem Buch: *Porträts der deutschen Presse, Berlin: Verlag Volker Spiess, 1980, 296 S.kt.,28.—DM* treffend formuliert, eine „Zeitschrift mit Programm". Die Überlegungen gingen etwa in die Richtung: Wie kann man, um die Auflagenhöhe zu erhalten, bzw. zu steigern, das ‚breite Publikum' auf anderen Wegen erreichen und sich als **die** Zeitschrift, die jeder haben muß, präsentieren? Die **Familie** wird zum Kundenkreis, eine noch allgemeiner gefaßte Gruppe (als die Fernsehzuschauer), die sich für Vielerlei, was außerhalb des Fernsehprogramms liegt, interessiert. Aus dieser Umorientierung ergaben sich natürlich Konsequenzen, die sich sowohl auf die äußere Aufmachung als auch auf die — nun familienbezogene — Thematik auswirkten.

Die Marktbeherrscher

Doch zunächst ein paar Worte zum Programmzeitschriftenmarkt in der Bundesrepublik. Die Zahlen und viele weitere Zusatzinformationen sind in *Michael Wolf Thomas'* Buch nachzulesen. Zur Orientierung zunächst so viel: Die *Hörzu* hat mit über 4 Millionen Exemplaren wöchentlich (im IV.Quartal 1978) die höchste Auflage. Sie erreicht somit fast jeden 5. Bundesbürger und wird von Männer, Frauen, Jugendlichen und Kindern fast gleichstark gelesen. Gefolgt wird *Hörzu* von der *Fernsehwoche* und *TV Hören und Sehen* (je 2,5 Millionen Expl), der *Funk Uhr* (2,2), *Bild und Funk* (1,5) und *Gong* (1,05).

Welchen Zweck erfüllen die Programmzeitschriften? Zum einen wollen sie rein sachlich über das Programm der kommenden Woche informieren. Der Leser erhält einen Überblick über das Angebot und kann vorab auswählen. Zum anderen will die Programmzeitschrift ihm diese Selektion erleichtern, indem sie die angekündigten Sendungen erläutert und kommentiert. Dieses ‚Angebot' birgt aber die große Gefahr in sich, nämlich die der Manipulation der Zuschauerinteressen. Denn es können schon aus Platzgründen nur einige Sendungen breit angekündigt werden. *Bachér*, der Chefredakteur von *Hörzu*, behauptet sogar, daß man mit einer großen redaktionellen Ankündigung einer Sendung auf einen Schlag eine Million mehr Zuschauer gewinnen könne. Mir scheint diese Zahl nicht zu hoch gegriffen, auch wenn ich den Gedanken nicht wahrhaben will.

Untersuchung der inhaltlichen Tendenzen

Um dies alles zu konkretisieren habe ich die sechs größten oben genannten Programmzeitschriften der Woche vom 30.8. – 5.9.1980 unter die Lupe genommen und miteinander verglichen. Die Grob-Auswertung dieser einen Ausgabe kann und soll selbstverständlich nicht repräsentativ sein, soll aber helfen, beispielhaft zu beleuchten, was eine „Zeitschrift mit Programm" ist. Dabei habe ich die äußere Aufmachung, die Thematik, den Anteil der Leserbeteiligung sowie die Fernseh- und Rundfunkbezogenheit der Artikel untersucht. Auch die unterschiedliche Aufmachung des Programmteils schien mir aufschlußreich.

Ich habe nicht vor, viele wichtige Zahlen zu nennen, es geht mir darum, einige Tendenzen klarzumachen. *Hörzu, Gong* und *Bild und Funk* sprechen mit ihren aufwendigen Hochglanz-Umschlag den Kioskkäufer eher an, als ihre Konkurrenten. Muß dieses gleich mit einem höheren Preis bezahlt werden? (*Funk Uhr* und *Fernsehwoche* kosten nur 80 Pf, während man für die anderen Zeitschriften 1,40 DM hinlegen muß). Oder soll (der Umfang der teureren Hefte ist nicht größer als der der billigeren) der Kunde glauben, daß sein finanzieller Mehraufwand durch sorgfältigere und anspruchsvollere Berichterstattung entschädigt wird? Ich empfehle jedem, den Vergleich selbst einmal zu wagen.

Was den Preis (ebenfalls?) in die Höhe treibt, ist der umfangreiche Mehrfarbendruck. In der Tat sind in der *TV Hören und Sehen* 70% der Farbseiten Werbung, d.h. die Zeitschrift selbst finanziert nur 30% der farbigen Seiten. Doch in den anderen Zeitschriften sind ebenfalls etwa 50% der Farbseiten Werbung, insgesamt machen die Farbseiten in der Zeitschrift zwischen 28% (*Fernsehwoche*) und 40% (*Funk Uhr*) der Gesamtzahl aus. Das Heft macht zwar nach außen einen sehr farbenfrohen Eindruck, in der Tat sind aber nur etwa 20% der redaktionellen Seiten farbig, der Rest geht im Schwarz-weiß unter, bzw. wird fast immer bunten Reklameseiten gegenübergestellt, die sich dadurch noch mehr abheben, auffallen. Und dahinter steht keine Absicht? Wurde der Mehrfarbendruck etwa nur für die Anzeigenkunden eingeführt?

Wie bereits angedeutet, sind die Programmzeitschriften stark von den Anzeigen abhängig. Der Anteil der Werbeseiten bewegt sich in den untersuchten Heften zwischen 20% (*Fernsehwoche*) und 50% (*Bild und Funk*). Doch die Basis dieser einen Woche ist für repräsentative Aussagen zu dünn. *Hörzu* dürfte mit der höchsten Auflage jedoch am wenigsten Schwierigkeiten auf der Suche nach Werbekunden haben.

Die Bilder sind in *Hörzu* und *Gong* am aufwendigsten gestaltet, z.B. im Programmteil des Abendprogramms sind fast alle mit Fotos aufgemachten Sendungen farbig. Die anderen Zeitschriften bringen hier oft nur wesentlich kleinere Fotos und diese in Schwarz-weiß. Außer in der *Funk Uhr* sind bei allen Zeitschriften die Programmseiten bunt umrahmt, während die Radiosendungen in Schwarz-weiß unbebildert entweder an den Fernsehblock angehängt, als Zwischenteil oder täglich hinter dem Fernsehprogramm gebracht werden. Allgemein wird auch den Dritten Programmen sehr wenig Raum gewährt, teilweise findet man sie neben dem Rundfunkprogramm (*Funk Uhr*). Die *TV Hören und Sehen* bietet der Ankündigung zwar ebenso viel Platz wie den beiden anderen Programmen, dafür aber nur kleine Schwarz-weiß-Bilder und keine nähere Beschreibung der Sendung von Seiten der Redaktion, im Gegensatz zu den ARD- und ZDF-Ankündigungen.

Das Drumherum

Was bieten die Programmzeitschriften inhaltlich? Welche Absichten stehen dahinter? Wie wird auf die Bedürfnisse der Leser eingegangen?

Bacher stellt fest, daß reine Information und ggf. Kommentierung des Fernseh- und Radioprogramms der kommenden Woche nicht genügend Leser ansprechen. Das ‚Drumherum' sei deshalb entscheidend.

Die Rubriken in den Inhaltsverzeichnissen der Zeitschriften sprechen eine deutliche Sprache: *Hörzu:* Reportagen, Programm, Serien, Unterhaltung, Familien-Journal. *Bild und Funk*: Aktuell, Programm, Familienmagazin. *Funk Uhr*: Reportagen, Blitzlichter, Programme, Schöner Leben, Serie, Unterhaltung, Rubriken. *Fernsehwoche*: Programme, Rund ums Programm, Reportagen und Nachrichten, Unterhaltung und Preisrätsel, Familie und Freizeit. *TV Hören und Sehen*: Programme, Reportagen, Romane + Serien, Frau + Familie, Rezepte, Rubriken, Rätsel. *Gong*: Meinung, Reportage, Ratgeber, Programm, Roman und Serien, Unterhaltung. Weil mir auch die Reihenfolge der Beitragssparten aufschlußreich erscheint, habe ich hier alle Zeitschriften einzeln aufgeführt. Diese Anordnung hält sich nicht an die Seitenfolge, sondern die Beiträge erscheinen im Heft in bunter Reihenfolge, bis auf den Programmblock, der meistens etwa in der Mitte der Zeitschrift eine geschlossene Einheit bildet.

Bei allen Blättern erscheinen die mehr fernsehbezogenen Beiträge auf den vorderen Seiten vor dem Programm. So wird man bereits beim ersten Durchblättern, bevor man den eigentlichen Programmteil zu Gesicht bekommt, auf bestimmte Sendungen aufmerksam gemacht. Ob das wohl Absicht ist? – Insgesamt sind etwa zwischen 40% und 50% der redaktionellen Seiten nicht programmbezogen, was einen beträchtlichen Teil des Heftes ausmacht, da in den meisten Zeitschriften rund 28 Seiten der reinen Programminformation vorbehalten sind. Da bleibt nur noch wenig Platz für die Ankündigung ausgewählter Sendungen. Beliebt sind z.B. auch Seiten wie ‚Alle Spielfilme dieser Woche auf einen Blick' oder ‚Die Höhepunkte im Fernsehen' (*Hörzu*), ebenso wie die Zusammenstellung aller Kindersendungen. Der Programmteil selbst ist täglich auf 2-4 Seiten ausgedehnt.

Da diese Zeitschriften immer schon eine Woche vor dem Beginn der Fernsehwoche erscheinen (was der werbenden Industrie doppelt nutzt, denn ihre Anzeigen ‚müssen' ja zwei Wochen lang angesehen werden), können die aktuellen Sendungen (hauptsächlich politischer Natur) überhaupt nicht näher angekündigt werden. So sind es meistens die Serien und Spielfilme, die am Tag selbst, oft aber auch schon vorher gesondert illustriert und kommentiert werden. Der informierte Leser kann sich so entscheiden, ob er den Beitrag sehen will oder nicht, während er bei anderen Sendungen — verläßt er sich auf die lückenhaften Programmzeitschriftenankündigungen — auf gut Glück' einschalten muß. — Auffällig ist, das die extra angekündigten Sendungen in der Redel auch die mit den höchsten Einschaltquoten sind. Hier stellt sich die Frage nach der Einflußmöglichkeit solcher ‚Begünstigungen',

Im hinteren Teil der Zeitschriften folgen die zahlreichen Ratgeber-Sparten von ,,Fragen Sie Frau Irene" über Kochtips, Gesundheit, Mode, Handarbeiten, Recht, Urlaub und Verbrauchertips, was wohl in erster Linie Hausfrauen ansprechen dürfte. Aber auch die Männer kommen nicht zu kurz: Auto, Krimi, Hifi-Geräte, Sport und der ,,offene Brief eines Vaters an seinen neugeborenen Sohn" (*Funk Uhr*) bieten für jeden Geschmack etwas. Kinderseiten mit Comics und Rätseln, Horoskop, Romane, Tierberichte oder -bilder zum Sammeln, Preisrätsel, Popseiten, Witze, Romane und Serien sprechen den ‚Rest' an. Im wahrsten Sinne des Wortes ‚Für die ganze Familie'. Damit dürfte das Ziel — und die hohen wöchentlichen Auflagen beweisen es —, möglichst viele Leser zu gewinnen, erreicht sein.

Kinderprogrammzeitschrift?

Zu erwähnen ist hier auch die 1979 zum ‚Jahr des Kindes' ebenfalls von Springer herausgegebene Kinderprogrammzeitschrift *Siehste*, deren Produktion inzwischen eingestellt wurde. Sie bildete einen getreuen ‚Abklatsch'(von *Hörzu*) mit auf Kinder und Jugendliche zugeschnittener Berichterstattung um Stars, Pop, Kindersendungen, einer ‚Seite 3' und dem Bilderrätsel ‚Original und Fälschung'. So wurde der jugendliche Leser gut auf die spätere Lektüre von *Hörzu* vorbereitet, der Verlag hatte einen zusätzlichen Gewinn und ein gutes Renome.

Auffällig bei aller Themenvielfalt — in den großen Programmzeitschirften — bleibt aber das Fehlen von Problemen (bis auf die Pseudokatastrophen bei der ‚Lebensberatung'). Dem Leser wird eine heile Welt vorgegaukelt. Bei Kreuzworträtseln, Witzen und Gesundheitstips kann er sich vom Streß des Alltages erholen und ‚etwas' für seine Allgemeinbildung tun. Beiträge wie: ,,Laßt diese Kinder nicht sterben!" (*Bild und*

Funk), wo über die Hungerkatastrophe in Somalia berichtet wird, werden sensationell aufgemacht. Der *Bild und Funk*-Leser kann sein vielleicht aufkommendes schlechtes Gewissen auch sofort mit einer Spende im Rahmen der 'Bild und Funk-Aktion' beruhigen.

Stars — Menschen wie Du und ich?

Eine besondere Beachtung verdienen neben all diesem die Starberichte, bzw. Serien über ihr Leben (z.B. *Ingrid Bergmann* in *Bild und Funk* und *Harald Juhnke* in *Hörzu*). Gleichzeitig mit der Ankündigung bestimmter Beiträge im Fernsehen, die direkt oder indirekt mit diesem Star zu tun haben, werden auf Seiten wie ,,Fernseh-Leute" (*Bild und Funk*), ,,Namen und Nachrichten.." (*Hörzu*) oder ,,Wochenschau" (*Gong*) Geschichten aus seinem Leben erzählt. Klatsch und Tratsch z.B. über den Geseundheitszustand von *Gustav Knuth*, über den Tod der Mutter von *Inge Meysel* oder über das Leben von *Uri Geller* werden zum besten gegeben. Der Star wird zum Menschen ‚wie Du und ich', wirbt jedoch damit für sich. Welche finanziellen Vor- und Nachteile denjenigen dabei erwachsen, die hier nicht günstig ‚abschneiden', kann man als Laie wohl kaum erahnen.

Zum Schluß ein Hinweis auf die Leserbeteiligung in den Programmzeitschriften. Man ist ja für jede Kritik ‚offen und dankbar'! Auch der Leser soll zu Wort kommen. Dies geschieht bei allen Programmzeitschriften. Da findet man z.B. eine Seite überschrieben mit ,,Hörzu kritisch". Doch man stellt fest, daß hier gar nicht der Leser, sondern die ,,Hörzu-Experten" sich artikulieren dürfen. Dem Leser bleibt schließlich auf der vorletzten Seite Raum für Kritiken zu drei Sendungen (keine davon länger als 5 Sätze) und zwei Hörzu-Beiträgen. Was da wohl alles unter den Tisch fällt?

Wer objektive und sachliche Information über das Fernsehprogramm sucht, bleibt meiner Meinung nach besser bei den Ankündigungen in den Tageszeitungen. Programmzeitschriften dürften inzwischen einen ganz anderen Kreis als den ‚Nur-Fernsehzuschauer' ansprechen: Sie sind in erster Linie Werbeträger vom Kaffee bis zum Star und geben nebenbei ein paar Tips für jedermann. Dazu ist mir mein Geld zu schade.

Superbonbonniere

Ein paar Worte zu unseren Programmzeitschriften

Von Hans Bachmüller (epd)

Ich habe mir eine „Hör zu" gekauft, zum erstenmal wieder nach 25 Jahren. Meine übliche „Fernsehwoche" kostet zwar nur 80 Pfennig, die „Hör zu" 1,40, aber manchmal maß man sich eben blind was gönnen.

Nicht schlecht gestaunt habe ich, Freunde, was das für eine Zeitschrift geworden ist! Nicht mehr die Gartenlaube von dereinst, nein, toll modern und bunt, überall die herrlichsten Inserate! Mit dem blöden Fernseh- und Rundfunkprogramm wird man denn auch relativ wenig behelligt – von 143 Seiten befassen sich über 90 mit ganz was anderem, mit Werbung, Mode, Delphinen, Krebs, U-Booten, dem Zorn der Engel - lauter Sachen, die man wissen muß, wenn man ernstgenommen werden will. Den allegorischen Imperativ „Sieh fern mit Hör zu!" kann man also getrost vergessen.

Ich glaube, „Hör zu" hat vier Millionen Auflage, oder noch mehr, ich hab mal gelesen, es sei Europas größte Illustrierte. Aber ich lasse mich nicht täuschen: Das ist keine Programmzeitschrift und keine Illustrierte, das ist ein Riesenleckerteller, eine Superbonbonniere für Kinder und alle, die es bleiben wollen. Denn wer, Hand aufs Herz, nascht nicht gern?

Was es im Fernsehen, der blöden, aber unentbehrlichen Juxkiste alles zu naschen gibt, erfährt man außerdem. Natürlich bleibt man verschont von ernsthaften Begleitinformationen oder Hinweisen auf Features und solche Sachen, die sowieso kein Mensch sehen will. Die Dritten Programme stehen ganz unten, wo sie hingehören, in einem Kästchen zusammengepfercht, ohne Fotos natürlich. Und das Hörfunkprogramm sieht aus wie ein Auszug vom Katasteramt, das überblättert man eben. Alles bestens also.

Ich habe sonst, wie alle Welt, einen Zorn auf die Fernseh- und Rundfunkbosse. Warum? Das gehört sich einfach so. Nur daß sie so ein

Superding wie die „Hör zu" (und dazu alle anderen Programmzeitschriften) kostenlos mit Texten und Fotos zum gesamten Programm beliefern, sie also praktisch und nicht zu knapp subventionieren, das finde ich Klasse! Sonst müßten die das ja aus eigener Tasche oder ihren kostbaren Annonceneinnahmen bezahlen — und das wär doch gelacht, wo sie aus lauter Nettigkeit, wie es Springer befahl, dem Rundfunk helfen, das Programm an den Mann zu bringen! Daß sie es anders tun als es sich diese hochnäsigen Redakteure und Direktoren gedacht haben und dafür sorgen, daß viele Sendungen gar nicht oder kaum gesehen und gehört werden, kann keinen wundern. Wo kämen wir Zuschauer und -hörer hin, wenn wir alles nähmen, was „die da oben" anbieten und auch noch wissen wollten, wozu! Wenn wir auch noch lesen sollten, was diese Rundfunktypen alles geschrieben haben zu ihren Sendungen, über einen Autor, eine Epoche, Hintergründe, Vergleichsfakten — wer will denn das wissen! Sollen die sich ruhig abstrampeln! Wir motzen. Und „Hör zu" hilft uns dabei.

Sie, „Hör zu" und ihre knallbunten Schwestern, sind zwischen Programm und Zuschauer geschaltet, sind der Filter, der uns Denken erspart. Auf einem Paket Salz las ich mal, es sei „rieselfreudig"...HÖR zu" macht uns berieselungsfreudig. Sie ist die Königin unter den Vermittlern der Juxkiste. Es darf genascht werden. In rauhen Mengen. Und wem davon schlecht wird, der ist selber schuld.

Mit freundlicher Genehmigung des epd, Kirche und Rundfunk, Franfurt/M, Nr. 72 vom 13.9.1980.

Nachtrag vom Herausgeber:
Wer sich weder satirisch noch ablehnend, sondern quantitativ und qualitativ mit den Inhalten der Programmzeitschriften auseinandersetzen will, kann dies anhand von *Herbert Honsowitz'* Buch: *Fernsehen und Programmzeitschriften — Eine Aussagenanalyse der Programmpresse, Verlag Volker Spiess, Berlin 1975, 167 S., Pb., 22.—DM.*

Gelungener Versuch?

Junior-Journal
Zeitschrift zum Kinderfernsehprogramm — für Eltern

Seit zwei Jahren gibt die ZDF-Abteilung Information und Presse das 14-tägig erscheinende *Junior-Journal* heraus, das in einer zehntausender Auflage für Journalisten und medienpädagogische Multiplikatoren *Informationen zum Programm für Kinder und Jugendliche* (so der Untertitel) brachte. Diese kostenlose Zeitschrift kam sehr gut an, brachte sie doch nicht nur sehr ausführliche Informationen, sondern auch Grundsätzliches zu Themen wie Elternrecht, Heimerziehung, Sucht, Freizeit und Sexualität, geschrieben von Drehbuchautoren, Regisseuren, Pädagogen usw.

Die besten Beiträge aus dieser Zeit wurden im Januar 1981 in einem Sammelheft (69 Seiten) veröffentlicht, erhältlich beim ZDF, Information und Presse, Postfach 4040, 6500 Mainz 1.

Seit Februar 1981 nun wird dieses Objekt in optisch verbesserter Version in der *Verlagsgesellschaft Schulfernsehen herausgegeben, 36 S., 14-tägig, 2,50 DM*. Macht dort ein Verlag mit einer Zeitschrift, deren Konzept und Inhalt er fast kostenlos geliefert bekommt, und die bereits einen recht großen Abonnentenkreis hat, ein gutes Geschäft? Wie wichtig ist es, daß eine solche Zeitschrift nun auch im Abonnement und im Buchhandel für Eltern und Erzieher verfügbar ist? Sieht man einmal von dem möglicherweise guten Geschäft ab, so bleibt festzuhalten, daß es eine sehr lobenswerte Angelegenheit ist, diese Zeitschrift nun auch Eltern und Erziehern zugänglich zu machen. Genauere und längere Informationen zu jeder Kinder- und Jugendsendung des ZDF zu bringen, ausführlicher, als sie in jeder Programmzeitschrift zu finden sind, ist sehr wichtig; zudem sind die Informationen angereichert durch programmbegleitendes Hintergrundmaterial, das einem verbesserten Medienverständnis dienen kann. Eltern werden nicht mehr ganz alleine gelassen und mit dieser neuen Zeitschrift könnten sie ihre Kinder zu einem etwas besser durchdachten Fernsehkonsum führen.

Bedenkt man, daß *Telefant* und *Siehste* eingestellt wurden, weil sie zu oberflächlich und zu konsumorientiert waren — die Auflagenzahlen sanken rapide —, wäre hier eine Chance, die Marktlücke ist da. Doch meines Erachtens sind für einen dauerhaften Bestand drei Bedingungen notwendig:

- Es muß das gesamte Kinderfernsehprogramm kommentierend angeboten werden, d.h. auch die ARD-Anstalten sollten mitmachen. Eine Fixierung allein auf das ZDF ist nicht angebracht.

- Die Konzeption, ohne Farbe mit dennoch guten Illustrierten-Ausdrucksmitteln klarzukommen, ist sehr gut. Das Junior-Journal sollte auf keinen Fall der Konsumgüterindustrie Werbeseiten zur Verfügung stellen, denn dieses schafft Abhängigkeiten/Verbindlichkeiten, die gerade in diesem Bereich sehr gefährlich sind.

- Eine unabhängige, fundierte Kinderfernseh-Kritik sollte sich etablieren — etwas, was es bislang noch gar nicht gab, etwas, das aber in diesem Bereich sehr wichtig ist. Lediglich Informationen der Presseabteilungen der Anstalten zu bringen, ist viel zu wenig.

Eine Chance, die genützt werden sollte. Dennoch ersetzt eine solche Zeitschrift — und sei sie auch noch so gut — keine Medienerziehung.

Der Jugendzeitschriftenmarkt

Profil oder Profit?

Es geht um Geld, viel Geld. Das Taschengeld, das Jugendliche für „ihre" Zeitschriften ausgeben, summiert sich. Immerhin können neun farbige Zeitschriften mit einer verkauften Gesamtauflage von 2 818 714 Exemplaren (April 1980, in:*Media Perspektiven 5/80*) davon leben. Der Gesamtzeitschriftenmarkt mit 268 Publikationen und einer Auflage von 82 345 117 Exemplaren ist da zwar weit umfangreicher, aber auch hier interessant, weil die vielen Fernseh- und Publikumszeitschriften ja auch von Kindern und Jugendlichen mitgelesen werden; dennoch beschränke ich mich auf den Jugendzeitschriftenmarkt, zumal *Gudrun Jochmus-Stöcke* sich auf Seite 130 ja bereits mit den Programmzeitschriften beschäftigt hat.

Und es geht um Inhalte: Mode & Pop, Musik und Sexualberatung; es geht um konsumorientierte, mutige, konservative und auch gefährlich richtungslose Inhalte.

Berührungsangst

Bei der Suche nach Büchern, die sich angemessen mit dem Zeitschriftenmarkt und Einzelerscheinungen beschäftigen, fiel mir ein Phänomen besonders auf: Es gibt in medienpädagogischen Büchern kaum Beiträge, die sich mit Zeitschriften beschäftigen; entweder verschanzt sich der Autor hinter Zahlen oder einer wissenschaftlichen Ausdrucksweise, oder er übt sich in Zurückhaltung. Es gibt kaum eine aussagekräftige oder gar gutgeschriebene Analyse über den „stern" oder „HÖRZU", über Jugendzeitschriften wird so gut wie gar nicht berichtet. Buchverleger und Buchautoren haben – wohl eher unbewußt – eine Berührungsangst gegenüber dem Medium Zeitschrift. Fast als Feigenblatt lassen sich hin und wieder Bücher und Artikel zum Thema „BILD" und „BRAVO" finden, beides Phänomene, die hervorragen, weil sie „auf ihre Art" hervorragend gemacht sind, beides Erscheinungen der Presselandschaft, die sich aus den unterschiedlichsten Richtungen so herrlich einfach analysieren lassen.

Der Jugendzeitschriftenmarkt

Zeichnung von Gerhard Seyfried, in: Gerhard Seyfried: Wo soll das alles enden — 1 kleiner Leitfaden durch die Geschichte der undogmatischen Linken, Rotbuch-Verlag, Berlin, 1978, 96 S., kt., 8.—DM

Besonders unter dem Gesichtspunkt der Bildreportage in den Illustrierten bietet *Josef Kasper* in seinem Buch *Belichtung und Wahrheit, Campus Verlag, Frankfurt/M./New York, 1979, 192 S., Pb., 38.–DM* einen guten Überblick, interessante historische und aktuelle Details zum Thema. Kasper ergreift Partei für die gute Bildreportage, die in der Tradition zum Beispiel der *Arbeiter Illustrierten Zeitung* steht. Er nennt Techniken und Beispiele, analysiert diese unter thematischen Schwerpunkten; einprägsame Illustrationsbeispiele unterstreichen seine Meinung. In den von *Michael Wolf Thomas* herausgegebenen *Porträts der deutschen Presse, Verlag Volker Spiess, Berlin 1980, 296 S., Pb, 28.– DM* werden in 18 Artikeln (ursprünglich nur für den NDR-Hörfunk konzipiert und gesendet) die großen Tages- und Wochenzeitungen beschrieben, es werden auch Zahlen und wirtschaftliche Verknüpfungen gut verständlich (oft spannend) dargeboten und analysiert. Das beste und aktuellste Standardwerk auf diesem weiten Gebiet, das jeder Zeitschriften- und Zeitungsinteressent lesen sollte. Vielleicht ist es ja deshalb so hervorragend geraten, weil seine Beiträge ursprünglich für den Hörfunk konzipiert waren und dieser die oben erwähnte Berührungsangst nicht kennt, weil er ja nicht zu den Druckmedien gehört.

Was tut sich auf dem Markt der Jugendzeitschriften? Nun, es herrscht großes Gedränge. Fast alle Zeitschriften aus den größeren Verlagen bieten in ihren Inhalten — soweit sie nicht verkappte oder offene Werbung sind — eine Vorbereitung auf Mode-, Klatsch- und Familienzeitschriften, lediglich die Themen sind (altersspezifisch) eine Nuance anders gelagert. Insgesamt bieten sie jedoch alle eine **eigene Welt** an: Der Leser soll sich heimisch fühlen, mit ihren Denkkategorien und Lebensgewohnheiten identifizieren. Dieses **Zugehörigkeitsgefühl zu einer großen Familie** beschreibt auch *Harald Ulze* in: *Frauenzeitschrift und Frauenrolle – Eine aussagenanalytische Untersuchung der Frauenzeitschriften BRIGITTE, FREUNDIN, FÜR SIE und PETRA, Verlag Volker Spiess, Berlin, 1979, 249 S., Pb 40.–DM.* Ulze weist nach, daß die Konzepte der Frauenzeitschriften auf vorfindbaren Grundmustern von Verhaltens- und Rezeptionsweisen beruhen. Zudem zeigt er ihre wichtige Rolle als Informationsmittler für die tradierten Interessensbereiche der **durchschnittlichen Frau.** Der einzige Unterschied zwischen den Frauen- und den Jugendzeitschriften besteht darin, daß letztere ihre Leser durch das erwähnte Zugehörigkeitsgefühl an ihre Rolle als absolut **durchschnittliche Jugendliche** anpassen, lediglich mit einem modisch bedingten kleinen Hang zur Exklusivität /Andersartigkeit − je nach Alter der Leser.

Allen Pädagogen und Eltern, die diesen Jugendzeitschriften ablehnend gegenüberstehen, sollte jener Befund Anlaß genug zu Neuüberlegungen sein. Jugendzeitschriften sind nur dann gefährlich, wenn ihre Leser vor lauter Faszination und Zugehörigkeitsgefühl („Leser-Blatt-Bindung") gar nicht merken, wie sehr sie doch angepaßt werden − nämlich an ihre zukünftige Rolle als zufriedener Illustrierten-/Magazinleser. Diese Zusammenhänge sollte man sich immer wieder klarmachen.

Profil

Sind alle Jugendzeitschriften so gesellschaftsstabilisierend? Zunächst muß eine wichtige Unterscheidung getroffen werden. Als kommerzielle Jugendzeitschriften gelten Verlagsobjekte wie BRAVO, sie sind hauptsächlich unter dem Gesichtspunkt der Gewinnerzielung herausgegeben. Als nicht-kommerzielle Jugendzeitschriften gelten solche, die ohne Gewinnerzielungsabsicht beispielsweise der Selbstdarstellung, Interessenvertretung, der politischen Information dienen und von Jugendlichen oder ihren Interessenvertretungen herausgegeben werden. Letztere sind also weder primär gewinnorientiert, noch anzeigenorientiert oder inhaltlich konsumorientiert. *Monika Lindgens* hat die Ergebnisse einer großen Untersuchung in *Media Perspektiven 5/80* in: *Kommerzielle und nicht-kommerzielle Jugendpresse in der Bundesrepublik Deutschland* beschrieben. Dieser Artikel ist eine Zusammenfassung der Ergebnisse, die in zwei umfangreichen Büchern aus dem *Verlag Volker Spiess* dokumentiert sind: *Manfred Knoche, Monika Lindgens und Michael Meissner: Jugendpresse in der Bundesrepublik Deutschland, Verlag Volker Spiess, 1979, 444 S., kt. 19,80 DM* und: *Manfred Knoche, Thomas Krüger und Monika Lindgens: Redakteure der Jugendpresse − Arbeitsbedingungen und Zielsetzungen, Verlag Volker Spiess, Berlin 1979, 272 S. kt, 19,80 DM*. Beide Bände sind ein Standardwerk für jeden, der sich mit dem Thema beschäftigt: Die ca. 2000 Verbandsjugendzeitschriften und jugendeigene Zeitschriften haben pro Ausgabe immerhin eine Auflage von knapp 3,4 Millionen; demgegenüber erreichen die neun großen kommerziellen Jugendzeitschriften eine Druckauflage von 4 Millionen (verkaufte Auflage: 2,8 Millionen).

Bei den nicht-kommerziellen Jugendzeitschriften, die zu 45% Schülerzeitschriften sind, finden wir nur in den seltensten Fällen gesellschaftsstabilisierende und konsumorientierte Inhalte. Das beste Beispiel einer verbandseigenen (DGB) Jugendzeitschrift, die nicht konsum- und gewinnorientiert, aber dennoch sehr professionell gemacht ist, finden wir in 'ran. Sie ist die einzige große Zeitschrift, die zwar farbig gedruckt und aufwendig hergestellt ist, aber inhaltlich genau die Nachrichten und Berichte bringt, die ansonsten unter den Tisch fallen gelassen werden. Weil sie nicht an jedem Kiosk erhältlich ist. kann sich jeder kostenlos ein Probeheft bestellen ('ran, Postfach 2601, 4000 Düsseldorf 1). Außerdem macht die 'ran-Redaktion ab und an sehr gute Taschenbücher. Das wohl bekannteste, sehr gut auf jugendliche Leser hin geschriebene, ist das *'ran-Buch 1, Mit Politik und Porno – Pressefreiheit als Geschäft belegt am Heinrich-Bauer-Verlag, Europäische Verlagsanstalt Frankfurt und Bund-Verlag Köln, 1973, 98 S., 8.–DM* (inzwischen überarbeitet und erweitert). Die Autoren *Hans Dieter Baroth, Erdmute Beha, Henryk M.Broder und Norbert Hartmann* weisen nach, welche „journalistischen Praktiken" im Bauer-Verlag bei BRAVO, Quick und Praline üblich sind und welche spezifische Art von Leserbindung diese Zeitschriften aufbauen.

Nachdem Chefredakteur *Dieter Schmidt* Anfang 1980 gegangen wurde, ist die vom DGB unterstützte Zeitschrift zahmer geworden – dennoch treu der kritischen und engagierten Linie.

Die ca. 2000 jugendeigenen Zeitschriften, bzw. Jugendverbandszeitschriften sind so vielfältig. daß auch eine Annäherung an einen Themenüberblick hier nicht geleistet werden kann; darum verweise ich noch einmal auf die beiden entsprechenden Bücher aus dem *Verlag Volker Spiess*. Der größte Teil der Zeitschriftenmacher dieses Bereichs ist jedenfalls daran interessiert, Formen von Gegenöffentlichkeit herzustellen, indem sie aus der Perspektive der Betroffenen über Zusammenhänge aus dem direkten Lebensumfeld berichten. Jeder, der in dieser Richtung arbeiten will, oder schon aktiv ist, findet sehr konkrete Arbeitshilfen und Informationen in dem Buch von *Hermann M.Rupprecht: Schreiben vor Wut – Do-it-your-self für Schülerzeitungsmacher, Jugenddienst-Verlag, Wuppertal, 1974, 212 S.,kt. 4.–DM*. Themen wie Presserecht und Druck, Buchführung und Inhalt werden ausführlich beschrieben; auch die verschiedenen journalistischen Stilmittel und ihre

Revolution im Reggae-Sound

„Jamaika!" Wer denkt da nicht an Urlaub mit glasklarem Meer, strahlender Sonne, weißen Stränden, kaffeebraunen Menschen und heißen Karibiknächten? Wer verbindet den klangvollen Inselnamen nicht auch hüfteschwingend mit der Reggaemusik?

Hierzulande erfreut sich Jamaika und seine Bewohner wachsender Beliebtheit. 20 000 Deutsche touristeten im vergangenen Jahr zur Südseeinsel. Die jüngste Deutschlandtournee des „Reggaepapstes" Bob Marley war schon Wochen vor Beginn ausverkauft.

Aber der heute 34jährige ist kein Botschafter des Jamaikas, für das Neckermann und andere Reisegroßveranstalter Superlative erfinden. „Die liebliche Sonneninsel, von der man nie wieder weg will" (Air Jamaika, Frankfurt), ist für viele seiner Einwohner ein Alptraum, den sie lieber heute als morgen beenden würden. Das gepriesene Urlaubsparadies ist, wenige Monate vor den nächsten Parlamentswahlen, erneut zur Hölle geworden. Blutige Bandenunruhen, wachsende Kriminalität, Arbeitslosigkeit, Inflation, Analphabetismus und Hunger kennzeichnen die Lage des kleinen Karibikstaates.

Vergessen ist das 1978 stattgefundene „Peace-Festival", in dessen Verlauf Bob Marley die Führer der beiden großen verfeindeten Parteien JLP (Jamaika Labour Party) und PNP (People's National Party) auf die Bühne holte, um sich die Hände zur Versöhnung zu reichen. Unter dem Beifall der 30 000 begruben

aus: .'ran 7/80, Bund Verlag Köln, 1,50 DM
Reggae ist für 'ran nicht nur Musik

Wirkungen werden gut diskutiert. Ganz besonders toll ist, daß dieses Taschenbuch aufgrund des sehr geringen Preises für jeden Jugendlichen erschwinglich ist.

Profit

Es geht um viel Geld, ich sagte es schon. Die kommerziellen Jugendzeitschriften machen Millionen-Umsätze, schaffen Traum- und Fluchtwelten für ihre „Leserfamilien". Was aber noch viel entscheidender ist: Sie bieten der Konsumgüterindustrie (Kosmetika, Kondome, Klamotten und Kopfschmerztabletten) ein optimales Werbeumfeld. Die seichten redaktionellen Inhalte vermischen sich oft nahtlos mit der Werbung (siehe besonders die Beschreibung im oben erwähnten 'ran-Buch 1). Konsum- und Besitzstreben werden zur Bewältigung aller anfallenden Probleme dem Jugendlichen als Lösung anempfohlen. Und wegen dieser Verquickung geht es um mehr als um Profit (Milliarden werden auf dem Markt für Jugendliche dank solch optimaler Promotion- und Werbekampagnen umgesetzt), es geht um die einseitige konsumorientierte Ausrichtung (Gleichschaltung) fast der gesamten jungen Generation. In ähnlich perfekter Vernetzung sind nur noch einige der Frauen- und Familienzeitschriften gemacht.

Inhaltsüberblick

Um sich die Größenordnungen vor Augen zu halten, kurz aus dem Artikel von *Monika Lindgens, in: Media Perspektiven 5/80* die Auflagenzahlen (April 1980):

	Auflage Druck	Verkaufte		Marktanteil
BRAVO	1 795 348	1 423 646	wö	50,5%
Mädchen	331 990	200 284	wö	7,1%
Melanie-Popcorn	228 478	95 426	mo	3,4%
Musik-Express	152 000	110 220	mo	3,9%
Pop/Popfoto	300 000	200 000	mo	7,1%
Rocky	805 161	568 483	wö	20,2%
Sounds	68 800	38 440	mo	1,4%
Star Club	200 000	100 000	viertelj.	3,5%
Zack	168 600	82 215	wö	2,9%

Hauptthemen sind die Pop-Musik, Mode, Stars und Erwachsenwerden, reduziert auf Sexualität. Allen voran BRAVO: Sie vereint alles in sich, vereinnahmt Leser von 10 bis 20, vereinfacht in perfekter Weise alle Themen so, daß sie in die BRAVO-Muster hineinpassen, und zwar derart, daß es für die „BRAVO-Familie" interessant ist. Jede Woche neue Stars und die ewig neuen alten: Zum Beispiel in der Nr 30/80: Pierre Briece, Katja Ebstein, The Bee Gees, Stones — Namen, die **heute** genau wie vor über 15 Jahren als „brandheiße Knüller" verkauft werden.

Über BRAVO gibt es viele Schmähschriften, emotionsgeladene Aufsätze in Fachzeitschriften. Diese stehen hier nicht zur Diskussion. Selbstaussagen von BRAVO-Machern gibt es wenige. Sehr wichtig und gut ist der Beitrag von *Michael Kohlhammer* (verantwortlicher Redakteur bei BRAVO für „psychologische Leserberatung"): *Lebenshilfe durch Jugendpresse — aus der Sicht der Jugendpresse*; eingebettet ist er zwischen zwei konträren Artikeln zum Thema. *Horst F.Neißer: Kommerzielle Jugendpresse — Eine pädagogische Alternative?* und *Werner Mezger: Star und Schlager im Leben der Jugendlichen.* Alle drei Artikel sind in dem Sammelband von *Martin Furian (Hrsg.): Kinder und Jugendliche im Spannungsfeld der Massenmedien, Bonz-Verlag, Stuttgart, 1977, 228 S., kt., 22,80 DM* zu finden.

Ganz auf das Thema BRAVO spezialisiert ist das von *Joachim H.Knoll* und *Rudolf Stefen* herausgegebene *Pro und Contra BRAVO, Nomos Verlagsgesellschaft, Baden-Baden, 1978, 314 S., 6,80 DM* (Neuauflage Frühjahr 1981). Hier wird Meinung gegen Meinung gestellt, *Gert Braun*, ehemaliger BRAVO-Chefredakteur, kommt zu Wort, wie auch *Rudolf Stefen*, Leiter der Bundesprüfstelle für jugendgefährdende Schriften. Sehr genau werden die Erwartungen Jugendlicher an ihre Zeitschriften herausgearbeitet (Seite 155), wobei sich eine klaffende Lücke zwischen Wünschen und Wirklichkeit auftut: „Die Jugendzeitschrift, die gewünscht wird, sie fände kaum Leser". Nach Lektüre dieser Bücher bleibt nur eins: An den nächsten Kisok gehen und sich die neue BRAVO kaufen — zwecks Information über die neuesten Trends, denn 58,6% aller Jugendlichen zwischen 12 und 21 Jahren gehören zum weitesten Leserkreis von BRAVO (Stefen, Seite 156) und lassen sich somit ihre Meinung auf Teilgebieten bilden. Ich kenne etliche Lehrer, Jugendheimleiter und Hochschullehrer, die BRAVO zu ihrer Pflichtlektüre zählen.

aus: pop/Rocky/Popfoto/das Freizeitmagazin, Nr. 11/80 Zürich und München, 2,50 DM

Das Publikum vernimmt kaum je ein Sterbenswörtchen vom Gerangel hinter den Kulissen der grossen Rock-Konzerte. Vom verbissenen Kampf, wenn die Grossen die Grössten sein wollen. Vom niemals ausgesprochenen Neid, wenn sich die Superstars jeden zusätzlichen Fan missgönnen. Von der Paragraphenreiterei, wenn es – wie oft auf Festivals – um die beste Auftrittszeit geht!

Santana
Carlos Santana riss beim Messehallen-Festival in Köln seine Fans mit seinen südamerikanischen Rhythmen förmlich von den Stühlen. Seit Woodstock 1969 gehört Carlos zu den Superstars der internationalen Rock-Szene

Ebenfalls für Superlative besorgt waren Fleetwood Mac. Wie es sich für eine Spitzengruppe schickt, lieferten sie die grösste Materialschlacht dieses Sommers. Fünf Sattelschlepper für den technischen Aufwand und zehn Leibwächter für die Sicherheit der Gruppe. Aber Mick Fleetwood, Christine Perfect, Lindsey Buckingham, Stevie Nicks und John McVie überzeugten nicht nur mit amerikanischen Anlage-Dimensionen. Das Rock-Quintett glänzte auch durch einen knallharten rockenden, fantastischen Nonstop-Auftritt von mitunter zweieinhalb Stunden Dauer. Eine Überlänge, die sich das Publikum gerne gefallen liess.
Nach mehrjähriger Abwesenheit von der Livebühne waren auch Black Sabbath wieder da. Aber der um den Ex-Rainbow-Sänger Ronnie James Dio neu formierten Gruppe war das Glück nicht hold. Obwohl sich die Tournee gut angelassen hatte, mussten Black Sabbath ihr von langer Hand eingefädeltes Deutschland-Comeback vorzeitig abbrechen. (Mehr über die Gründe des Black Sabbath-Debakels im Melody Maker-Teil dieser Nummer.)
Doch wo es Verlierer gibt, sind die Gewinner gewöhnlich nicht weit. Styx zum Beispiel oder Led Zeppelin oder Van Halen konnten zweifellos «erben». (Mehr darüber in der nächsten POP/Rocky.)

Frank Zappa war nervös. Was stand wirklich im fünfundzwanzigsten Vertrag mit den Veranstaltern des Messehallen-Festivals in Köln? War nun seine Band zuerst dran oder lag der «Schwarze Peter» bei Carlos Santana? Nachdem der Manager mit der Vertragskopie angerückt war, stellte man fest, dass die Reihenfolge nicht geregelt war. Gipfeltreffen der Manager, dann Absegnung einer salomonischen Lösung. Santana zuerst, dann Zappa, dann eine längere Pause, anschliessend wieder Zappa. Als «Schlussbouquet» dann nochmals Santana.
Es kam, wie es kommen musste. In der direkten Konfrontation schenkten sich die beiden Meister rein gar nichts. Frank legte mit seinen Mannen einen reinen Marathon hin, spielte sogar so lange, dass ihm das Publikum am Schluss ganz gerne in die Garderobe entliess. Demgegenüber baute Carlos die beiden Auftrittsteile seiner Band um einiges geschickter auf, so dass zum Schluss der Löwenanteil des Beifalls auf sein Konto ging. Santana trat übrigens mit einem neuen Leadsänger an, dem Schotten Alex J. Ligertwood. Bei Frank

Fleetwood Mac
Wahre Begeisterungsstürme lösten Fleetwood Mac bei ihren zweieinhalbstündigen Konzerten aus. Fünf Sattelschlepper Material benötigte das englisch-amerikanische Quintett für seine perfekte Show

Zappa fiel auf, wie sehr sich der frühere «Berufsfreak» um die Gunst des Publikums bemühte. Weder Zappa noch Santana vermochten allerdings in diesem heissen Konzertsommer so viel Begeisterung zu wecken und die Massen in Bewegung zu setzen, wie dies bei Bob Marley der Fall war. Allein in München strömten 32 000 Fans herbei, um den Rastaman zu sehen und zu hören. Der Begeisterungstaumel war total. Ebenso total gab sich der beste aller Reggae-Interpreten auf der Bühne. Bob tanzte, stampfte, klatschte, hüpfte, sang und spielte dazwischen auch mal ein paar Takte Gitarre!

Frank Zappa
Ex-Oberfreak Frank Zappa bestritt mit Carlos Santana die heisse Rocknacht von Köln. Mit seinen ellenlangen Produktionen konnte er das Publikum freilich nicht restlos begeistern

Hinweise auf didaktische Bücher folgen etwas später.

Sommer 1980: Aus den angegebenen Heften jeweils drei Schlagzeilen der Titelseiten.

BRAVO 30/80	Poster: Bee Gees–Oldie Autogrammkarte Katja Ebstein Aufklärung: Wie halte ich meine Ferienliebe?
Mädchen 31/80	Großer Leseteil: Susanne wurde mit 14 Mutter Niedliches Tierposter: Drei Hundebabies Zu gewinnen: 30 süße Wäsche-Sets
Melanie-Popcorn 8/80	Der Aufreger! 13 Seiten! Liebe 80 Rolling Stones, Blondie, AC/DC Hardrock explodiert
Musik Express 8/80	Tournee der Superlative: Led Zeppelin Angelo Branduardi: Sanfter Vulkan Family: Special Story
Pop/Popfoto/ Rocky/Freiz. mag. 11/80	Exclusiv! Jagger-Interview Drogenserie! Schicksal: Ich bin lesbisch
'ran 7/80	Rechtsextreme Jugendliche: Die braune Droge Heinrich Bauer Verlag: Der nackte Kapitalismus Bongi Makeba: Schwarzer Vulkan aus Südafrika

Bei allen Kiosk-Zeitschriften sind die Titelseiten gleichzeitig das Programm, sie – und besonders die Jugendzeitschriften – müssen sich von Woche zu Woche neu verkaufen, gerade weil die Modeströmungen in der Jugend so schnell wechseln. Daher versucht jede dieser Zeitschriften, alle neuen Strömungen und Trends in sich aufzusaugen, die Leser immer wieder neu an sich zu binden. Die hier aufgeführten Überschriften sind aus Heften einer Juli/August-Woche, bringen aber absolut treffend auch das allgemeine Programm der Zeitschrift. Weitergehende Analysen und didaktische Hinweise sind hier nicht angesagt, sie finden sich in den Büchern, die im folgenden noch vorgestellt werden.

Im Moment nur dies: Jeder Erzieher und Lehrer, der pauschal an all diesen Zeitschriften vorbeiargumentiert (egal ob duldend oder verbannend), sollte es sich zur Pflicht machen, zumindest alle paar Monate ca. 20.–DM am Kisok auszugeben, um sich einen Stapel der neuesten Produktion zuzulegen und jeden Artikel mit Neugier durchzulesen. Warum das? Kann das hilfreich sein? Ich meine: Ja! Auch wenn inhaltliche Tendenzen vieler Artikel den Erzieher verärgern, so muß er dennoch wissen, welche Inhalte und Präsentationsformen das sind, die viele Jugendliche begierig aufnehmen, und als wichtig/unterhaltend betrachten. Nur wer genau Inhalt und Machart kennt, kann über das Akzeptieren (und nicht das Dulden oder Verbannen) dieser Zeitschriften in einen offenen Dialog mit Jugendlichen kommen. Und daraus können sich Motivationen ergeben, mit Text– und Bildcollagen mal selbst eine Zeitschrift zu machen, oder gar regelmäßig eine jugendeigene und unabhängige Zeitschrift erscheinen zu lassen. Denn beherrschen Jugendliche dieses ,,Medien-Handwerk" des Zeitschriftenmachens", können sie die ,,großen" Produkte viel besser beurteilen (finden beispielsweise heraus, welcher Teil einer ,,Nachricht" erfunden ist oder aus Meinung besteht) und sehen diese mit ganz anderen Augen. Ein lohnendes Ziel. Daß selbst schon 8 – 11-jährige Kinder mit Begeisterung ihre eigene Zeitung machen, zeigt der Artikel von *Bettina Pötz* auf Seite .

Das zur Zeit wichtigste Buch mit mediendidaktischen Hinweisen zum Thema ist von *Dieter Baacke* herausgegeben: *Mediendidaktische Modelle: Zeitung und Zeitschrift, Juventa, München, 1976, 2.Aufl., 270 S., kt., 18.–DM*. Hier ist in gut verständlicher Form alles gesammelt, was für die Arbeit mit Zeitschriften erforderlich ist: Politische und wirtschaftliche Grundlagen, Analysemethoden, Unterrichtsmodelle zum Thema BRAVO (übertragbar auf andere Zeitschriften) und Hinweise für die Arbeit an einer eigenen Jugendzeitschrift. Für letztere wird die Anschaffung des Spiels ,,Provopoli" empfohlen, welches das strategische Denken schult. Die pikante Note liegt nun darin, daß mittlerweile seit Ende 1980 dieses Spiel von der Bundesprüfstelle für jugendgefährdende Schriften indiziert ist, weil es gewaltverherrlichende Tendenzen hat und Bankraub und Geiselnahme in das ,,Spiel um die Stadt" miteinbezieht – es darf seitdem nicht mehr an Jugendliche verkauft werden.

aus: Mädchen Nr. 31/80, Medit-Verlag, München, 1,50 DM

Ganz hervorragend für Jugendarbeit und Schule (Sekundarstufe I) geeignet ist das *Schwann-Unterrichtsprojekt zur Freizeitlektüre: Richard Brütting/Jürgen Hannig: Jugendzeitschrift: anders gelesen, Schwann, Düsseldorf, 1979, 78 Seiten, 5,80 DM*. Auf je einer Seite sind Zeitschriftenausschnitte, Informationen und Meinungen zusammengestellt, thematisch sauber gegliedert und hervorragend ausgewählt — unten auf jeder Seite Arbeitsanregungen. Hier wird nicht doziert und abgefragt, sondern ungeheuer motiviert: Was die Gruppe in der Arbeit mit den Texten dann macht, ist nicht vorstrukturiert. Das Tolle: Man kann das großformatige Arbeitsheft auch einfach nur durchschmökern und hat schon eine Menge entdeckt/gelernt.

Zum Abschluß ein schönes und wichtiges Buch, das allerdings um einiges über das Thema dieses Artikels hinausgeht: *Howard Greenfeld/ Berthold Spangenberg: Bücher wachsen nicht auf Bäumen — Vom Bücherschreiben und Büchermachen, Ellermann Verlag, München, 1979, 176 S., LmPb, 24.—DM*. Hier werden verlags- und herstellungstechnische Einzelheiten so spannend und anschaulich beschrieben, hier wird mit den Illustrationen so hervorragend ergänzt, daß jeder Jugendliche an diesem Sachbuch seinen Spaß haben wird. Um den Herstellungsprozeß zu verdeutlichen, wird immer wieder auf das vorliegende Buch hingewiesen. Faszinierend und dennoch verständlich von der ersten bis zur letzten Zeile.

Warum immer nur lernen?

Kinderzeitschriften:Nicht nur unterhaltend

Die farbigen Jugendzeitschriften bereiten ihre Leser schon ganz auf die Lektüre von „stern" und „ Brigitte" vor — wie sieht es bei den Kinderzeitschriften aus?

Keine der mir vorliegenden verfällt in diesen Fehler. Es werden fast keine Traumwelten und Stars aufgebaut, nur selten die typischen abgegriffenen Zeitschriftenthemen angeboten. Doch es riecht oft zu sehr nach Schule oder etwas angestaubt/veraltet.

Es gibt sie noch, den „Tierfreund" und die „Staffette", die Zeitschriften, mit der die Generation der Eltern aufgewachsen ist, und sie sehen teilweise erstaunlich jung aus — denn finanziell geht es ihnen recht gut; sie sind meines Wissens die Einzigen, für die an Schulen (mit Kultusministergenehmigung) geworben werden darf und die dadurch hohe Auflagen und einen sicheren Absatzmarkt haben. Den meisten Zeitschriften ist das verwehrt, nur wenige Kinder und Eltern kennen sie.

Hier einige Auflagenzahlen, entnommen aus dem Beitrag *Kinderzeitschriften — Exemplarische Beschreibung, inhaltliche und formale Tendenzen, Aspekte der Rezeption*, von *Jan-Uwe Rogge/Klaus Jensen*, in: *Klaus Jensen/Jan-Uwe Rogge: Der Medienmarkt für Kinder in der Bundesrepublik, Tübinger Vereinigung für Volkskunde e.V.,Schloss, Tübingen, 1980, 376 S., kt., 28.— DM*

Yps	267 900
Bussy Bär	227 000
Mücke	200 000
Spielzeitung	140 000
Treff	110 000
Rate mal	90 000
Spatz	80 000
Teddy	120 000
Neue Staffette	220 000
Der kleine Tierfreund	450 000

(Die Zahlen sind von 1978).

Spatz, monatlich im *Klens-Verlag GmbH, 8 Seiten, 0,60 DM* ist für die jüngsten Schüler; es enthält Anregungen zum Basteln und Experimentieren, zum Malen und zum Denken. Lobenswert an *Spatz* ist, daß es nicht nach dem Prinzip verfährt: Größer, besser, bunter.

Teddy – Lesen und spielend lernen –, Verlag J.F.Schreiber, Esslingen, 32 Seiten, monatlich, Jahresabo: 19,20 DM + Porto, ist an bayerischen Schulen sogar zugelassen. *Teddy* hat nicht sehr viel zeitschriftentypisches, sondern erinnert von der Aufmachung her viel mehr an Kundenzeitschriften der Krankenkassen und an Schulbücher. Die Inhalte sind teilweise unterhaltend und gut dargeboten – unangenehm fällt mir allerdings auf, daß *Teddy* zu oft an schulische Themen anknüpft und der pädagogische Zeigefinger überall hervorschaut. (Für 8–10-jährige)

Ted report, Verlag J.F.Schreiber, Esslingen, montalich, Jahresabonnement 19,20 DM, 24 Seiten, ist für die 10–13-jährigen: Großzügigeres Zeitschriftenlayout und guter Farbdruck. Wenn aber der Untertitel lautet *Du und Deine Welt* und in Nr 8/80 vier Seiten über die griechischen Götter, zwei Seiten über die Akropolis und eine Seite über Korinth abgedruckt sind, dann schaut auch hier der Latein-, Geschichts- und Naturwissenschaftslehrer mit Freude fast hinter jeder Seite hervor. Gibt es denn nicht wirklich gute Unterhaltung und Information auch für Schüler? Trotz einiger Einwände halte ich *Ted report* deshalb für gut und wichtig, weil sonst **alle** Schüler bei BRAVO landen würden.

Treff – Schülermagazin, Velber-Verlag, Seelze, monatlich, 32 Seiten, 32,40 im Jahresabonnement, ist optisch ähnlich gut gemacht: Zeitschriftenlayout – aber übersichtlich. Von der Themenvielfalt her überzeugend, die Leserbeteiligung der 10 – 13-jährigen wird groß geschrieben, nur scheinen mir die Jungen mit ihren typischen Interessengebieten zu gut wegzukommen. Für mich ist dies eine Zeitschrift, die genau auf der Umbruchstelle zwischen Pädagogik- und Poptrend liegt und die dennoch ansprechend ist.

Nicht alle Kinderzeitschriften konnten hier angeführt werden. Ein Tip: In einer guten (Kinder-) Buchhandlung die neuesten Nummern durch-

Es ist etwas vom Schwierigsten überhaupt, spontane Gefühle so zu zeigen, wie einem gerade danach zumute ist. In uns bildet sich in solchen Augenblicken oft eine Art Barriere: Man möchte zwar; aber man kann nicht. Oder man äussert seine Gefühle; aber heraus kommen sie anders, als man sie wirklich empfindet. Freude zeigen, lachen – das ist vielleicht nicht so schwierig. Aber wie oft würde man in einer solchen Situation auch gerne jemanden spontan umarmen, ihn schütteln, mit ihm jubeln und tanzen – und doch tut man es nicht. Und wenn man schon das nicht gelernt hat, wie viel schwieriger ist es dann erst, Gefühle wie Zärtlichkeit, Zuneigung, Schmerz, Betroffenheit, Unglücklichsein, Trauer auszudrücken. Wohl vor allem deshalb, weil diese Gefühle ganz besonders verletzlich sind. Weil sie ein Stück Ich zeigen, das ganz besonders auf Verständnis und Zuneigung des andern angewiesen ist. Die Wunden, welche Zurückweisung, Unverständnis oder gar Spott schlagen, können seelische Narben für ein ganzes Leben hinterlassen.
Gefühle zeigen kann man aber lernen, und zwar, indem wir zu unseren Gefühlen stehen und sie als etwas Normales betrachten, das zu unserer Persönlichkeit gehört.

Ich kann meine Gefühle nicht zeigen

Eine Frage des Alters

Jürg, ich verstehe Dich sehr gut; denn vor kurzem war ich in einer ähnlichen Lage. Ich glaube, in diesem Alter getrauen sich viele Jungen und Mädchen nicht, ihre Gefühle auszudrücken. Sie setzen meistens eine Maske auf und zeigen ihr wahres Gesicht selten oder nie, weil sie sich unsicher fühlen und Angst haben, ausgelacht zu werden.
Rede doch einmal mit einem zuverlässigen Freund, der auch eine Freundin hat. Bestimmt ergeht es ihm ähnlich. Oder frage Deine Freundin, wie das bei ihr ist. Vielleicht ist sie sogar froh, dass Du damit anfängst, weil es ihr ähnlich ergeht (wahrscheinlich) und sie Angst hat, es Dir zu sagen. Wenn Ihr miteinander redet, verschwindet diese Unsicherheit; mit dem Älterwerden tut sie es ohnehin, und dann könnt Ihr Eure Gefühle auch besser ausdrücken.
Susanne (15)

Das ist ganz normal!

Jürg, was Du erlebst, ist in Deinem Alter ganz normal. Ich kann das sagen, weil ich genau das gleiche erlebt habe wie Du. Als ich meine erste Freundin hatte, haben wir über alles gesprochen, nur nicht darüber, dass wir uns mögen, anders als das Kameraden tun. Unsere Freundschaft ist schliesslich daran zerbrochen, weil ein anderer kam und meiner Freundin sagte, dass er sie liebe. Ich war damals am Boden zerschmettert. Aber ich habe vieles gelernt, nämlich, dass man dann reden muss, wenn es einem ein Herz ist. Als ich dies das erste Mal gemacht habe, erlebte ich, wie schön es sein kann, verliebt zu sein, viel schöner, als wenn man ängstlich alle Gefühle versteckt!
Ich gebe Dir den Rat: Wage den Schritt, springe über Deinen inneren Schatten! Im schlimmsten Fall kann sich Deine Freundin von Dir zurückziehen. Aber das würde sie ohnehin mit der Zeit tun, wenn sie Dich nicht liebt. Liebt sie Dich aber, dann habt Ihr eine wunderschöne Zeit vor Euch.
Christian (15)

Deine Freundin wartet auf Deine Worte

Ich bin auch befreundet, und wir hatten am Anfang genau die gleichen Probleme wie Ihr, Jürg. Wir getrauten uns nichts Persönliches zu sagen. Ich war völlig verunsichert, weil mein Freund nie ein Wort davon sagte, dass er mich mag. Ich zweifelte an mir selbst und weinte oft abends im Bett, weil ich mit meinen Gefühlen so allein war. Ich habe mich dann immer mehr von meinem Freund zurückgezogen, weil ich Angst hatte, enttäuscht zu werden. Da stellte er mich eines Tages und fragte, was er mir zuleide getan habe, dass ich mich so von ihm zurückziehen würde. Es brach wie ein Wasserfall aus mir heraus, und wir waren glücklich, dass wir endlich miteinander reden durften.
Glaube mir, Jürg, Deine Freundin wartet auf Deine Worte. Wage es, es lohnt sich tausendmal!
Sabina (15)

Zukunftsangst

Wenn Petra an die Welt von morgen denkt, dann fehlt ihr der Mut, dieser Welt in die Augen zu schauen. Wenn schon heute vieles so düster scheint, wenn unser Leben heute schon von so viel Leid, Streit, Krieg und Umweltzerstörung geprägt ist, ist dann das Leben von morgen überhaupt lebenswert? Diese bange Frage beherrscht zurzeit Petras Denken und Fühlen. Ihre Ängste führen aber auch zur verzweifelten Frage: Warum hilft Gott nicht ein wenig, diese Probleme zu bewältigen? Die Zukunftsfrage führt für Petra also gleichzeitig nicht nur zu Zweifeln an einem lebenswerten Leben, sondern auch zu Zweifeln am Glauben.

Hoffnung an die Menschen

Ich finde, dass Petra alles viel zu schwarz sieht. Als Christin sollte man doch nicht nur Pessimist sein, sondern auch die Hoffnung an die Menschen nicht verlieren. Das soll nicht heissen, dass man all das Negative verharmlosen soll. Jeder Mensch sollte sich nach besten Kräften einsetzen, damit das Schlechte nicht überhand nimmt. Schlechte Zeiten hat es immer schon gegeben, und die Menschen hätten schon oft über die Zukunft verzweifeln können (Inquisition, Pest, Weltkriege usw.). Doch immer wieder haben sich die Menschen nach schweren Zeiten aufgerafft und sich besonnen.
Christine (13)

Mit dem guten Beispiel vorangehen

Wir glauben, dass Deine Fragen durch das Beten zu Gott beantwortet werden können. Auch das Böse nimmt auf dieser Erde seinen Platz ein. Wir glauben aber, dass gläubige Menschen von Gott die Kraft

zum Durchstehen von solch schlechten Zeiten erhalten.
Als Gott den Menschen schuf, gab er ihm die Macht, über alle anderen Lebewesen zu regieren. Der Mensch aber missbrauchte diese Macht, indem er das Gleichgewicht der Natur zerstört.
Auch wir setzen uns mit Problemen und Fragen wie Du auseinander, Petra. Man darf aber dabei nicht vergessen, dass wir Gottes Gedanken und Handlungen nicht immer verstehen können. Wir finden es gut, dass Du Dir überhaupt Gedanken machst. Gehe Deinen Mitmenschen als gutes Beispiel voran, indem Du zu Deiner Umwelt Sorge trägst.
Marianne und Irène (13)

Nicht so schwarz sehen

Ich bin überzeugt, Petra, dass diese Ängste vom Fernsehschauen kommen. Kaum eine

aus: Ted report, Verlag J.F. Schreiber, Esslingen, Nr. 8/80, stöbern und sich sein eigenes Urteil bilden. Natürlich **brauchen** Kinder **nicht ihre** Zeitschrift, bevor sie sich jedoch ansonsten an HÖRZU oder BRAVO halten, sich zu der jeweils großen Leserfamilie zugehörig fühlen, können diese Zeitschriften eine gute Alternative sein, wenn in ihnen nur öfter der pädagogische Zeigefinger weggelassen würde.

Eigentlich sollten an dieser Stelle mindestens zwei Berichte über bundesdeutschen Jugend-Hörfunk stehen — es hat nicht geklappt. Es gibt weniger Selbstdarstellungen von Machern, als beim großen Fernseh-Bruder. Aus der Not eine Tugend machend, drucke ich hier mit freundlicher Genehmigung der *Network-Medien-Cooperative, Frankfurt,* einen Beitrag aus ihrer 0-Nummer des *Network-Medien-Magazins* ab, ein Beispiel für nicht-kommerziellen Hörfunk aus den USA, einen Artikel, den *Georg Fils, Rosy Haas, Edith Lange* und *Christian Scholze* geschrieben haben. Ein beispielgebender Sender, der Mut macht.

WBAI

Es ist 11 Uhr vormittags. Menschengewimmel, ohrenbetäubender Straßenlärm — wir befinden uns mitten in Manhatten auf der 8th Avenue, Ecke 35th street.

Ein Freund von uns, Joe, führt uns in die Nr. 505, einem von diesen alten Backsteinhochhäusern, die typisch für das Straßenbild sind. Im 17. Stockwerk dieses Gebäudes befindet sich WBAI, der einzige freie Radiosender in NYC.

Für alle diejenigen, die versuchen einen Sinn in dieser Buchstabenfolge zu erkennen: bei allen US-amerikanischen Rundfunk- und Fernsehstationen bezeichnet der 1. Buchstabe die engere Region, in diesem Fall W = NYC, die nachfolgenden Buchstaben sind Kennzeichnungen, die bei der Linzenzvergabe der jeweiligen Station zugeteilt werden.

Joe hat uns gewarnt: ‚it's chaotic'. Wir sind überrascht, vielleicht decken sich unsere Vorstelungen von chaotisch nicht. Trotz der 30-40 Leute, die hier auf ca. 300 qm², in 9 Büros, 2 Aufnahmestudios, den 3 Schneide- und Produktionsräumen arbeiten, telefonieren, diskutieren, ist die Atmosphäre relativ ruhig. Joe stellt uns vor: 4 Bekannte aus Deutschland, die was über WBAI erfahren wollen.

Die Leute bei WBAI sind freundlich, haben Zeit, „Ein Interview wollt ihr haben? Any time, sagt wenn's euch paßt, schaut euch um." Wir treffen Verabredungen, schwätzen, trinken Kaffee, während im Hintergrund das ‚on the air' Programm läuft.

WBAI lebt von freiwilligen Hörerbeiträgen (sog. listener-sponsored Radio), arbeitet absolut unabhängig von kommerziellen Interessen, verzichtet auf jegliche Einnahmen durch Werbung u. ä., und auf staatliche Unterstützungen, wenn sie mit inhaltlichen Einschränkungen verknüpft sind. Finanziell unterstützt wird WBAI zur Zeit von etwa 12.000 Hörern, von denen jeder durchschnittlich 6 DM pro Monat bezahlt (die Jahreseinnahmen belaufen sich auf ca. 800.000 DM), die geschätzte Hörerzahl liegt weit höher, etwa 250.000 Menschen hören WBAI regelmäßig.

WBAI ist keine ‚kleine' Alternativstation, wie die meisten der alternativen Radios in Europa. Es wird mit der höchstzulässigen Leistung (50 000) Watt auf FM (entspricht unseren UKW Frequenzen) rund um die Uhr gesendet. Der Transmitter steht auf dem Empire State Building, der Sendebereich hat einen Radius von 25 Quadratmeilen, d. h.

er geht über NYC hinaus, und erreicht Teile von NY-State, New Jersey, Connecticut.

Was ist am WBAI alternativ?

Was macht WBAI nun aber zum 'alternativen', zum 'freien' Sender im Land der Coca-Cola Medien? Warum bezahlen Leute für WBAI, wo doch für Rundfunk und Fernsehen in den USA sonst keine Gebühren erhoben werden? Warum arbeiten Leute umsonst für WBAI — nur 12 der Mitarbeiter werden mehr oder weniger regelmäßig bezahlt, ungefähr 300 freie Mitarbeiter, sog. Volunteers, arbeiten umsonst —? Wie sieht die Konzeption von WBAI aus, welche Inhalte werden vertreten?

Wir treffen uns mit Steve Post, der seit 15 Jahren bei WBAI arbeitet, um von ihm etwas mehr über die Hintergründe und die Geschichte des Senders zu erfahren.

WBAI gehört zusammen mit 4 weiteren Radiostationen — in San Francisco, Washington, Houston, Los Angeles — formell der Pacifica Foundation an, einer Organisation, die Anfang der 50-iger Jahre von einem in San Francisco lebenden überzeugten Pazifisten gegründet wurde.

Die Grundprinzipien dieser Organisation waren und sind bis heute: das verfassungsmäßig garantierte Recht auf freie Meinungsäußerung radikal zu verwirklichen, Minderheiten zu Wort kommen zu lassen, eine Unabhängigkeit von kommerziellen Interessen zu bewahren, d. h. keinerlei Werbung.

1959 bot ein exzentrischer New Yorker Millionär, der eine Radiostation in NYC besaß, diese der Pacifica Foundation als Geschenk an.

So entstand WBAI, eine Station, die dann bis 1965 ein avantgardistisches, nicht kommerzielles Intellektuellenradio war. Mit Beginn des Vietnamkrieges, der Bürgerrechtsbewegung und der Studentenbewegung wurde man sich bei WBAI zunehmend der politischen Möglichkeiten, eines unabhängigen, nicht kommerziellen und nicht-staatlichen Radios bewußt. WBAI wurde zum Sender der Kriegsgegner, der Schwarzen, der Frauen- und Schwulenbewegung. Er setzte und setzt sich auch heute die Aufgabe, unzensierte Informationen zu senden. Er überläßt Gruppen, die sonst kaum Raum zu ihrer Artikulation finden, Sendezeit, reflektiert bestehende Bewegungen, wirkt z. T. selbst organisierend.

Die Veränderung der Sendeform

Mit den Inhalten veränderte WBAI zugleich die Sendeformen. WBAI ist prinzipiell für jeden offen, es kommen Gruppen (Stadtteilgruppen, Frauengruppen etc.) die Programme machen, Einzelne, die was zu berichten und zu sagen haben. Während fast jeder Sendung kann angerufen, Kritik oder auch Zustimmung geäußert werden; Vorschläge werden eingebracht, Diskussionen zwischen Hörern ermöglicht. Bei all dem ist es jedoch schwierig, das Radiokonzept von WBAI generell einzuschätzen. Das Spektrum der vertretenen politischen Richtungen reicht von der radikalen Linken bis hin zu den liberalen Demokraten; manche wollen Betroffenenradio machen, andere Aufklärungs- und Agitationsradio, oder einfach Insider-Radio; für einige ist Radio nichts anderes als experimentelle, avantgardistische Kunstform.

Diese Koexistenz von Unterschiedlichkeiten führt jedoch nicht zu erbitterten Fraktionskämpfen, WBAI lebt vielmehr von diesen Differenzen. Der Sender hat sein Versprechen, für viele Gruppen, Interessen, Meinungen offen und (be)nutzbar zu sein, gehalten. Das Fehlen normativer Ausschlußgrenzen die

Betroffenen kommen im Sender selbst zu Wort, ermuntert immer wieder unterschiedliche Gruppen und Einzelpersonen den Sender als öffentliches Mitteilungsforum zu benutzen.

Es fehlt wie bei den staatlichen und kommerziellen Sendern die resignative Barriere: 'Da kommst Du sowieso nicht rein, und wenn, die schneiden das zusammen, wie sie wollen'. Im Gegenteil: Zwar gibt es eine relativ feste Programmstruktur — dies als eine wesentliche Voraussetzung für eine leichtere Orientierung an bestimmten Themenfeldern — die konkrete Ausfüllung des Programmrasters erfolgt aber durch tägliche neue Diskussionen. Diese offenen, und oft auch vom Sender selbst veröffentlichten Diskussionen provozieren immer wieder aufs Neue ein Engagement all derer, die bestimmte Themen realisiert wissen wollen.

Wie kann das alles funktionieren?

Daß dieses Prinzip überhaupt funktionieren kann, ist an vier Voraussetzungen gebunden:
— Abkehr von Perfektionismus und Hyper-Professionalität im Hinblick auf Sendeform und Technik
— Innere Demokratie bei Entscheidungsprozessen
— Eingebundenheit des Senders in das spezifische soziale Umfeld der City
— Zugänglichkeit des Senders von außen

Angesichts des Jahresetats von ca. 1 Million DM — unsere Anstalten verfügen oft über einen gleichgroßen Tagesetat — mag es hierzulande verwundern, wie der Sender mit diesen relativ geringen Mitteln rund um die Uhr und mit durchweg gutem Programm existieren kann. Und dabei produziert der Sender noch Programme, die anderen Sendern in den USA oft zu kostspielig sind: Hörspiele, Live-Veranstaltungen des Senders, sorgfältig gemachte Features und Auslandsreportagen. Als ihr größtes Problem beschrieben alle Leute, mit denen wir sprachen, die finanzielle Misere des Senders. Es wurde aber herausgestellt, daß ein Mehr an Geld nicht die Inhalte verbessern würde. Der geringe Etat wirkt sich vor allem auf die gigantische Selbstausbeutung all derer, die für den Sender arbeiten, aus. Die wenigen, die bezahlt werden, erhalten einen relativ niedrigen Monatslohn (ca. 1000 DM), der zudem ziemlich unregelmäßig eintrifft. Ein Mehr an Geld hätte eine bessere Bezahlung der ständig Mitarbeitenden und eine sorgfältig durchdachte Verbesserung des technischen Equipments zur Folge. Sorgfältig durchdacht in folgendem Sinne: Die Leute von WBAI befürchten, daß hohe Investitionen in eine komplizierte Technologie eine bestimmte Dynamik in Gang setzen: Auslastung dieser Technologie. Nur noch wenige können diese Technik bedienen und Expertenwesen würde den öffentlichen Charakter des Senders langsam zerstören. Das Prinzip mit technisch einfachen Geräten zu arbeiten — Außenaufnahmen werden z. B. meist — nach kurzer technischer Einweisung — mit mittelwertigen Cassettenrecordern gemacht — soll auf jeden Fall erhalten bleiben. Andererseits leidet die technische Qualität des Senders oft an den veralteten Tonbandmaschinen im Studio und daran, daß alte Bänder immer wieder neu bespielt werden.

Die Aufgaben der Verwaltung

Der geringe Aufwand an Bürokratie und Verwaltungsarbeit sorgt dafür, daß in diesen Bereichen erhebliche Finanzen eingespart werden. Es gibt zwar, um formalen Ansprüchen zu genügen, sog. 'Department-Heads' (Ressortleiter), einen Station-Manager und einen Programm-Direktor. Von diesen Positionen geht aber kaum Macht und zentrale Entscheidungsbefugnis aus. Im Vordergrund dieser Positionen steht die Schaffung der Voraussetzungen für das Entstehen und nicht die Gestaltung des Programms.

Der jeweilige Station-Manager übernimmt hauptsächlich administrative Arbeiten, kümmert sich um die Finanzen, die Schulden, um Lizenzerneuerungen. Die Voraussetzungen eine Lizenz zu erhalten sind relativ leicht zu erfüllen: Es muß nach einer freien Frequenz gesucht bzw. eine eingekauft werden; der Nachweis erbracht werden, daß die finanziellen Mittel für das Betreiben einer Radiostation für mindestens ein Jahr vorhanden sind; ein Techniker mit entsprechender Qualifizierung muß vorhanden sein; es muß letztlich der Nachweis erbracht werden, daß der Sender öffentlichen Interessen dient (de facto heißt das, daß mindestens eine Stunde pro Tag über öffentliche Angelegenheiten berichtet werden muß. Viele kommerzielle Sender unterlaufen diese Bestimmung, indem sie diese Auflagen z. B. morgens um 5 Uhr erfüllen).

Die staatliche (Federal Communication Commission) FCC wacht über die Einhaltung der Rundfunkgesetze (keine Rassendiskriminierung, keine Obszönitäten, keine einseitige Agitation).

Was sagen die Behörden?

Mit staatlichen Aufsichtsbehörden hatte sich WBAI im Lauf seiner Geschichte immer wieder auseinandergesetzt: Sei es wegen des Gebrauchs des Wortes „motherfucker", sei es aus explizit politischen Gründen.

Ein Beispiel: Während eines Gefängnisaufstandes in Brooklyn ließ WBAI den direkten Telefonkontakt zu Insassen dieses Gefängnissen, den Mitarbeiter aus dem Nachrichtendepartement herstellen konnten, direkt über den Sender gehen. Anschließend an die Sendung wurden von den Polizeibehörden die Tonbänder dieser Sendung als juristisches Beweismaterial angefordert. WBAI verweigerte die Herausgabe. Der damalige Station-Manager ging einige Tage hinter Gitter. Ein Prozeß um die Unantastbarkeit journalistischer Quellen vor dem Supreme Court war die Folge. WBAI gewann den Prozeß.

Ständige Diskussionen bestimmen das Leben des Senders: Zwischen den 8 Ressorts (Nachrichten, Öffentliche Angelegenheiten, International, Musik, Drama und Literatur, Frauen, Homosexualität, Live-Radio) wird um Sendezeit für die nächsten Monate gerungen, innerhalb der Ressorts dann die Programminhalte der erfochtenen Sendezeit festgelegt. Wir waren bei vielen solcher Diskussionen dabei.

Streit gibt es immer wieder

Es gibt bei diesen oft heftigen Auseinandersetzungen kaum Kämpfe zwischen politischen Parteien oder linientreuen Kadern irgendwelcher Organisationen. Streit gibt es allerdings immer wieder, weil vor allem drei Gruppen: Schwarze, Frauen und Homosexuelle sich in den Sendungen unterrepräsentiert fühlen. Trotz jahrelangen Bemühens, ist es WBAI hier noch nicht gelungen, die gesellschaftlich vorherrschenden Diskriminierungsmuster zu überwinden. All diese Diskussionen werden nicht radio-intern geführt. Wer gerade da ist und/oder dabei sein will, diskutiert und entscheidet mit. Die prinzipielle Offenheit und leichte Zugänglichkeit sowie die Freundlichkeit Besuchern gegenüber sind wohl die wichtigsten Voraussetzungen für die Lebendigkeit des Senders.

Leicht zugänglich sind auch seine Archive. Kopien vieler Sendungen können von jederman/frau für eine geringe Kopiegebühr bezogen werden. Dies als selbstverständlicher Ausdruck der Bürgernähe des Senders. (Die Mitarbeiter von WBAI reagierten mit völligem Unverständnis, als wir berichteten, wie sich unsere Rundfunkarchive in die Kasernenstruktur unserer Rundfunkanstalten einfügen).

Über einige Sendungen

Am meisten Sendezeit nehmen die Live Radio Shows in Anspruch, meist zwischen Mitternacht und 9 Uhr morgens, die von verschiedenen Mitarbeitern gemacht werden und eine Art 'Erfindung' von WBAI sind. Seit Mitte der 60iger Jahre sind sie fester Programmbestandteil und haben viele Hörer an den Sender gebunden.

Der Reiz der Live-Radio Shows besteht darin, daß niemand vorher weiß, was gesendet wird. Je nach Laune und Interesse des jeweiligen Produzenten wird er einen Studiogast haben, Platten spielen, sich etwas von der Seele reden, ein Buch, einen Film, eine wichtige Nachricht besprechen, einen Witz erzählen. Die spezielle Attraktion von Live-Radio ist jedoch Höreranrufe entgegennehmen. Dabei kommt es vor, daß sich die Hörer untereinander so in Diskussionen verwickeln, daß der Producer sich nicht mehr um den Fortgang der Sendung zu kümmern braucht. Im Vergleich zu kommerziellen Sendern können Hörer hier aktiv kommunizieren, unzensiert und zeitlich ohne feste Begrenzung reden. Die meisten 'live-radio artists,' wie sie sich gerne nennen lassen, sind politisch engagiert und nutzen ihre Sendezeit dazu, ihr Thema öffentlich zu machen. Bei Dave Wynards Programm sind es z. B. Fragen der 'gay community', vor allem zu Beginn der Schwulenbewegung, als ganz 'persönliche' Erfahrungen über den Sender ausgetauscht wurden, die besonders wichtig waren um den Schwulen zu einem positiven Selbstverständnis zu verhelfen.

Hier kommt insofern ein therapeutischer Aspekt von 'Live-Radio' zum Tragen, als Individuen, die sich in der Anonymität des Hexenkessels NYC mit ihren Problemen nicht mehr zurechtfinden, hier zumindest auf Resonanz stoßen. Kein anderer Sender würde sich trauen, offen und detailliert beispielsweise über Homosexualität zu diskutieren und diskutieren zu lassen, und das ohne zeitliche Begrenzung.

Nachrichten bei WBAI

Das Nachrichtendepartement nimmt innerhalb WBAI's eine Sonderstellung ein. Daß WBAI die beste Nachrichtensendung macht, die man in NYC hören kann, wird auch von Medienfachleuten, die WBAI sonst nicht gerade nahestehen mögen, bestätigt. Dem Nachrichtendepartement steht immer soviel Zeit zur Verfügung, wie notwendig ist, um die Nachrichten in gewünschter Ausführlichkeit bringen zu können. Zudem kann das Nachrichtendepartement mit wichtigen Meldungen jederzeit das laufende Programm unterbrechen. Die WBAI Nachrichten bringen — im Gegensatz zu den anderen US-Medien — ausführlich internationales und lassen sich Zeit für Hintergrundinformationen. Seit einiger Zeit gibt es ein eigenes International-Affairs-Departement, das sich vor allem mit Fragen der 3. Welt und solchen Ländern, die einen anderen Weg als den kapitalistischen gehen wollen (Nicaragua, El Salvador z.B.), in Nachrichten und Reportagen beschäftigt.

Das Nachrichtendepartement hat ein weitausgebautes Netz an Informanten, so ist es z. B. in der Lage, kritische Informationen zur Kernenergie zu geben, die in ihrer Sachkompetenz die der anderen Medien überbieten.

Das Nachrichtendepartement bezieht seine Informationen also nicht nur von den Nachrichtenagenturen (AP und UPI) — Meldungen die übrigens meist neu formuliert werden — wichtiger noch sind die Vielzahl von 'Sympathisanten' in verschiedenen Städten der USA und auch im Ausland. Diese Leute arbeiten häufig in Stadtteilgruppen, Knastgruppen etc. und sind so in der Lage, detaillierte und kritische Informationen aus ihrem jeweiligen Bereich zu liefern. Darüber hinaus gibt es ein Netz informeller Kontakte zu Leuten in aller Welt, die im Bedarfsfall angerufen werden. (z.B. wurden wir in der Wahlnacht angerufen und um Informationen gebeten).

Die meisten der Reportagen, die sich direkt auf die Stadt beziehen, kommen aus dem Public Affairs Departement, sogenannte 'Bread and Roses' Programme. In diesen Sendungen kommen solche Gruppen der New Yorker Bevölkerung zu Wort, die von den übrigen — an der weißen Mittelschicht orientierten — Medien geschnitten werden: Ghettobewohner, ethnische Minderheiten, Behinderte, Alte. Es werden Probleme der Stadt auf den Tisch gebracht: Mietsituationen, Straßenbau, Beschneidung der öffentlichen Gelder, Schließungen von Krankenhäusern, Kriminalität, Polizeibrutalität etc. . Stadtoffizielle werden ebenso eingeladen wie politische Gruppen, die in Stadtteilen arbeiten. Diesen gibt das Public Affairs Departement auch die Möglichkeit, eigene Programme zu produzieren. Dabei bemühen sich die Mitarbeiter des Departements, nicht einer bestimmten politischen Gruppe den Vorzug zu geben, um politisches Sektierertum zu vermeiden. Die Angst zum Sprachrohr einer einzigen Organisation zu werden, ist bei WBAI weit verbreitet.

Zuhörer/innen

Bei einer Bootsfahrt auf dem Hudson, die von WBAI für die Hörer organisiert wurde — neben den Hörerbeiträgen versucht WBAI über Veranstaltungen wie Bootsfahrten, Konzerte, Flohmärkte etc. zusätzliche Einnahmen zu bekommen — fragten wir einige Hörer über ihre Meinung, über ihren Umgang mit WBAI.

Die meisten dieser Hörer wählen die Programme, die sie hören, nach ihren oft sehr spezifischen Interessen aus, der eine nur die Public-Affairs Programme, der andere nur die Musikprogramme, der dritte die Ökologiesendungen etc. .

Es gibt eine monatlich erscheinende Programmzeitschrift, das Folio, das jedem Spender zugestellt wird. Da WBAI grundsätzlich dafür offen ist, aktuelle Themen einzuschieben — während des Reaktorunglücks in Harrisburg wurde das reguläre Programm für 5 Tage ausgesetzt — können sich allerdings immer Änderungen ergeben.

Die meisten der Hörer mit denen wir sprachen, schalten sich regelmäßig zwischen 1 und 3 Stunden täglich ein. WBAI sendet zwar 24 Stunden, ist aber alles andere als Backgroundradio, bei WBAI muß zugehört werden. Wer Backgroundtöne braucht, muß auf eine der 41 kommerziellen Radiostationen in NYC umschalten, wo je nach Spezialität des Senders nur Rockmusik, oder nur Country, nur Pop, nur Klassik etc. zu hören ist.

Trotz der grundsätzlich positiven Einstellung der Hörer zu WBAI wurde auch Kritik laut. Das Prinzip für Höreranrufe offen zu sein, von Hörern gemachte Sendungen zu veröffentlichen, hat zwangsläufig manchmal recht langweilige Sendungen zur Folge, kann anstrengend sein. Es gibt Hörer, die die Möglichkeit bei WBAI anrufen zu können und auf Sendung zu sein, nutzen, um ihren Narzißmus zu befriedigen. 'Es ist ein erhebendes Gefühl zu wissen, du wirst in der ganzen Stadt gehört', meint einer der Hörer.

Und es liegt in den Fähigkeiten des jeweiligen Produzenten, wie er mit solchen Anrufern umzugehen weiß, inwieweit er es versteht, eine Kommunikation mit und zwischen den Hörern zu erreichen.

Wie konnte der Sender überleben?

WBAI: auf jeden Fall einer der letzten libertären Eckpfeiler in der kommerzialisierten Medienlandschaft in den USA. Dieser Sender beweist, daß und wie es möglich ist, ohne großes Geld und bestimmende Administration öffentlichen und bürgernahen Rundfunk zu machen. Was „gesellschaftlich relevant" ist, wird nicht diktiert, sondern unter Beteiligung der Hörer/innen, der Betroffenen aus den verschiedenen gesellschaftlichen Gruppen praktisch eingebracht. Wichtige Prinzipien, die das Einlösen der radikaldemokratischen Ansprüche des Senders gewährleisten, sind: Konfrontation verschiedener Meinungen; Durchleuchten der Hintergründe gesellschaftlicher Vorgänge durch Betroffenenberichte und offensive Recherchen; permanente Offenheit für Mitarbeit; Verzicht auf immobile Expertentechnik.

Am schwersten fällt es uns die Frage zu beantworten, wieso WBAI schon 21 Jahre existiert, sind doch die freien Radios (s. Italien) meistens kurzlebiger.

Die Leute wissen, daß sie bei WBAI ehrliche Informationen bekommen. Viele, die seit Jahren nicht mehr WBAI gehört hatten, schalteten, instinktiv — während des Unglücks in Harrisburg, die Station ein. Es gibt ein Bewußtsein dafür, daß WBAI auch dann verläßliche Informationen bringt, wenn die anderen Medien versagen.

Zudem gibt es eine Programmstruktur, die im allgemeinen durchgehalten wird: die Hörer wissen ungefähr, was sie wann erwartet.

Sicher hat auch die Politik der Station, nicht zum Sprachrohr einer bestimmten politischen Organisation, ethnischen oder sonstwelchen Gruppen zu werden, zu dieser Widerstandsfähigkeit beigetragen.

Die Organisation innerhalb des Senders ist zwar formal hierarchisch, faktisch aber demokratischer als es das schönste Modell sein könnte. Die organisatorische Struktur verhindert das Chaos, das entsteht, wenn 300 Leute Radio machen, Arbeitszeit, Engagement etc. investieren und nicht bezahlt werden, ist aber als Machtinstrument bei inhaltlich wichtigen Fragen unbrauchbar, wie sich in der Geschichte der Station verschiedentlich gezeigt hat.

Ohne sein soziales Umfeld würde der Sender jedoch nicht überleben: New York als Lebensraum verschiedener ethnischer, religiöser, politischer Gruppen. Wie ausgefallen auch immer ein Thema, wie verrückt eine Idee sein mag, in NYC gibt es immer ein paar Hundert, die darauf abfahren. Und Radio hören.■

Die inszenierte Wirklichkeit

Fernsehen: Schaufenster — Fenster zur Welt?

Es gibt mittlerweile einige Versuche im Fernsehen, das Medium Fernsehen mit seinen (technischen) Produktionsbedingungen darzustellen. Die Zeiten, in denen sich das Fernsehen nur als Traumfabrik (in den fünziger und sechziger Jahren) und als Alchemistenküche zeigte, sind noch nicht ganz vorbei. Wie schwierig heutzutage das Unternehmen der Selbstdarstellung ist, zeigt *Helmut Greulich, ZDF,* in diesem Buch in seinem Artikel auf Seite 192. Er schreibt dort auch von der „Schamschwelle" der eigenen Institution, von der manche Kollegen glaubten, die Redaktion Medienkunde habe dieselbe mit manchen Beiträgen der Reihe „betrifft: fernsehen" überschritten.

Je mehr der Rezipient (Hörer, Leser, Zuschauer etc) über das Medium Bescheid weiß, das ihm gerade Informationen, Bildung oder Unterhaltung vermittelt, je besser er die spezifische Sprache und auch **Produktionsbedingungen und Sachzwänge**, unter denen produziert wird, kennt, umso angemessener kann er das Medienprodukt beurteilen. Den ‚kritischen Zuschauer' erhält man nicht, indem man ihm z.B. beibringt, wie er zwischen mehreren Programmen auszuwählen habe. Was sind das für Sachzwänge, was für Faktoren (außer den dramaturgisch-technischen) bestimmen die Inhalte jeder Fernsehminute mit?

Warum ist die ‚Wirklichkeit' im Fernsehen immer schon arrangiert? Zu einer bestimmten Situation (die im Fernsehen dargestellt werden soll), sind immer eine Vielzahl von Darstellungen denkbar. Die einmal gewählte (und durch dekoratives Beiwerk, dramaturgische Ausarbeitung und aus verschiedenen Mikrofonen und Kameras zusammengemischte) Ton- und Bildfolge ist also nie Abbildung von Realität, sondern immer nur eine inszenierte Wirklichkeit.

Manipulation?

Da nun Fernsehen außerdem wegen seines beobachtenden Charakters unter allen Medien als das realitätsnaheste und objektivste bezeichnet wird, man geradezu von einer „Augenzeugenideologie" (Friedrich Knilli) sprechen kann („Ich hab es doch mit eigenen Augen (im Fernsehen) gesehen!"), kann man mit Recht formulieren: Der Rezipient glaubt, aus dem Fenster zu schauen — Fernsehen als ‚Fenster zur Welt' — doch er sieht nur in ein Schaufenster, in dem die Welt so arrangiert ist, wie sie von Seiten der Produzenten ausgewählt und montiert ist. Er sieht nicht, **wie** inszeniert und ausschnitthaft diese Realität ist.

Der hier dargelegte Sachverhalt ist indes nur die Grundlage, auf dessen Basis weitere Faktoren aufbauen, die oft von den Fernsehkritikern mit dem Stichwort **Manipulation** in Verbindung gebracht werden. Zwar kann man diese Faktoren durchaus auch in manipulativer Absicht **mißbrauchen**, in der Regel gibt es jedoch sehr gute Gründe für ihre Existenz. Als Faktoren lassen sich in diesem Zusammenhang beschreiben:

- Stoffülle
- Strenge Aufgabentrennung
- Rentabilitätsprinzip
- Gewährleistung der Programmkontinuität
- das Spannungsverhältnis zwischen Wort und Bild
- die Notwendigkeit, handliche Formeln zu finden
- Aktualität

Mit der folgenden Beschreibung dieser Faktoren, die weder vom Fernsehen explizit dargestellt, noch in der medienkritischen Literatur ausführlich behandelt werden, möchte ich versuchen, Hintergrundinformationen zum Fernsehen zu geben, die als ‚interne Sachzwänge' den ‚Machern' nie so recht bewußt werden, hintenherum aber jede Sendung entscheidend beeinflussen. Erst wenn man sich (emanzipatorische) Alternativen zum bestehenden Fernsehen vorstellen kann, merkt man, wie unwichtig diese Sachzwänge und Faktoren auf einmal sein können. Ich möchte mit der genaueren Faktorenbeschreibung nicht belehren, sondern lediglich zusammentragen, was in der Medienliteratur vereinzelt erwähnt wird und anreichern mit Erfahrungen aus den Studios und Redaktionsbüros einer bundesdeutschen Fernsehanstalt, die ich während eines mehrmonatigen Volontariats dort sammeln konnte. Es wird sich bei der Abhandlung der angeführten Faktoren zeigen, daß diese sich teilweise überschneiden. Um sie jedoch **begreifbar** zu machen, müssen sie zunächst isoliert dargestellt werden.

Stoffülle

Im Falle einer kurzen Dokumentation für eine Nachrichtensendung muß ‚vor Ort' eine Auswahl getroffen werden, welche Teilaspekte (beispielsweise einer Rede) im Bild gezeigt, welche Rahmeninformationen gebracht werden sollen und unter welchem Gesichtspunkt kommentiert werden soll. Es bietet sich im allgemeinen eine Vielzahl an Bildern, Perspektiven und inhaltlichen Komponenten an, die dann in einem Zwei-Minuten-Beitrag zusammengefaßt werden sollen. In einem solchen Fall beschränkt man sich meist auf **standardisierte** Bilder, Toninformationen und stereotype Handlungen (‚Begrüßung', ‚Abschreiten einer Ehrenfront', ‚Aktentaschenöffnen' etc.). Dokumentiert werden Standardsituationen, ihr tatsächlicher Informationswert ist gering. An die Stelle des Informationswertes ist der **Schauwert** getreten.

Soll jedoch ein fiktiver Text visualisiert oder gespielt werden, so bietet sich oft eine Vielzahl von Möglichkeiten an, das im Drehbuch Festgehaltene umzusetzen. Es werden dann meistens verschiedene Varianten durchgespielt (und oft aufgezeichnet), so daß erst später am Schneidetisch (bzw. bei der MAZ-Bearbeitung) ausgewählt werden muß. Eine erste wichtige Auswahl mußte jedoch schon immer vor Ort getroffen werden.

Beispiel: Es soll laut Drehbuch gezeigt werden, wie gekränkt die Person M aufgrund einer beleidigenden Äußerung ist, vorgesehen ist eine Sequenz von ca. 30 Sekunden Dauer. Dieser komplizierte interne Vorgang ließe sich ohne Schwierigkeiten in Bildern und Szenen zeigen, die sich über 10 - 20 Minuten erstrecken, ohne nur einen Augenblick vom Thema abzuweichen oder gar langweilig zu werden. Fast ausnahmslos beschränkt man sich (um sich an die 30-Sekunden-Vorgabe zu halten) auf gewisse standardiserte Sequenzen, Bilder und Geräusche, die zudem den Vorteil haben, daß sie beim Zuschauer auf vorfindbare Muster (Dispositionen) stoßen.

Der Zusammenhang präsentiert sich wie folgt: Aufgrund der Stoffülle, die es notwendig machen würde, viel Zeit (und somit Geld) in jedes Thema zu investieren, sowie eine gewisse Unfähigkeit zu alternativen Umsetzungen — die als Verstoß gegen Sehgewohnheiten aufgefaßt werden —, der Angst, den Rezipienten eventuell langweilen zu können, greift man zu gebräuchlichen, standardisierten Verkürzungen, zu bekannten Bildern, reduziert das Geschehen auf solche Standards. Derartig standardisierte Zeichen sind aber bereits so eingeschliffen, daß sie nichts als Klischees sind.

Hiermit paßt man sich an die vorfindbaren Rezeptionsgewohnheiten der Zuschauer an, die sich jedoch zu einem großen Teil in dieser Form etabliert haben, weil alternative (experimentelle) Darstellungsformen in den öffentlich-rechtlichen Anstalten eher die Ausnahme sind und sich zudem nur an sehr späten Sendeplätzen vorfinden lassen. **Der Kreis schließt sich.** Hier nach Ursache und Wirkung zu forschen, hieße ein Geflecht von einander beeinflussenden Faktoren aufdecken und entwirren zu wollen.

Strenge Aufgabentrennung

Es ist ein wichtiges Merkmal einer bürokratisch durchorganisierten öffentlich-rechtlichen Anstalt, daß Aufgaben und Kompetenzen streng verteilt sind. Die Ideen zu Sendungen werden von Außenstehenden oder Redakteuren geliefert in Form von Treatments; teilweise liegen von Autoren auch schon Drehbücher vor. Diese werden von der Abteilung Dramaturgie überarbeitet und auf ihre technische Umsetzbarkeit hin geprüft. Von je verschiedenen Stellen des Hauses werden die Kosten berechnet, Etats bewilligt, Produktionsstab und Schauspieler ausgesucht und engagiert, Drehorte und Termine werden benannt und eine Gesamtdisposition für den zeitlichen und technischen Ablauf erstellt.

Während der Produktion herrscht genauso eine Aufgabentrennung (Kameramann, Kameraassistent oder Kabelhilfe, Beleuchter, Tontechniker, Bildtechniker, Requisiteur, Maskenbildner, Aufnahmeleiter, Regisseur, Regieassistent, Bildmischer usw.), wie später bei der Zusammenstellung der einzelnen Sequenzen zur fertigen Sendung (Bildschnitt, Tonschnitt, Redakteur, Regisseur). Nachdem die Produktion fertig auf Magnetband vorliegt, muß sie von Verantwortlichen ‚abgenommen' werden, die Presse wird durch Vorführung und Hintergrundmaterial informiert, der Text für die Ansage geschrieben.

Diese (notwendige) Zusammenarbeit als Teamwork zu verstehen, wäre ein folgenschweres Mißverständnis. Die Aufgabenteilung ist zunächst nichts anderes als ein Verwaltungsakt, der naturgemäß Teamwork, verstanden als ein einheitliches kooperatives Schaffen an einem Produkt, verhindert. Auch durch die konkurrierenden Arbeitssysteme Programmdirektion und Chefredaktion verhindert eine solche Spezialisierung geradezu ein gemeinsames Arbeiten am Gesamtprodukt. Statt kompositorischem Handeln aller am Produktionsprozeß Beteiligten finden wir eine Atomisierung des ohnehin schon Detailhaften.

Die strikte Aufgabentrennung ermöglicht, daß jeder in seinem Bereich fachlich kompetent ist, es versteht sich jeder arbeitsteilige Part als Zuträger. Das Prinzip rigoroser Arbeitsteilungschafft ein Verhältnis zu den Teilen filmisch verwendeter Wirklichkeit, das der Arbeit am Montageband vergleichbar ist. So wird sicherlich einem reibungslosen und technisch einwandfreien Verlauf gedient, jedoch bleibt wenig Raum für freie Meinungsbildung, Alternativmöglichkeiten und für eine Gesamt**komposition**. Bis zu einem gewissen Grad ist eine solche Arbeitsteilung in einer Bürokratie notwendig, und sie hilft (zumindest im Ansatz), Kompetenzstreitigkeiten zu vermeiden, jedoch führt sie auch zu einer Atomisierung und Zergliederung des Produktes unter gleichbleibenden Kriterien der Massenherstellung und verschleiert Verantwortlichkeiten.

Die Behandlung verschiedener Themen nach gleichbleibenden Kriterien führt wiederum zu einer Verfestigung von Rezeptionshaltungen auf Seiten der Konsumenten als unvermeidbare Folge. Es sind Modelle denkbar, wie diesem Dilemma entgangen werden kann. Wichtiges Merkmal eines Modells wäre, daß sich kleinere Teams auf Themen spezialisieren, und von der Idee über das Drehbuch bis hin zum Filmschnitt alles selbst machen. Eine Gesamtlinie, gleichsam eine Handschrift, wäre den Produkten dieser Teams mit bestens aufeinander eingespielten Mitarbeitern eigen. Kleinere Teams, die sich schon längere Zeit kennen, wären wesentlich flexibler, der Rezipient hätte aufgrund der unterschiedlichen Macharten solcher Filme verschiedener Teams gar keine Gelegenheit, bestimmte Sehgewohnheiten zu verfestigen, würde sich aber dennoch nicht verunsichert fühlen.

Rentabilitätsprinzip

Jeder Arbeitsaufwand, jeder Kostenfaktor muß in einem akzeptablen Verhältnis zu dem erzielten Ergebnis stehen. Sind beispielsweise Drehorte vorhanden, die dem gewünschten entsprechen, erscheint es unsinnig, mit hohem Aufwand einen eventuell noch besseren Drehort zu finden und ihn ‚einzurichten'. Lassen sich gewisse standardisierte Situationen mit bekannten Bildern in relativ kurzer Zeit darstellen, so wird man meist diese rentable Lösung wählen. Wenn sich **normalerweise** pro Drehtag im Schnitt zwei bis drei Minuten des gesamten Materials verwenden lassen, so kann man es sich nicht leisten, mehrere Tage an einer ca. 60 Sekunden dauernden Einstellung zu arbeiten. Dieses würde den (gesetzten) Rahmen sprengen.

Doch nicht nur auf der finanziellen Ebene wird nach dem Rentabilitätsprinzip vorgegangen: Wird beispielsweise für ein Magazin oder eine Nachrichtensendung ein kurzer Beitrag zur Gastarbeiterproblematik (‚Bebilderungszwang') benötigt, so muß man sich fragen, wie dieses Thema in einen solchen Spot von zwei Minuten Dauer hereinzubringen ist, so daß der Rezipient nicht überfordert, aber das Thema auch nicht nur an der Oberfläche berührt wird. Diese Art von Rentabilität hängt sehr eng mit der Stoffülle zusammen. Wir finden den beschriebenen ‚organisierten Zeitmangel' also auf mehreren Ebenen vor:
- während der Produktion der Idee (Beschränkung auf das ‚Wesentliche', Darstellbare, auf eine meist formalisierte These-Antithese-Argumentation)
- während der Dreharbieten
- in Hinblick auf die vorgegebene Sendezeit.

Käme man in den Fernsehanstalten von einem starren Schemadenken in der Programmstruktur und speziell von einem **Quantitätsdenken** ab, so würde sich dieses nicht nur positiv auf die Kreativität der Formen und Inhalte auswirken, sondern hätte auch sehr positiv zu wertende Einflüsse auf die Rezeptionshaltungen.

Gewährleistung der Programmkontinuität

Bereits bei der Auswahl des Themas und der Zuordnung zu einem redaktionellen Bereich (‚Kästchendenken') werden Vorentscheidungen getroffen, die ausschlaggebend dafür sind, wieviel Geld und wieviel Produktionszeit bewilligt wird, vor allem, wie lang der Beitrag werden darf oder soll; gleichzeitig wird hiermit jedoch auch entschieden, in welcher Sendereihe und an welchem Sendeplatz er ausgestrahlt werden wird.

Die hier besonders interessierende Fragestellung ist folgende: inwieweit besteht im gesamten deutschen Fernsehprogramm die Tendenz, jede Sendung in einem Serienraster, in einer gewissen Kontinuität zu sehen? Klaus Mahlo von der Programmdirektion des WDR-Fernsehens meinte dazu, daß nahezu das gesamte Programm mit dem Begriff ‚Serie' zu fassen sei.

Schaut man sich die Programmschemata in dem ARD- und ZDF-Jahrbuch an, so sieht man auf den ersten Blick, daß die Sendeplätze des ganzen Jahres weitestgehend verplant sind. Dieses beruht auf den zwischen den Anstalten abgeschlossenen langfristigen Koorodinationsabkommen. Diese sollen vermeiden, daß Sendungen, die ähnliche Zuschauerkreise ansprechen, zur gleichen Zeit in verschiedenen Programmen gesendet werden. Jeder Redaktion steht eine gewisse Anzahl von Sendeterminen an immer dem gleichen Sendeplatz zu, es muß quasi jeder Redakteur (schätzungsweise) 500 Sendeminuten pro Jahr produzieren lassen. Auch wenn diese Redaktion ein durchaus vielschichtiges Angebot liefert, so verweist sie dennoch auf die Kontinuität ihrer Arbeit, weist den Rezipienten auf die nächste von ihr gemachte Sendung hin. Durch diesen Mechanismus werden jedoch oft Themen beispielsweise in eine 45-Minuten-Sendung hineingepaßt, weil der Redaktion, die dieses Thema betreut, dieser einmal vorhandene Sendeplatz mit der vorgegebenen Dauer zusteht. So ist jede Minute verplant. Man will zudem durch Pünktlichkeit dem Zuschauer die Möglichkeit geben, sich zur genau fixierten Zeit zuzuschalten und hinterher eventuell umzuschalten. Gleichzeitig soll er sich die Sendezeit merken und in ein oder zwei Wochen ‚seiner' Serie durch erneutes Zuschauen treu bleiben. Die positive Absicht, Übersicht in der Vielfalt zu gewähren, schlägt in ihr Gegenteil um.

Das Ziel eines jeden Machers, durch **Kontinuität**
   in der Qualität
   in der optischen Präsentation
   und des Sendeplatzes
dem Zuschauer einen gewissen Wiedererkennungswert zu vermitteln, dient natürlich – als unausbleibliche Folge – einer Erhöhung der **Zuschauer–Programm–Fixierung** (in Anlehnung an die Leser-Blatt-Bindung der Illustrierten). Man kann weiter davon ausgehen, daß mit der Kontinuität und Häufigkeit einer Serie der Identifikationsgrad des

Rezipienten mit den dargestellten Personen und Situationen steigt. Die damit verknüpfte Gefahr des unreflektierten Konsums ist entsprechend groß.

Der Wunsch, von vornherein möglichst viele Zuschauer mit einer Sendung zu erreichen, ist durchaus verständlich. Jeder Macher muß daran interessiert sein. Ein sogenanntes ‚0-%-Publikum' würde bedeuten, daß die Sendung nicht die Leute erreicht hat, die hätten erreicht werden sollen. Doch wenn als Begleiterscheinung — um der Kontinuität willen — an einem fixierten Sendeplatz in begrenztem Rahmen (derselbe Moderator/Darsteller, Kulisse, Sendezeit und -dauer, benachbartes Programm) verschiedene Themen nach immer ähnlichen Mustern abgehandelt werden (man betrachte sich die typischen 5-Minuten-Beiträge in Magazinen wie der ‚Drehscheibe' oder ‚tagesthemen'), so dient dieses keineswegs dem in den Programmrichtlinien angestrebten Pluralismus und der Ermutigung „zu kritischem Denken".

Das Spannungsverhältnis zwischen Wort und Bild

In dem **audiovisuellen (AV-)** Medium Fernsehen besteht von der Natur der Sache her ein Spannungsverhältnis, das sich bereits in den Anfängen zeigte. Es gab zwei Positionen: Die einen verstanden Fernsehen als nichts anderes denn „bebilderter Rundfunk", die anderen als „besprochener Stummfilm". Es wird zumindest deutlich, daß es — wegen der geringen Bildgröße und -qualität — nie zu einer Gleichwertigkeit oder Dominanz des Bildes gegenüber dem Wort kommen **konnte**. Insofern war das Fernsehen dem Kino von jeher unterlegen. Um die beiden angesprochenen Positionen etwas näher zu skizzieren, wenigstens die Art, in der sie heute gehandhabt werden, wird eine Unterteilung vorgenommen in die Kapitel ‚Bevorzugung des gesprochenen Wortes' und ‚Bebilderungszwang'.

● Bevorzugung des gesprochenen Wortes

Die meisten beim Fernsehen arbeitenden Journalisten waren vorher beim Rundfunk oder bei einer Zeitung beschäftigt, viele Regisseure haben beim Theater gelernt. Allen ist gemeinsam, daß sie sich in dieser Lehrzeit und den ersten Berufsjahren vorwiegend mit dem gesprochenen Wort (nach Textvorlagen) beschäftigt haben. Es gibt kaum eine

journalistische Ausbildung, in deren Mittelpunkt eine Bildlehre (als Lehre einer visuellen Notation) steht. Dem gesprochenen Wort kommt in dem **audiovisuellen** Medium Fernsehen seit jeher eine besonders vorrangige Stellung zu. Und dieses nicht nur aus dem ökonomischen Grund, weil es billiger ist, die Geschichte im Dialog zu erzählen, anstatt sie in Bilder umzusetzen, mit ihnen die Intention — auf einer anderen Ebene — genauso zu verdeutlichen, sondern auch, weil einem gesprochenen Wort eine höhere Aufmerksamkeit zuteil wird. Weil ‚nur die mündliche Aussage zählt', kann der Rezipient durchaus zwischendurch einmal nicht hinschauen, einige Bilder versäumen; den Ton registriert er in jedem Fall.
Das Wort (Schrift) prägt sich ein, ist jederzeit im Nachhinein mitteilbar und wiederholbar, transportiert den eigentlichen Inhalt: Das Bild — die ikonische Dimension der Information — wird zum **illustrierenden Faktor**. Damit ist die Dramaturgie des Fernsehens weit von dem entfernt, was ihre eigentliche Aufgabe sein sollte. Es versteht sich von selbst, daß sich zudem durch die hohe Redundanz der Bild-Ton-Komposition Klischees verfestigen und Rezeptionshaltungen einschleifen.

An dieser Stelle wird offensichtlich, daß sich das junge Medium Fernsehen durchaus an die Tradition des Theaters angelehnt hat, zumindest, was die Bevorzugung des Verbalen angeht. Der Begründungszusammenhang findet sich jedoch nicht nur in dem erwähnten pragmatisch-ökonomischen Bereich, sondern auch in der Entstehungsgeschichte einer jeden Sendung. Ob es sich um eine Literaturverfilmung, eine Show, eine Magazin- oder Nachrichtensendung handelt, immer liegt ein Manuskript oder sogar ein detailliertes Drehbuch vor, in dem der **Wortanteil** festgehalten ist. Damit wird die Sendung geplant, daran wird sie gemessen, davon wird sie getragen, weil hier die Idee des Beitrages und der ‚rote Faden' liegen. Die gezeigten Bilder sind oft nur **Transportmittel**. Schaut man sich eine Nachrichtensendung oder eine Familienserie ohne Ton an, so wird die Berechtigung dieser These offenbar (**verbildlicht**).

Eine ähnlich wichtige Funktion haben die Geräusche: Sie besitzen Hinweisfunktion. Ein Faustschlag/Kinnhaken wirkt nur dann, wenn er im richtigen Augenblick sehr deutlich zu hören ist (fehlt das Geräusch, würde er unglaubhaft wirken). Jede Bewegung muß nicht nur durch das zugehörige Geräusch unterstrichen werden, sondern der Ton weist geradezu auf diesen Bewegungsablauf (oder ähnliches) hin. Ein dynamischer oder ‚anreißerischer' Ton erhöht die Aufmerksamkeit des Rezipienten, veranlaßt ihn, hinzuschauen. Eine attraktive Sendung ausschließlich mit Bildern zu gestalten, die dann bei den Rezipienten eine hohe Aufmerksamkeit erfährt, ist – bezogen auf die zur Zeit vorfindbaren Rezeptionsformen – nahezu unmöglich. Eine solche Sendung wird (wenn nicht schon vorher ausgeschaltet wird) allenfalls geduldet und wohl als ‚langweilend' bezeichnet oder als ‚elitär' diffamiert.

● Bebilderungszwang

Wenn ein im Drehbuch oder Manuskript festgelegter Sachverhalt medial umgesetzt werden soll, so heißt das in erster Linie, ihn zu visualisieren, Bilder zu suchen, die der Intention entsprechen, diese zu ‚bebildern'. Bei Dialogen und in größeren Gesprächssituationen werden – der Einfachheit halber (und weil man es so gewohnt ist) – die miteinander Sprechenden gezeigt, jedoch kann hierdurch schon der Eindruck der Umgebung fehlen, in der diese Szene spielt. Als Begründung wird angeführt, der Rezipient brauche für das gesprochene Wort eine ‚visuelle Fixierung', damit er sich einen Gesamteindruck machen kann.

Würde man zu Gesprächssituationen ein Bildmaterial liefern, in dem keiner der Sprechenden zu sehen ist, so würde dieses zusätzliche Spannung erzeugen. Hat aber das Bild selbst eine wichtige Aussage zum Inhalt, so würde es nur ablenken (und eventuell verwirren). Bilder haben in diesem Zusammenhang vorwiegend den Zweck, das gesprochene Wort optisch zu verpacken, das Gesagte anschaulich darzustellen. Wäre die Bildinformation (im Verhältnis zum Wort) zu dissonant, so würde für den Rezipienten kaum ein geschlossener Eindruck entstehen; er würde vermutlich nicht hinschauen. das Bild übersehen, sondern sich nur auf den Ton konzentrieren. Der umgekehrte Fall, daß man den Ton **überhört** und sich nur auf das optische Element konzentriert, ist kaum vorstellbar solange es keine Fernseherziehung gibt, die den ‚Spracherwerbsprozeß' Fernsehkommunikation verantwortlich leitet.

Betrachtet man solche Fälle, in denen die Bildinformation dominant ist, wie es beispielsweise bei eindrucksvollen Landschaftsaufnahmen oder stimmungsschaffenden Bildern der Fall ist, so ergibt sich ein verblüffender Zusammenhang. Gehen wir von dem Beispiel einer Landschaftsbeschreibung aus. Durch die Größe des Monitors können kaum (und wenn, dann nur kurze) Panoramaaufnahmen oder ‚Totalen' gezeigt werden, sie würden miniaturisert nicht im gewünschten Maße stimmungsfördern wirken, es käme kein richtiger Eindruck von Tiefe und den dargestellten Größenordnungen auf. Die Tendenz zur Halbtotalen oder Nahaufnahme erweist sich immer wieder als notwendig, will man der Medienspezifik des Fernsehens gerecht werden..

Eines der augenfälligsten Beispiele, wie man Landschaftsaufnahmen im Fernsehen **nicht** präsentieren sollte, ist der im Cinemascope-Breitwand-Format hergestellte eindrucksvolle Film „Traumstraße der Welt". Er beschreibt in fantastischen Farben und mit den überwältigenden, Tiefeneindruck erzeugenden Mitteln dieser Technik die Vielfalt entlang der Straße, die von Alaska bis Feuerland an der amerikanischen Westküste führt. Einen solchen Film − mehrmals im deutschen Fernsehen gesendet − auf einem Monitor von ca. 50 bis 60 Zentimeter Durchmesser anzuschauen, heißt, seine Machart total verkennen und nicht einmal erahnen können, wie grandios diese Landschaft in natura wirkt.

Sind Bilder im Fernsehen nur Selbstzweck, so müssen sie demnach den Gegenstand relativ nahe oder gar im Detail zeigen und dürfen nicht durch zu lange Einstellungsdauer den Rezipienten langweilen. Es erscheint eine Gesetzmäßigkeit (der Rezeption?) zu sein, daß ein Bild nicht länger als 20 bis 25 Sekunden ‚stehen' bleiben darf, selbst dann nicht, wenn in ihm durchaus Bewegung ist. Eine weitere (oder mehrere) Perspektive (n) müssen zwischengeschnitten werden, um einen Eindruck des Geschehens aus mehreren Blickwinkeln zu vermitteln. Diesen Sachverhalt beschreibt *Bernward Wember* als „Augenkitzel".

Dort, wo ‚Action' gezeigt wird, also die Hauptinformation im visuellen Bereich liegt, unterstützt das Bild zwar nicht einen (meist nicht vorhandenen) verbalen Beitrag, aber dennoch möchte ich von einem ‚Bebilderungszwang' reden.

Zum einen besteht er aufgrund der schon erwähnten Notwendigkeit, die Perspektive öfter zu wechseln und in einer gewissen Reihenfolge Halbtotale, Nah- und Detailaufnahme zu zeigen. Zum anderen bezieht sich der Begriff auf die Notwendigkeit, das handlungsfördernde Moment im Bild zu zeigen und ihm hiermit die zentrale Position zuzuschreiben. Beispiel: bei einer Schlägerei werden in mehreren dazwischengeschnittenen Großaufnahmen die Fäuste, beziehungsweise Schlaggegenstände während der Bewegung gezeigt. Ein weiteres Beispiel von einem Kriegsschauplatz in einer Nachrichtensendung: Ist von Gefechten die Rede, werden mit Sicherheit schießende Soldaten, beziehungsweise größere Geschütze in Aktion gezeigt. Letztes Beispiel (die Reihe ist beliebig fortzuführen): In einer Liebesszene werden mehrere Nah- und Detailaufnahmen von Zärtlichkeiten, beispielsweise von einem Kuß ausführlich gezeigt. Man kann in diesem Zusammenhang von einem **Zeigezwang** reden.

Daß die einmal etablierten bilddramaturgischen Prinzipien die Sehgewohnheiten entscheidend **prägen und verfestigen**, muß nicht gesondert hervorgehoben und wiederholt werden. Wenn jedoch kaum eine andere Möglichkeit geboten wird, neue Sehgewohnheiten aufzubauen, so wird die übliche Bebildeung als ‚gelungen' und geradezu ‚notwendig' bezeichnet (hingegen werden mutige Alternativen als ‚fragwürdig' oder einfach als ‚Zumutung' abgetan). Es sollte noch darauf hingewiesen werden, daß durch die verfestigten und eingeengten Sehgewohnheiten sogar eigene Produktionen (Super-8-Amateurfilme/Videoproduktionen in der Schule) entscheidend geprägt werden (können).

Die Notwendigkeit, handliche Formeln zu finden

Unter der Bezeichnung ‚handliche Formel' (für eine im Fernsehen vermittelte Aussage) kann man zunächst einmal die Verknüpfung der bisher genannten Punkte verstehen: Das Rentabilitätsprinzip, die Einprägsamkeit (Dominanz) des Wortes sowie der Bebilderungszwang; sie alle sind entscheidende Komponenten. Von Bedeutung ist vor allem, in welcher Gewichtung sie zusammenarbeiten. Wäre das ökonomische Prinzip zu dominant, würden automatisch Bild- und Tonqualität sinken, die Sendung sähe aus, als hätte in ihr eine gerade noch zumutbare Resteverwertung stattgefunden. Würde das Wort zu stark dominieren, könnte man die Sendung eher im Rundfunk unterbringen, (also in einem Medium, das den Zuschauerillusionen wesentlich mehr Freiraum gibt, auf diese angewiesen ist). Arbeitet man mit sehr hohem Aufwand an der optischen Präsentation, legt besonders großen Wert auf absolute Bildharmonie, wäre das im Rahmen der Möglichkeiten wahrscheinlich nicht mehr ökonomisch und würde zudem jedes Wort überflüssig machen.

Wichtig ist demnach das Zusammenspiel in der Art und Weise, die einer Rezeptionskompetenz am weitesten entgegenkommt. Da sich Rezeptionshaltungen bereits verfestigt haben, geht es aus der Sicht der Medienpädagogik darum, beides gleichermaßen zu verändern: die ‚handlichen Formeln' (bei der Produktion) und die Rezeptionsgewohnheiten. Ansätze hierfür wären zu leisten, indem man auf der ‚Macher'-Seite häufiger atypisches bietet (regelmäßig und an den besten Sendeplätzen) und auf der Rezipientenseite eine Rezeptionskompetenz erwirbt.

Mit dem Stichwort ‚handliche Formel' meine ich jedoch außerdem eine Standardisierung (Typisierung) von Rollen, Situationen, Bildern und Geräuschen, die das Ziel haben, den Zuschauer nie lange im Unklaren zu lassen, ihm Vertrautes mit hohem Wiedererkennungswert zu bieten. Er soll sich wohl fühlen, nie zu sehr verunsichert (vielleicht sogar existenziell), und so wird in der Tat ein ‚Gruseln mit Grenzen' als angenehm erlebt, weil er sich durch die Vorgabe gewisser Stereotype bereits orientieren konnte. Durch seine Rezeptionsgewohnheiten kennt er schon die Charaktere der mitwirkenden Personen schnell (-genug) und hat gelernt, sie einzuschätzen. Die beschriebenen Standards und Muster bedingen zu einem großen Teil die Beliebtheit des Fernsehens mit: Das Fernsehen gehört bereits zum Gewohnten, fast sogar zur Familie. Man fühlt sich heimisch, und es gibt für jeden genügend Identifikationsmöglichkeiten.

Aktualität

Das sehr positiv bewertete Image des Fernsehens (bezogen auf die Attribute ‚objektiv' und ‚realitätsnah' etc) ist eng verknüpft mit der Tatsache, daß das Fernsehen noch direkt während eines Ereignisses von demselben ‚live' berichten kann, wenigstens aber kurz danach.Ein Beispiel: Am 4.8.1971 wurde die Filiale der Deutschen Bank in der Prinzregentenstraße in München von Hans Rammelmayr und zwei weiteren Gangstern überfallen. Während gerade erst die Berichte über die Fernschreiber tickerten, hatte das Fernsehen im gegenüberliegenden Haus bereits seine Kameras aufgebaut und berichtete live von den dramatischen Ereignissen mit Geiselnahme. Das anschließende Blutbad konnte den Zuschauern somit ohne Verzögerung übermittelt werden.

Dem Rezipienten wird so suggeriert, er nähme unmittelbar teil, und weil er im Augenblick des Geschehens doch mit dabei sei, könne nichts manipuliert oder verfälscht dargestellt sein (Augenzeugenideologie). Der Rezip nt wird an einem gesellschaftlich relevanten Ereignis scheinbar beteiligt, ohne tatsächlich dabei zu sein. Partizipation wird ein rein suggestiver Vorgang. Weil aber das ‚live-Prinzip' auf ein Zeitverhältnis hin orientiert ist, das nur das **Jetzt und Hier** kennt, trägt es auf eine gewisse Art und Weise zum Schwund des historischen Bewußtseins bei.

Die Chance zur Aktualität wird vom Fernsehen recht häufig benutzt, möglicherweise, weil die Zuschauer eine entsprechende Erwartungshaltung haben und vor allem, weil die Medienkonkurrenz groß ist. Sie wird sogar perfektioni ert, indem man dem Rezipienten immer häufiger live-Mitschnitte (aus der Konserve) präsentiert, also ein live-Erlebnis vortäuscht. Sie ist sogar Legitimation genug, das laufende Programm zu unterbrechen und den Zuschauern beispielsweise den neuesten Stand einer Flugzeugentführung mitzuteilen in einer eindringlichen Art und Weise, daß er sich wirklich **beteiligt** und **betroffen** fühlt. Beispiel: eine solche Einblendung der Nachrichtenredaktion unterbricht ein Symphoniekonzert. Auf eine noch direktere Art kann man die Zuschauerinteressen kaum noch lenken, den Zuschauer geradezu zwingen, jetzt und hier an dem Ereignis beteiligt zu sein.

Sicher kommt eine solche Art von Journalismus einem latent vorhandenen Sensationsbedürfnis entgegen, doch es bliebe nachzuprüfen, inwieweit eine solche ‚Schaulust' (die sich dann auf andere Lebensbereiche überträgt) besonders durch das Fernsehen gefördert wird.

Das Fernsehen als öffentlich-rechtliche Anstalt besitzt selbstverständlich die Pflicht, dem Bedürfnis der Bürger nach Information entgegenzukommen und ihn über die relevanten gesellschaftlichen Ereignisse auf dem laufenden zu halten. Hiermit wird jedoch keineswegs eine spezifische Präsentation angesprochen, und auch nicht das Ziel, Aktualität um jeden Preis zu erreichen.

In dem Fernsehspiel „Tod im Studio" (Regie: *Eberhard Itzenplitz*, Sendungen in der ARD am 20.2.1972. Wiederholungen am 5.4.1974 und am 30.1.1976) wird ein Beispiel vorgeführt, wohin das Aktualitätsstreben führen könnte: während einer (fiktiven) Sendung wird eine

Die inszenierte Wirklichkeit

Entnommen: Karicartoon '80 , Kalender, Elefanten Press Verlag GmbH, Berlin (W.) 1979

(fiktive) Leiche gefunden. Weil der Mörder unter den Anwesenden sein muß, bleiben die Kameras ‚auf Sendung', beobachten alles und berichten (fiktiv) live über die (fiktiven) Prozesse, die sich unter den Beteiligten abspielen. Die Zuschauer selbst enttarnen quasi den Mörder, weil sie – aufgrund des live-Prinzips – mit ‚dabei' sind. Den Zuschauern wird eine vermeintliche Realität so hautnah vorgespielt, daß sie sich unmittelbar beteiligt fühlen. Ein (wenn nicht sogar **das**) wichtiges Beispiel, das Radiogeschichte machte, ist die „Invasion vom Mars" (Hörspiel von *Orson Welles*, USA, 30.10.1938), eines aus der jüngeren bundesdeutschen Fernsehgeschichte das „Millionenspiel" (*Wolfgang Menge*, 18.10. 1970). Im ersten Falle brachen zur Stunde der Ausstrahlung Massenhysterien aus, weil hunderttausende Amerikaner das Hörspiel für eine live-Reportage hielten. Im zweiten Fall meldeten sich nach der angeblichen ‚Show' etliche Kandidaten, die sich für eine Prämie von 1 Million DM auf Leben und Tod jagen lassen wollten, andere meldeten sich als Jäger und tausende waren entrüstet, daß solche Shows mit möglicherweise tödlichem Ausgang im Fernsehen zugelassen seien.
Das Gefahrenmoment, das im Fernsehen miterlebte Geschehen für Realität zu halten, wird durch die Benutzung und den Verweis auf Aktualität oder die live-Situation überhöht und verstärkt. An die Stelle des Informationswertes tritt der ‚Schauwert'.

Begründungszusammenhang

Wie hängen nun Rentabilitätsprinzip, Programmkontinuität, Notwendigkeit der ‚handlichen Formeln' und ‚Aktualität' zusammen? Ich sehe den globalen Zusammenhang in folgendem: Die Industrie hat gewisse Interessen (gänzlich abgesehen vom Werbeprogramm) an einem kontinuierlichen und interessanten Programm. Und zwar nicht nur die Geräte- und Zulieferindustrie, sondern auch Groß- und Einzelhandel, die auflagenstarken Programmzeitschriften (jede Woche 13,5 Millionen Auflage / IV.Quartal 1979), Schallplattenfirmen etc etc. Für den Absatz von Fernsehgeräten (und der eben genannten ‚Anhängsel') sind die Programme der Sender unbedingt erforderlich, denn sie machen den Kauf von Geräten erst notwendig.

Es werden für den Fernsehapparat (und Zusatzanschaffungen, alle 5 bis 10 Jahre auch für ein neues – besseres – Gerät) Programme benötigt und für den Programmempfang Geräte und ein zufriedenes, fernsehendes

Publikum. Hier wird nun auch offensichtlich, daß das Programm ansprechen und immer neue Bedürfnisse wecken muß. Wären die Einnahmen aus den Gebühren rückläufig, bedeutet dieses langfristig, daß neben Zulieferindustrie etc. auch die wirtschaftliche Weiterexistenz der Anstalten in Frage gestellt wäre. Es muß also ständig etwas gefunden werden, das interessiert und gesendet werden kann, damit der aufwendige Apparat der Sendeanstalten legitimiert bleibt. Schlußfolgerung: Nicht der Inhalt ist primär – er ist austauschbar – primär ist die Form.

Im Bereich der Unterhaltungselektronik (die Waren produziert, die eine kalkulierbar begrenzte Lebensdauer haben), lassen sich zudem Zyklen von Innovation feststellen, die den Bürger nicht zur Ruhe kommen lassen: es fing mit dem Rundfunk an, dann kamen die Schwarzweiß-Fernseher, die Farbfernsehgeneration, die Videorecorder, demnächst der Stereoton bei Fernsehern, der flache Bildschirm,...

Die beiden hier aufgezeigten Begründungszusammenhänge erklären nicht alles und sind letztlich wertend. Man kann sie aber nicht vernachlässigen/verschweigen. Es hieße, den eigentlichen Gesetzen (Sachzwängen), denen die Fernsehanstalten gehorchen, nicht gerecht zu werden, wollte man diese Sichtweise außerdem nur auf ideologische Einseitigkeit reduzieren.

Verliert man diese beiden Aspekte bei seiner medienpädagogischen Arbeit nicht ganz aus den Augen, kann man auch Kindern und Jugendlichen diese – de facto vorhandenen – wirtschaftlichen und gesellschaftspolitischen Zusammenhänge vermitteln. Jedes andere pädagogische Handeln wäre ‚Heile-Welt-Ideologie' oder Stückwerk.

Dieser Artikel „Die inszenierte Wirklichkeit" ist ein Kapitel aus meiner medienpädagogischen Diplomarbeit. Ich habe es nur unwesentlich überarbeitet und ihm lediglich eine Einleitung vorangestellt. Aus diesem Grund liest sich manch ein Satz schwerfällig, sind zu viele Fremdwörter enthalten, die ich aber wegen der Komplexität und Schwierigkeit des Themas nicht einfach ändern wollte. *Ralf Plenz*

Das Detail ist das Ganze
Über einen Aspekt des Kinderprogramms
von Gert K.Müntefering

Diesen Vortrag hat Gert K. Müntefering, der Leiter des WDR-Kinderprogramms während des vom 2. bis 6.Juni 1980 im Studio Hamburg veranstalteten 3. Seminars für Drehbuchautoren gehalten.

Hier sind Auskünfte zum Kinderfilm und zum Umgang mit Drehbuchautoren gefragt. Ich will das Grundsätzliche schnell und knapp erledigen. Trotz gegenteiliger Versicherungen und bester Vorsätze ist dieses Feld mit pädagogischen Absichten, gesellschaftlichen Einsichten und Bekundungen dazu und mit romantischen Erinnerungen ummauert. Eine zweite Mauer wird von den Argumenten gebildet, die gegen die ersten vorgebracht werden, übrigens mit einem vagen Realismusbegriff als Statik. Mit zunehmender Berufserfahrung wächst die Einsicht, daß es überflüssig ist, darüber zu räsonieren oder gar zu versuchen, das zu ändern. Um so notwendiger ist es aber, in der Praxis die oben angeführten Begriffe der ersten und zweiten Ummauerung lebendig zu gebrauchen und sie gleichzeitig als Steuerungsmittel überflüssig zu machen. Das mag ihnen vielleicht nicht genügen – oder ihren künftigen Auftraggebern. Gut, dann liefern sie eben ein intelligentes, pädagogisches Vorwort – aber bitte ohne Zitate von Benjamin, Brecht, Krüss und Sendak, ohne Lindgren, Comenius und Pestalozzi. Die sind alle schon bekannt.

Bei der Vorbereitung für das Seminar habe ich einen Fehler gemacht. Ich habe die Dokumentation über die gleiche Veranstaltung des Jahres 1978 gelesen und war so beeindruckt von dem angesammelten Fachwissen, von den persönlichen Temperamenten der Regisseure und Autoren und von der Praxis der Kollegen, deren Namen schon zu lange für Qualität in der Produktion stehen, daß ich lange vor weißen Blättern gesessen habe. Nach und nach fielen mir dann aber Widersprüche auf, wie könnte es auch anders sein, und so kam mir der Mut zur Darstellung eigener Erfahrungen wieder. Im Anschluß daran mußte ich dann dem Übermut widerstehen, den einen Autor gegen den anderen auszuspielen.

Da es aber zur Sache gehört, will ich doch einige, durchgehende Begriffe und Ansichten herausgreifen. Das geschieht nicht – zumal sie notwendigerweise aus dem Zusammenhang gerissen sind – zur Kritik, sondern zur Schärfung meines eigenen Urteilsvermögens.

Es ist da viel von Umsetzen die Rede, und als Autoren werden sie damit noch zu tun bekommen, wenn sie es nicht schon permanent haben. Ich bin mit diesem Wort nicht einverstanden, auch wenn ich mich häufig selbst beim Umgang damit ertappe. Wie setze ich meine Gedanken, meine Geschichte optisch um – gut. Aber gemeint ist ja im allgemeinen mehr. Es taucht bewußt oder unbewußt der Gedanke auf, als sei etwas fertig zur Umsetzung, was doch in Wirklichkeit durch diese Umsetzung erst fertig wird.

Sicher ist es notwendig und auch unbestritten, das Drehbuch als ein Werk sui generis anzusehen. Es hat Qualitäten und Schwächen, glänzt im Stil oder gibt pragmatisch den Lauf der Geschichte an, es lockt Talente und setzt Inspirationen frei. Da möchte ich mich auch nicht auf den Schulenstreit einlassen, daß ein schwaches Drehbuch nie einen guten Film machen kann.

Nur eins ist doch nicht zu übersehen: Ob ein Drehbuch gelungen ist, das entscheidet sich nicht nach der Lektüre des Buches, sondern nach Ansicht des Films. Es mag ja so sein, daß ein Buch gut ist und gefällt und jeder Lektüre standhält. Aber es war dann eben nicht richtig für diesen speziellen Regisseur oder für die besondere Produktionssituation. Bitte mißverstehen sie mich nicht: Dieses ist keine Schuldzuweisung an den Autor. Dies ist beinahe ausschließlich die Frage des Redakteurs, der ja häufig beide Personen zusammenbringt.

Es fällt mir konsequenterweise auch schwer, den Tatsachenbehauptungen Glauben zu schenken, daß die Besetzung und die Wahl der Drehorte eine Geschichte verändern könnten. Welche Geschichte verändern sie? Was ist die Änderung? Ich will auf folgendes hinaus: In der Wahl des Drehortes und in der Besetzung kommt die Geschichte überhaupt erst zustande, auch wenn sie vorher schon vorhanden ist. Das Material dieser Wirklichkeit u.a. ist durch den Autor und Regisseur zu formen. Erst durch die Einsicht in diese Zusammenhänge wird der Autor zum Filmautor. Erst durch die Schaffung dieser Arbeitsmöglichkeit jedoch wird dem Autor die Chance für diese Entwicklung gegeben. Ich denke, daß der Redakteur und der Fernsehbetrieb hier mehr nachzuholen haben als die Autoren.

Ich komme nun zu meinem Vortragsthema und führe dazu drei Namen ein: Luzie, Ota und Jindrich. „Luzie, der Schrecken der Straße" ist die Hauptperson in einer sechsteiligen Fernsehserie für Kinder, die ab 12. Oktober 1980 im Deutschen Fernsehen laufen wird. Ota Hofman ist der Autor, Jindrich Polak der Regisseur.

Ferner muß ich den Namen Barrandov ansagen, des Prager Filmstudios, wo die beiden zitierten Herren fest angestellt sind, und wo Luzie unter Mißachtung des „Tabus", das in einem Vortrag des Jahres 1978 hier im Seminar auftaucht, entstanden ist: nämlich mit vielen Schauplätzen mit Kindern und sogar mit Hunden. In Barrandov entstehen in guten Jahren bis zu zwölf Kinderfime, einige davon sind sogenannte Überläufer von einer Fertigungssaison in die andere. Ota Hofman ist Autor und gleichzeitig der Leiter der Dramaturgie Kinderfilm.

Ich erinnere mich noch sehr deutlich, welche Schwierigkeiten ich zunächst und manchmal heute noch mit den Büchern von Ota Hofman hatte. Ich las sie mit großem Vergnügen, und das machte mich schon mißtrauisch. Und dann waren sie so wenig fachmännisch, dachte ich. Situationen, breit ausgeführt, wechselten mit kleinen Gags ab, dann kamen plötzlich Fragen an den Regisseur und an den anderen Leser, ans Publikum manchmal und dann sogar Fragen, die sich der Autor selbst stellte.

Es erfolgten Querverweise auf andere Filme, auf Schauspieler, Musiker und Situationen, die ihm gut gefallen hatten, dann kamen scheinbar sinnlose literarische Etüden — oder er schrieb eine Seite aus einem Lexikon ab. Auf diese Weise erforscht er die kleinen Realitäten, wie sie früher zum enzyklopädischen Wissen gehörten, auch wenn der von ihm liebevoll beschriebene Fisch Hyphesobrycon dadurch nicht unbedingt bekannter wird. Aber dieser Fisch oder ein Artgenosse schwimmt dann später in bunter Pracht durch eine Wasserkugel in Luzies Kinderzimmer. Sie hat ihn von einer Expedition in den tiefen Gewässern der Phantasie mitgebracht. Ferner weiß ich, daß Ota Hofman beim Schreiben auf die Konstellation der Sterne achtet, aber okkulte Gegenstände in der Darstellung vermeidet.

Das Detail ist das Ganze

Foto aus der Serie „Luzier der Schrecken der Straße", Vitek, WDR-Fernsehen-Pressedienst

Erst langsam verstand ich den Sinn. Diese Drehbücher und Ausarbeitungen waren Mitteilungen an den Regisseur, der ja — und nun kommt der große Vorteil Nummer eins bei den meisten Produktionen, in denen wir zusammengearbeitet haben — schon feststand. Dessen Vorstellungskraft wurde mit auf die Reise geschickt, aber gleichzeitig versteckte der Autor auch seine Anfrage nach dem Machbaren darin.

Der Vorteil Nummer zwei: Schon vor dem Schreiben des Buches, meistens nach dem Exposé, liegen verhältnismäßig lange Phasen des Gesprächs. Darin wird der Charakter des möglichen Films spekulativ untersucht. Meistens ist das im Kinderfilm und in dieser Konstellation eine Komödie. Es wird geprüft, ob Schauspieler, die man gerne haben möchte, frei sind oder frei bekommen können. Beim Schreiben steht für viele Rollen, bestimmt aber für die wichtigsten, das Gesicht fest, ja der Autor kennt auch das Humorverständnis des Regisseurs und liefert ihm dann plötzlich meterexakt seine Szenen.

Das geschah zum Beispiel in den sieben „Pan Tau"-Filmen, die wir zuletzt hergestellt haben, mit dem Schauspieler Brodsky, der eher für Melancholie und Hintergründiges (Hauptrolle in „Jakob der Lügner" nach Jurek Becker) bekannt war und der den Luftinspektor Malek spielt (ab August 1980 wieder im Programm zu sehen). Sicher entdeckten Ota Hofman und Jindrich Polak nicht als erste den Zusammenhang von Humor und Melancholie. Aber sie brachten ihn hier in schöner Weise mit einem interessanten Schauspieler in den Kinderfilm ein.

Es fällt mir übrigens jetzt beim Schreiben auf, daß das Wort ‚entdeckt' eine Lieblingsvokabel von Hofman ist. Allerdings entdeckt er weniger geheime gesellschaftliche Wirklichkeit, die er entlarvend und emanzipatorisch an das kalte Licht des Tages zieht, sondern machbare Filmwirklichkeit für Kinder. Seltsamerweise finden sich später darin doch erhellende Einsichten wieder, die sich allerdings der hurtigen Lernziel-Platitüde, die sich hinter mancher wissenschaftlicher Verbrämung verbirgt, entziehen.

Auch Friedrich & Friedrich in der „Luzie", ja die ganze Luzie selbst, ist eine solche Entdeckung. Das ganze hat irgendwann im Jahr 1977 begonnen, als wir uns fragten, was nun nach „Pan Tau" gemacht werden könnte. Wir sahen mehr zufällig eine Kassette mit Plastilin-Produktion, einem Werkstoff, der sich zum Verformen und Verfilmen bestens eignet, dem ich allerdings keine große Liebe entgegenbrachte. Meistens erlebte man groteske Männchen, mit Beiträgen zur Verkehrserziehung, die sich durch gegenseitige Verwandlung eine Menge Spaß und Angst machten. Bevorzugter Schauplatz dafür waren die Kleinkinder-Magazine. Vielleicht kennen Sie „Red and blue" aus der „Sendung mit der Maus".

Ota aber sagte: „Das ist phantastisch. Das ist eine konkrete Phantasiewelt mit großen dramaturgischen Möglichkeiten." Wir sprachen dann von einem kleinen Mädchen in einem Hochhaus, dem es langweilig sein konnte und das dann halt irgend etwas mit dieser Knetmasse unternehmen konnte oder so. Während aber unsere Gesräche im Formalen und in den altbekannten Kinderfilm-Situationen herumwurstelten, entstand im Kopf von Ota Hofman schon längst die Figur der „Luzie", des schwarzen Phantoms, des Schreckens der Straße, der Herrin der Tiefe. Mit diesen paar Vokabeln zog Ota das Mädchen aus einer pädagogischen Landschaft in seine persönliche literarische Welt, die alle seine Figuren zunächst passieren müssen, ehe sie den Eintritt in die filmische Welt gestattet bekommen.

Es ist verblüffend, wie in dem filmischen Produkt der Charakter dieser allerersten Personendarstellung erscheint, auch wenn es zahlreiche Veränderungen insbesondere in der zweiten Hälfte der Serie gegeben hat. Und das Detail, das hier beinahe absichtslos miterzählt wird, ist plötzlich präzise und trägt die Haupthandlung, so wie eine chemische Formel einen Kunststoff trägt.

Hier zeigt sich aber auch die Gefahr eines szenischen Reichtums, der den Regisseur wohlhabender machen kann, als er eigentlich sein will. Ota Hofman haßt zum Beispiel Drehorte aller Art und erfindet immer neue Ausreden, weshalb er nicht kommen kann. Er schreibt für das fertige Bild und will nicht mit so Kleinigkeiten konfrontiert werden, daß man im neuen Wohnungsbau nur schlecht das Treppengeländer herunterrutschen kann. Polak seinerseits fühlt sich herausgefordert in der Darstellung des Unmöglichen, was den Film erst schön macht, nicht nur und nicht allein, aber im besonderen eben doch und in der Verbindung mit dem Alltäglichen dann ganz besonders.

Sprechen wir noch einmal über Luzie. Was dem Autor gefallen hat, dem

Regisseur auch, das bringt plötzlich Probleme. Die Knetmännchen-Verwandlungen sind wunderbar und perfekt, aber sie machen plötzlich einen Film im Film — und zwar einen Trickfilm im Spielfilm. Das geht nicht. Am Schneidetisch wird erkannt, daß ihre Nummern zu Solonummern werden. Sie sind zu lang. Die Männchen und ihre Metamorphosen müssen wie Schauspieler im Zwischen- und Gegenschnitt behandelt werden. Aber hat der Autor nicht irgendwo beschrieben, daß die Friedrich & Friedrich auch mit der Umgebung zusammenfließen können? Plötzlich werden aus den Knetschauspielern grüne und orangefarbene Tropfen, die durch Heizungsleitungen fließen, freche Inschriften an der Wand bilden oder reale Gegenstände wie Pfeifen, Schraubenzieher und Wasserkräne imitieren, bis sie jemand arglos in Gebrauch nimmt.

Luzie, das läßt der Vorwurf unschwer erkennen, ist eine Komödie — und zwar für kleine Kinder, wenn auch nicht nur. Die Knetmännchen geben unbeschadet ihrer Ausflüge in die Erwachsenenwelt erstmals handgreiflich das Personal für einen solchen Film und für Kinder ab, d.h. sowohl die Verwandlungen selbst als auch der durch sie übersetzte Reflex der Erwachsenen sind für ein kindliches Publikum und sicher auch für kleine Kinder erfaßbar. Zwar geschieht das im Rollenspiel, aber gleichzeitig verläßt der Film die erdenschwere Pädagogik des schlechthin vorgeführten Rollenspiels, und zwar gerade dann, wenn die Detailgenauigkeit besonders realistisch und präzise ist.

Eine Dozentin für Sozialunterricht, die uns mehrfach mit Studenten besuchte, hatte das Drehbuch für Luzie gelesen. Als sie eine Wasserszene sah, sagte sie: „Das habe ich mir im Buch aber ganz anders vorgestellt, mit so einem Trick, wissen Sie. Aber sie haben ja die Wohnung wirklich voll Wasser laufen lassen." Nun, es war dennoch ein Trick, denn die Wohnung stand für diesen Trick in einem abgedichteten Becken. Richtig ist, es sieht aus wie eine Wohnung, es sieht aus, wie Wasser — und beides zusammen ist eine Wohnung unter Wasser. Für eine andere Szene ist dieselbe Wohnung Stück für Stück im Prager Eisstadion aufgebaut worden. Drinnen laufen die Kinder in der Folge „Der Sommerschnee" Schlittschuh — während davor die CSSR-Nationalmannschaft für eine neue Niederlage trainiert. Im Rohschnitt kann man das deutlich hören.

Es tut mir leid, aber viel billiger kann man es für Kinder nicht machen. Jedenfalls nicht immer. Natürlich gibt es das einfach erzählte filmische

Das Detail ist das Ganze

189

Foto aus der Serie „Luzier der Schrecken der Straße", Foto: Vitek, WDR-Fernsehen Pressedienst

Vergnügen, es gibt Quiz und Puppenspiel, Bildergeschichten und Trickfilme. Insbesondere zu den Bildergeschichten wäre viel zu sagen, vielleicht in einem anderen Seminar. Auch mit der dokumentarischen Kamera gibt es viel zu entdecken.

Nur wenn wir über das Drehbuch sprechen, das den Spielfilm für Kinder meint, dann ist nicht der Dialog, dann ist das optische Abenteuer die Hauptsache. Der Dialog muß stimmen und ihm Würze geben. Aber dieses optische Abenteuer wiederum darf kein Selbstzweck sein, das, reich ausgeschmückt, die Handlung ersetzt. Es ist Bestandteil des von mir und in diesem Zusammenhang so verstandenen Fernsehens als ein ‚Verzaubern auf Zeit', mit dem Aufprall in der Wirklichkeit, den schon die Figuren im Film durchzustehen haben und nicht nur ein dann allzu leicht enttäuschtes Publikum.

Luzie, um die Story zu Ende zu spinnen, mit Hilfe der Knetmännchen als Klassenerste – das wäre ein Albtraum.

Aber alles das, eine richtige Story, die Besetzung, die Kamera, ist so gut wie nichts wert, wenn nicht immer wieder, Sekunde für Sekunde, Szene für Szene, das gut ausgeführte Detail seinen Puzzleplatz findet. Die ganze Luzie steht und fällt damit, wie Männchen Friedrich & Friedrich in einer der Anfangseinstellungen die Kommode hinunterfließen. Erst damit stellt sich das wunderbare Gefühl ein, einem Film zuzusehen, der ein Film ist und nicht die Bebilderung einer Geschichte. Diese Magie muß sein – oder der Zauberer steht ohne Hut da, das ist auch für einen Zauberer kein Detail, sondern das Ganze.

In diesem Zusammenhang möchte ich vor einem Mißverständnis warnen, das sich leicht einstellt, wenn man das Wort Trick gebraucht. Trick – das hat nichts mit austricksen zu tun oder mit Gags, die man aus dem Hut zaubert, ob er der des oben zitierten Magiers oder Entwicklungsstube eines Kopierwerkes ist. Trick im Zusammenhang mit Film ist ein Fachbegriff.

Der Trick hat seine eigenen Gesetze, die nur formale Beherrschung führt in die Sterilität, die nur gute Geschichte führt in das liebenswert Ungekonnte. Und auch hier wieder entsteht der Fluß der Erzählung nur, wenn die Einzelheit in der richtigen Länge und überlegt ausgearbeitet ihren Platz einnimmt, und dabei ist es gleichgültig, ob es die Stacheln des Igels sind oder der Hut eines Bären, der zusammen mit dem Tiger nach Panama auswandern möchte.

Warum man fernsehen lernen muß

Die Schwierigkeiten, das Fernsehen im Fernsehen darzustellen
von Helmut Greulich, ZDF

Ich bin gebeten worden, den Lesern der IRISH BROADCASTING REVIEW über die ZDF-Sendereihe „betrifft: fernsehen" zu berichten, warum ich sie initiiert habe, was sie für Ziele verfolgt, welche Erfahrungen sich ergeben haben und welche Perspektiven sich aus meiner Sicht für die Aufklärungsarbeit über Probleme des Fernsehens ergeben.

Ich mache diesen Versuch und schicke voraus, daß ich — bei allem Bemühen um eine selbstkritische Betrachtung — natürlich nicht unbefangen bin. Und selbstverständlich bin ich gerne bereit, mögliche Fragen von Lesern dieses Beitrages zu beantworten.

Die höchste Glaubwürdigkeit

„Schuld" an allem haben die Demoskopen: Ein deutsches Meinungsforschungsinstitut machte vor einigen Jahren eine Umfrage über die Glaubwürdigkeit von Presse, Rundfunk und Fernsehen. Auf die Frage: „Welches Medium berichtet über die Dinge so, wie sie wirklich sind?" nannten 56 von 100 Befragten an erster Stelle das Fernsehen. Ihm vertrauen die Bürger der Bundesrepublik am meisten, wenn es darum geht, sich über das Weltgeschehen zu informieren.

Dem Rundfunk bescheinigen nur 47 von 100 die gleiche Glaubwürdigkeit, der Tagespresse und den Wochenzeitschriften nur 23%. Mit anderen Worten: Das Fernsehen genießt im Hinblick auf seine Verläßlichkeit mit Abstand das größte Vertrauen, wohl deshalb, weil sich der Zuschauer der Illusion hingibt, er sei in der Rolle eines Augenzeugen, der „kontrolliert", was da geschieht. Das mit dem Ton kombinierte Bilddokument ist für die meisten Zuschauer einfach überzeugend.

Sie wissen eben nicht, in welchem Umfang und nach welchen Gesichtspunkten wir unser Material selektieren, wie sehr Montage und Kommentierung, Kamerastandpunkt und Licht, Originaltöne und Musik eine message beeinflussen können. Der deutsche Fernsehzuschauer glaubt an die Redensart „Bilder lügen nicht" oder: „Ein Bild sagt mehr als tausend Worte". während er gegenüber dem gedruckten Wort die skeptische Volksweisheit ins Felde führt „Papier ist geduldig" oder: „Er lügt wie gedruckt".

Diese Forschungsergebnisse (und meine Interpretation dieses Befundes) ließen mir keine Ruhe. Ich hatte bis dahin rund 40 Dokumentarfilme gemacht, meist sozialkritische Studien (z.B. „Kindesmißhandlung in Deutschland", „Harlem", „Das Schicksal jüdischer Emigranten in London" etc.).

Und nun begann ich mich zu fragen, ob ich den Zuschauern genügend klar gemacht hatte, daß bei all diesen Beiträgen (und bei allem Bemühen um Objektivität) sehr stark mein **subjektiver** Standpunkt mit ins Spiel kam, und daß es für meine Art, über bestimmte Erscheinungen zu berichten, durchaus Alternativen gegeben hätte. Das motivierte mich, eine Sendereihe zu konzipieren, die den Zuschauern kritische Einblicke in Probleme des Fernsehens geben sollte.

Das klassische Beispiel

Die Absicht, den Nutzern eines Mediums etwas über seine Hintergründe und Probleme zu signalisieren, ist keineswegs neu. Vor 385 Jahren hat Shakespeare in seinem „Sommernachtstraum" den Versuch unternommen, dem Publikum etwas von den Problemen der Bühnenarbeit zu verraten:

Zettel: „Einen Löwen – Gott behüt' uns! – unter Damen zu bringen, ist eine greuliche Geschichte; es gibt kein grausameres Wildbret als so'n Löwe, wenn er lebendig ist; und wir sollten uns vorsehen."
Schnauz: „Derhalben muß ein andrer Prologus sagen, daß es kein Löwe ist."
Zettel: ..Ja, ihr müßt seinen Namen nennen, und sein Gesicht muß durch des Löwen Hals gesehen werden; und er selbst muß durchsprechen, und sich so, ungefähr so applizieren: Gnädige Frauen oder schöne gnädige Frauen, ich wollte wünschen, oder ich wollte ersuchen, oder ich wollte gebeten haben, fürchten Sie nichts, zittern Sie nicht so; mein Leben für das

Ihrige! Wenn Sie dächten, ich käme hierher als Löwe, so dauert mich nur meine Haut. Nein, ich bin nichts dergleichen; ich bin ein Mensch, wie andere auch: — und dann laßt ihn nur seinen Namen nennen, und ihnen rund heraus sagen, daß er Schnock der Schreiner ist."

Die Elite, die damals ins Theater ging, mag sich über die um Aufklärung bemühten Tolpatsche köstlich amüsiert haben: sie bedurfte solcher „Enthüllungen" nicht.

Aber das Millionenpublikum des Fernsehens von heute: weiß es genügend um die Hintergründe unserer Arbeit? Will es darüber überhaupt etwas wissen? Oder ist man ein Shakespearscher Narr, wenn man glaubt, dem Publikum bestimmte Illusionen nehmen zu müssen? Gibt es, bei dem hohen Prestige, das Fernsehleute in den Augen des Publikums genießen, nicht so etwas wie eine Verpflichtung, deutlich zu machen, daß jeder von uns auch „nur" Schnock, der Schreiner ist?

Ziel: Der kritische Zuschauer

Wir (mein Mitarbeiter Joachim Obst und ich) haben beim ZDF 1974 begonnen, eine Sendereihe mit dem Titel „betrifft: fernsehen" auszustrahlen. Unser Ziel: Den Zuschauer sachkundiger, kritischer und distanzierter zu machen, zu einem bewußteren und selektiverem Umgang mit dem Fernsehen zu veranlassen.

Sechs Sendungen von 45 Minuten pro Jahr, zu einer gut plazierten Sendezeit (damals montags um 19:30 Uhr, jetzt mittwochs um 22:05 Uhr) waren bis 1978 unser Experimentierfeld im Programm:

● Wir analysierten Nachrichtensendungen, um auf ihre Probleme hinzuweisen (wie Selektion, Abhängigkeit von Agenturen, Mangel an Hintergrundinformationen und Herstellung von Zusammenhängen, Information-overkill und Sprach-Verkürzung).

● Wir ließen Nachrichten-Redakteure in einer live-Sendung im Anschluß an ein Nachrichtenprogramm am Telefon Stellung nehmen zu kritischen Anrufen von Zuschauern.

● Wir beobachteten kritisch die Herstellung einer aufwendigen Unterhaltungs-Sendung im playback-Verfahren (Titel: „Warum singt im Fernsehen niemand falsch?") und plädierten für mehr live-Risiko im Unterhaltungsbereich. Diese Sendung war ein Plädoyer gegen den Perfektions-Fetischismus der Showprogramme im Deutschen Fernsehen.

● Wir begleiteten den Nahost-Korrespondenten des ZDF (mit Sitz in Beirut) sechs Wochen lang, um zu zeigen, wie sehr äußere Einflüsse (Zensur, Bewacher etc.) die Berichterstattung beeinträchtigen, und daß auch subjektive Einflüsse (Selektion, weltanschaulicher Standpunkt etc.) die Beiträge erheblich färben können.

● Wir zeigten die Rolle von politischen Fernsehkorrespondenten am Rande einer EG-Gipfelkonferenz in London, ihre Abhängigkeit von Informationen über geheime Gespräche von Regierungschefs, und machten deutlich, unter welchem Zeitdruck (wegen vorbestellter Leitungen in ihre Heimatländer) sie ihre oft spärlichen Fakten über den Inhalt der Gespräche verarbeiten müssen.

● Wir zeigten ein vieldiskutiertes Experiment mit dem Titel „Vier Wochen ohne Fernsehen": Zwei Berliner Arbeiter-Familien verzichteten für einen Monat auf ihre Fernsehgeräte und wurden in dieser Zeit von uns mit Video-Kameras beobachtet. Zutage kamen erschreckende Entzugserscheinungen, fast wie beim Absetzen einer Droge, eine Fernsehabhängigkeit, wie sie weder von uns noch von den Betroffenen erwartet wurde. (Eine sehr ausführliche Dokumentation über dieses Experiment, mit Gesprächsausschnitten etc. liegt in Buchform vor: *Wolf Bauer, Elke Baur, Bernd Kungel (Hrsg): Vier Wochen ohne Fernsehen – Eine Studie zum Fernsehkonsum, Berlin: Verlag Volker Spiess, 1976, 133 S., Pb, 14,80 DM.*)

● Und wir präsentierten die Resultate einer wissenschaftlichen Untersuchung („Wie informiert das Fernsehen?"), die spektakuläre Defizite der aktuellen Berichterstattung bloßlegte: Am Beispiel der ZDF-Berichterstattung über den Nord-Irland-Konflikt im Zeitraum von fünf Jahren wurde nachgewiesen, daß historische, ökonomische, politische Zusammenhänge absolut unterbelichtet blieben und die Filme eher einem vordergründigen „Augenkitzel" dienten.(Auch zu dieser Untersuchung gibt es ein Buch, das dise ZDF-Sendung minutiös dokumen-

tiert. *Bernward Wember: Wie informiert das Fernsehen? — Ein Indizienbeweis, München: List-Verlag, 1976, 176 S, Pb., 14.—* DM ist mit vielen Fotos und Grafiken angereichert und enthält im Anhang sämtliche Fernsehkritiken und Artikel, die zu dieser Sendung veröffentlicht wurden.)
Dies sind nur einige Beispiele, die Thematik und Absichten weniger Sendungen charakterisieren sollen.

Kritik und Selbstkritik

Nachdem wir etwa dreißig Sendungen dieser Art produziert und gesendet hatten, verstärkten sich einige Erfahrungen, die diese Arbeit von vorneherein erschwert hatten:

1. Es gab eine „Schamschwelle" der eigenen Institution. Die damaligen Vorgesetzten fanden, daß wir zuweilen zu weit gingen und das „Image" der Anstalt schädigten. Der Vorwurf, wir seien „Nestbeschmutzer", wurde mehr als einmal erhoben.

2. Unsere Kollegen, mit denen wir uns kritisch auseinandersetzten, verweigerten in zunehmendem Maße jegliche Cooperation, weil sie uns als Störenfriede betrachteten und weil sie sich von uns nicht öffentlich kritisieren lassen wollten.

3. Das Publikum (jedenfalls die von uns anvisierte unkritische Majorität) zeigte eine deutliche Abneigung gegen die Problematisierung des Mediums. Man wollte kein „Salz auf seinem Dauerlutscher". Der Zauberkasten sollte nicht entmythologisiert werden.

4. Öffentliche Selbstkritik ist hierzulande von vornherein verdächtig. An einer Institution, die sich in bestimmten Teilen ihres Programms selbst in Frage stellt, muß nach Ansicht der Leute „etwas faul" sein.

5. Die seltenen Termine (sechsmal im Jahr) machten unsere Arbeit uneffektiv und ließen beim Zuschauer nicht das Bewußtsein entstehen, daß es sich um eine Sendereihe handelte.

Neueste Ansätze

Wie haben wir auf diese Erfahrungen reagiert? Wir sind auf eine neue

Form übergegangen, die neben unseren 45-Minuten-Terminen zusätzlich ins Programm gekommen ist: seit zwei Jahren sendet das ZDF an jedem zweiten Mittwoch 5-Minuten-Filme, die als Kurzfilm-Spielserie jeweils **eine** message über Medienprobleme enthalten. Dies in einer amüsanten, unterhaltsamen Form mit ständig gleichbleibenden Figuren (ein Fernsehmacher und eine Familie mit zwei Kindern). Diese Reihe („Sieh mal an") ist sehr erfolgreich und wird schon in der Erwachsenenbildung eingesetzt. Desweiteren entwickelt unsere Redaktion gegensätzlich eine gänzlich andere Konzeption für die 45-Minuten-Termine. Danach wird nicht – wie bisher – ausschließlich das Fernsehen im Mittelpunkt der kritischen Beiträge stehen. Es ist vielmehr beabsichtigt, in Zukunft häufiger von der Möglichkeit des intramediären Vergleichs Gebrauch zu machen, d.h. zu analysieren und darzustellen, in welcher Weise vergleichbare Themen von den Printmedien, vom Rundfunk und vom Fernsehen gestaltet und angeboten werden.

Wir glauben, daß der vom Publikum nur ungern akzeptierte Versuch der Aufklärung über das Fernsehen umso eher ankommen wird, je merh man sich auf nur **ein** Lernziel konzentriert und je mehr es einem gelingt, die Botschaft möglichst witzig an den Mann zu bringen. Dieses Ziel haben wir nach unseren eigenen Einschätzungen bisher nicht erreicht.

Praktische Auswirkungen der Arbeit

Natürlich gab es bei der bisherigen Arbeit auch positive Erfahrungen. So veranstaltete das ZDF zum Beispiel nach der Analyse der Nord-Irland-Berichterstattung ein drei Tage dauerndes Seminar in einer Burg am Rhein, bei dem sich Redakteure, Kameraleute und Cutter mit den kritischen Ergebnissen dieser Sendung auseinandersetzten. Sie stellten einen „Sündenkatalog" auf, in dem handwerkliche Fehler registriert wurden und regten in einer Liste von Forderungen ihre Kollegen an, über Verbesserungen im Dienste des Zuschauers nachzudenken.

Mit Kopien unserer Sendung (auf VCR-Recordern hergestellt) wird in Schulen und Volkshochschulen gearbeitet. Und die Sendung über den Fernsehentzug wurde vom Stifterverband der Deutschen Wissenschaft mit einem Preis von 10.000.–DM ausgezeichnet, den wir als Ermutigung für eine ähnliche Studie ansehen sollten. Diese Studie unter dem Titel „Vier Wochen **mit** Fernsehen" ist in Vorbereitung. Wir wollen am

Beispiel einer exemplarisch ausgewählten Familie beobachten, welchen Stellenwert das Fernsehen und bestimmte Kategorien von Sendungen im Tagesablauf der Zuschauer haben.

Neue Formen der Selbstkontrolle

Alle Bemühungen um eine kritische Aufklärung des Fernsehzuschauers werden mehr oder weniger „akademisch" bleiben, wenn man sich nicht permanent an den Lebensgewohnheiten und am Wissensstand seiner Zuschauer orientiert. Dies ist ein notwendiges Mittel der Selbstkontrolle, will man nicht an seinem Publikum total vorbeizielen.

Wir haben versucht, diese Selbstkontrolle unserer Arbeit auf verschiedenen Wegen zu erreichen:

● An den Redaktionskonferenzen der Sendereihe „betrifft: fernsehen" nahm von der ersten Stunde an regelmäßig eine Mitarbeiterin der ZDF-Medienforschung teil, die ihre fachlichen Informationen über das Zuschauerverhalten in alle Beratungen miteinbrachte.

● Im ersten Jahr der Ausstrahlung unserer Sendereihe wurden zu jeder Folge drei exemplarisch ausgewählte Zuschauergruppen (von einem unabhängigen Meinungsforschungsinstitut für uns vermittelt) mit den Sendungen konfrontiert und in Abwesenheit der „Macher" (um jede Einschüchterung der Zuschauergruppe zu vermeiden) nach einem vorstrukturierten „Fragenkatalog" diskutiert. Die Ergebnisse dieser Gruppengespräche wurden stenografisch in einem Protokoll festgehalten und sorgfältig ausgewertet.

Schon damals erkannten wir, daß wir durch unseren Wissens-Vorsprung über Probleme des Fernsehens in der Gefahr waren den Zuschauer zu überfahren. In einigen Sendungen begingen wir den Fehler, bestimmte Erscheinungen bereits kritisch zu werten und zu kommentieren, noch ehe dem Zuschauer die elementaren Grundkenntnisse der jeweiligen Thematik verständlich genug dargestellt waren.

Außerdem zeigte sich, daß die Zuschauer hinter unseren Sendungen ganz andere Absichten vermuteten, als wir erwartet haben. So meinten z.B. die Zuschauergruppen, denen die Sendung über die playback-

Technik gezeigt war, wir wollten sie mit diesem Beitrag auf die Notwendigkeit einer Gebührenerhöhung vorbereiten, weil doch dieses Aufnahmeverfahren so kompliziert und so teuer sei. Uns wurde klar, daß unsere Motivation viel deutlicher herausgestellt werden mußte.

● Im zweiten Jahr gingen wir dazu über, mit Zuschauergruppen die Rohschnitte von Sendungen am Schneidetisch zu diskutieren, also noch vor der endgültigen Fertigstellung der Beiträge. Dieses Verfahren brachte erhebliche Vorteile. Wir erkannten sehr schnell, wo sich die Zuschauer langweilten, oder an welchen Stellen eines Filmes ihr Interesse besonders lebhaft war, wo Mißverständnisse auftraten oder wo sie eine Information einfach nicht verstanden, weil wir uns zu kompliziert ausgedrückt hatten. Wir konnten diese Erfahrungen häufig durch Korrektur des Rohschnittes oder des vorgesehenen Kommentars berücksichtigen und damit sicherlich die gröbsten Fehler vermeiden.

● Die positiven Ergebnisse dieser Arbeit führten dazu, daß vom ZDF in zwei Städten der Bundesrepublik eine „Zuschauerwerkstatt" veranstaltet wurde, wobei in beiden Fällen Redakteure des Fernsehens (aus dem Bereich Nachrichten, Sport, Unterhaltung, Kinder- und Jugendprogramm) mit Zuschauern Sendungen analysierten. So wurden z.B. einigen Schulklassen das Rohmaterial für einen Filmbeitrag eines Jugendmagazins vorgeführt. Die Schüler protokollierten, was sie an Kamera-Einstellungen gesehen hatten. In jeweils drei getrennten Arbeitsgruppen versuchten sie, dieses Material nach ihren Vorstellungen zu einem sendefähigen Beitrag zu ordnen.

Im Plenum wurde dann der beste Vorschlag an eine Wandtafel geschrieben und von einem Cutter am Schneidetisch im Beisein der Schüler realisiert. Am Ende des Seminars verglichen die Schüler ihre Filmmontage mit dem, was die Redaktion der Jugendsendung aus dem gleichen Ausgangsmaterial gemacht hatte. Kommentar eines 10-jährigen: „Nie wieder werde ich eine Fernsehsendung mit den gleichen Augen ansehen wie früher, weil ich jetzt weiß, wie unterschiedlich man das gleiche Material verarbeiten kann."

Eine andere Gruppe verglich Nachrichtensendungen des ZDF mit den Nachrichten von überregionalen Tageszeitungen. Sie warf den Fernsehredakteuren vor, daß Informationen, die sich der Kamera aufdrängten im Fernsehen bevorzugt wurden, während optisch schwer darstellbare Nachrichten zu kurz kamen. Konkrete Beispiele: Die Zuschauer monierten, daß ihnen zum soundsovielten Mal stereotype Bilder vom Bürgerkrieg im Libanon gezeigt wurden, während sie viel wichtigere Informationen über geplante Streckenverkürzungen der Deutschen Bundesbahn in den Fernseh-Nachrichten unter den Tisch fielen.

Bei diesen Veranstaltungen haben nach meiner Überzeugung beide Seiten gelernt: Sowohl die Zuschauer, als auch die Fernsehredakteure.

Langfristige Wirkungen?

Wir sind nicht so naiv, zu glauben, daß ein paar medienkritische Sendungen im Jahr ausreichen könnten, das Verhalten der Fernsehzuschauer positiv und nachhaltig zu beeinflussen. Medienerziehung, im Hinblick auf die technologische Zukunft mit Satelliten- und Kabelfernsehen notwendiger denn je zuvor, kann nur dann wirksam sein, wenn **auch im Elternhaus und in der Schule über solche Probleme mit möglichst viel Sachkenntnis gesprochen wird.**

Das scheitert oft daran, daß Eltern und Lehrer selbst zu wenig Bescheid wissen – eine Lücke, die nur durch Institutionen der Erwachsenenbildung und der Pädagogischen Hochschulen geschlossen werden kann. Außerdem fehlt es in den Schulen häufig an Filmprojektoren und Videogeräten, mit deren Hilfe das „Anschauungsmaterial" sorgfältig analysiert werden kann. Und wo Ausrüstungen dieser Art vorhanden sind, wird teilweise nur unsinnig damit gespielt.

Das alles ist auf lange Sicht gesehen nur zu ändern, wenn das Medium Fernsehen durch geduldige Arbeit auf diesem Sektor den „Schrittmacher" spielt: Wenn es durch möglichst überzeugende und fesselnde Sendungen über sich selbst Auskunft gibt und dabei nicht allzu ängstlich um eine Minderung seines Ansehens bangt. Denn nur so kann die allgemeine Einsicht für die Notwendigkeit und den Nutzen derartiger Programme geweckt werden.

(Bei Rückfragen: Helmut Greulich, Redaktion „betrifft: fernsehen". Postfach 4040, ZDF, 6500 Mainz.)

Dieser Beitrag wurde im Februar in der IRISH BROADCASTING REVIEW veröffentlicht und nur in einigen Punkten für dieses Buch ergänzt.

Selbstgemachtes

Selbstgemachtes

Wieso sagte man früher zu Kindern, ein schönes selbstgemachtes Geschenk erfreue viel mehr, als ein fünfmal so teuer gekauftes? War da nicht die Rede von der unmittelbar durchscheinenden Herzlichkeit, einem direkteren Zugang? Plädiere ich daher für selbstgemachte Kinder- und Familienzeitungen, Hörspielaufnahmen und Videofilme, die zum Beispiel durch medienpädagogische Aktionen und aus ihnen hervorgegangenen Anregungen entstehen?

Mitnichten! (?) Es geht darum, den Gegensatz/Widerspruch von „Machern" und „Konsumenten" sichtbar zu machen und die Rollen – im Kleinen – auszutauschen, um zu erwähnter Einsicht zu gelangen. Je mehr ich ein Mittlersystem von innen kenne, umso klarer sind mir die in ihm liegenden Gesetzmäßigkeiten und Sachzwänge, und umso eher kann ich sie durch meine Kreativität und meine Sicht der Dinge außer Gefecht setzen.

Wenn Kinder & Jugendliche also diese Medien sich nutzbar machen sollten (einige Möglichkeiten und Wege werden im folgenden beschrieben), dann ist das demnach nicht nur aktive emanzipatorische Medienarbeit –also etwas recht progressives–, sondern vor allem etwas durchaus Altes: ein Zurück zu überschaubaren und durchschaubaren Lebenszusammenhängen, Einsichten und Eingriffe in alle hier wirksamen (massenmedialen) Prozesse, sowie Spaß am Ausdruck der eigenen originären Bedürfnisse mittels Medien. Kinder und Jugendliche schaffen in dieser Arbeit Eigenes, Selbstgemachtes, mit dem sie sich identifizieren, und sie stehen nach dieser (möglichst mehrfach gemachten) intensiven Erfahrung über den ihnen angebotenen Massenmedieninhalten „drüber".

Solange Medienarbeit in der Schule nicht in Unterrichtsform fest verankert ist, müssen in möglichst vielen medienpädagogischen Veranstaltungen die Grundsteine für aktive Medienarbeit, die von den Bedürfnissen der Kinder ausgeht, gelegt werden und sich Vereine und Kulturämter um die Finanzierung und Durchführung bemühen.

Kinder machen ihre Zeitung selbst
„ Stellungnahme zum Gerücht : Die Presse hat gestreikt " —
und was sonst noch in der Zeitung stand

von Bettina Pötz

Im Rahmen der ein-wöchigen medienpädagogischen Aktion "Filmstadt" in Bonn konnten Kinder in einer der sechs angebotenen Medienwerkstätten ihre Zeitung selbst machen.

Kinder werden Redakteure

Eine Zeitung von Kindern für Kinder, eine Zeitung, bei der alles selbst gemacht wird, eine Zeitung, in der das steht, was Kinder angeht — so versuchten die Betreuer den Kindern bei der Eröffnungsveranstaltung, dem 'Eröffnungsknall' der Filmstadt, die Idee der Zeitungswerkstatt nahezubringen. Offensichtlich fühlten sich eine ganze Menge Kinder angesprochen, denn unser Zeitungszelt füllte sich schnell.

Wir, die Betreuer, hatten lange überlegt, wie dieser erste Filmstadttag beginnen sollte, um ein erstes, zaghaftes Gemeinschaftsgefühl bei den Kindern entstehen zu lassen. Nach dem Beschnuppern der Zelteinrichtung befestigten sich die Kinder gegenseitig Tesakreppschildchen mit ihren Namen und sogenannte 'Pressebinden',(Stoffstreifen mit der Aufschrift 'Presse') an Armen, Beinen und sonstigen Körperteilen.

Aus Kindern waren Zeitungsredakteure geworden, aber ,,Was muß man bei der Presse eigentlich alles machen ?" — diese Frage stand deutlich im Zelt. Zeitungsvorerfahrungen hatten die wenigsten, Vorstellungen und Ideen für eine eigene Zeitung hatten alle. In der Zeitung müßten Berichte von der Filmstadt, von den anderen Werkstätten, abgedruckt werden, Berichte über Themen, die Kinder angehen, z.B. Familie, Schule, Spielplatzsituation etc; außerdem Geschichten, Witze, Rätsel, Comics und vieles mehr. Aber eine Zeitung muß auch einen Namen haben. An die zwanzig Vorschläge kamen zusammen und in einer geheimen Wahl entschieden sich die Kinder für "Das Tüpfelchen auf dem i ". Eine Gruppe Kinder begann sofort, den Namen auf ein Bettlaken zu malen, das über dem Zeitungszelt aufgehängt wurde. Die Zeitung hatte einen Namen, die Kinder Ideen, die Arbeit konnte beginnen.

Wie eine Zeitung entsteht

Innerhalb kurzer Zeit pendelte sich ein — teils von den Betreuern vorgegebener, teils von den Kindern selbst entwickelter — Tagesablauf in der Zeitungswerkstatt ein. Der Tag begann morgens gegen zehn Uhr mit der ersten Redaktionskonferenz. Vorher wurde zwischen Betreuern und Kindern — an einem Tag auch bei einem von einer Mutter spendierten ausgiebigen Picknick — geklönt. In der 'Konferenz' wurden zuerst einmal kunterbunt alle Ideen für die heutige Ausgabe der Zeitung gesammelt und auf einen großen Plakatkarton geschrieben. Danach entschieden die Kinder, wer welches Thema übernehmen wollte, ob allein oder in einer Gruppe. Es gab weder einen Chefredakteur noch festgelegte Ressorts. Manche Kinder hatten ausgeprägte Vorlieben für einen bestimmten Bereich; so schrieben Barbara und Ulika mit Begeisterung jeden Tag eine neue Kurzgeschichte, eine davon wurde bei der Abschlußveranstaltung der Filmstadt von den Kindern als Theaterstück inszeniert. Die meisten Kinder aber wollten jeden Tag etwas anderes machen, einmal das Titelblatt entwerfen, ein anderes Mal Interviews machen oder Witze sammeln.

Am beliebtesten waren Interviews zu allen möglichen Themen:
„Tut die Stadt Bonn genug für die Kinder?", „Sollte die Filmstadt wiederholt werden?", „Warum sollen bei der Filmstadt mehr die Kinder bestimmen als die Betreuer?" ... Interviews und Berichte über die anderen Werkstätten auf dem Platz machten die Zeitung zu einem wichtigen Informations - und Öffentlichkeitsorgan der Filmstadt. Nach dieser ersten Redaktionskonferenz leerte sich das Zelt meist schlagartig; die Kinder verstreuten sich in alle Winde, um Material für ihre Artikel zu sammeln. Möglichkeit zu einer kurzen Pause für die Betreuer, die allerdings selten genug war.

Die Kinder waren sehr auf uns Betreuer fixiert, mehr als wir es anstrebten. Sie wollten — in Anlehnung an ihre Schulsituation — daß alles, was sie schrieben, von einer 'Autorität' begutachtet werden sollte. Sicherlich lag das mit daran, daß die Arbeit in der Zeitungswerkstatt eher an Schule erinnerte als die aller anderen Werkstätten: Kopfarbeit, Schreibarbeit, und auch Leistungsdruck, dem wir die Kinder allerdings weniger aussetzten als sie sich selbst; sie wollten jeden Tag eine neue Ausgabe der Zeitung herausgeben, und dazu gehörte viel Mühe und Arbeit. An Schule erinnerte wohl auch, daß - wechselnd - jeweils ein Betreuer die Redaktionskonferenz 'leitete'. Unser Ziel war, dieses während der Woche abzubauen und die Leitung an Kinder weiterzugeben, was uns aber nicht gelang, vor allem wohl deshalb, weil sich dieses innerhalb einer Woche als nicht erreichbar erwies. Dennoch konnte etwas von der Betreuerzentriertheit abgebaut werden. Die Kinder lernten, sich **gegenseitig zuzuhören** und **miteinander** zu diskutieren, nicht nur zu den Betreuern hin orientiert. Während der Arbeit an Artikeln sind wir meist nur dann auf Kinder zugegangen, wenn sie offensichtliche Probleme hatten, ansonsten waren wir einfach da und ansprechbereit. Insgesamt aber blieb - was die Eigenständigkeit der Kinder anging - ein gewisses Maß an Unzufriedenheit zurück.

Alles wird von allen besprochen

Gegen Mittag fand eine zweite kurze Redaktionskonferenz statt, in der Informationen über den Stand der Arbeit ausgetauscht wurden. Da jedes Thema unterschiedlich viel Aufwand an Zeit erforderte, kamen manche Kinder gerade erst mit vollgeschriebenen Notizblöcken zum Zelt zurück, andere waren schon beim Schreiben oder Zeichnen. Nach dieser Besprechung stürzten sich alle voll in die Schreibarbeit, entweder von Hand oder auf einer der heißbegehrten Schreibmaschinen. Für viele der Kinder war das sicherlich der anstrengendste Teil des Tages. Schon die Schreibarbeit bei der Materialsammlung war oft mühevoll; erst recht aber das Ausformulieren und 'leserlich schreiben'. Da mußten die Betreuer dann oft einspringen, Texte zu Ende schreiben, wenn sie allzu lang geworden waren. Rechtschreibfehler wollten wir eigentlich nur dann verbessern, wenn es unbedingt notwendig war. Die Kinder hatten aber ein starkes Bedürfnis nach fehlerfreien Texten und baten uns oft um Unterstützung. Geschrieben wurde entweder auf normalem weißem Papier oder auf Wachsmatritzen, was wegen des erforderlichen Druckes besonders schwierig war.

Zwischen 14 und 15 Uhr fand die letzte Redaktionskonferenz statt. Zu diesem Zeitpunkt waren die meisten Kinder mit ihren Artikeln fertig. Diese dritte Konferenz sollte dazu dienen, daß alle Kinder alle Artikel zumindest einmal hören und darüber reden; wenn es notwendig war, wurden noch inhaltliche Veränderungen vorgenommen. Außerdem wurde die Reihenfolge der Artikel festgelegt. Diese Redaktionskonferenz gestaltete sich meist sehr schwierig, weil wir gegen Nachmittag immer in starken Zeitdruck kamen. Wenn um 17 Uhr der Filmstadttag zu Ende ging, sollten alle Kinder die fertige Zeitung haben. Schwierigkeiten bereitete es uns auch, die Kinder davon zu überzeugen, wie wichtig es sei, daß alles von allen gemeinsam besprochen wird. Der Begriff der ' **redaktionellen Verantwortlichkeit** ' war den Kindern fremd. Jedem ging es zuerst einmal um seinen eigenen Artikel, was die anderen geschrieben hatten, konnte man ja immer noch später in der fertigen Zeitung lesen.

Die Reaktion auf einen bestimmten Artikel zeigte den Kindern, wie wichtig das gemeinsame Besprechen ist: Im Spielbereich der Filmstadt, in dem die Kinder die Möglichkeit hatten, aus Sperrmüllmaterialien Buden zu bauen, mit den Betreuern gemeinsam zu basteln, oder einfach zu spielen, hatten Kinder eine Lumpenpuppe aus dem Requisitenlager an einen Galgen gehängt und mit allen möglichen Gegenständen geschlagen. Als Betreuer des Spielbereichs die Kinder auf ihre Aggressionen ansprachen, erklärten diese, die Puppe sei quasi ihr Lehrer, der sie in der Schule oft ungerecht behandele und an dem sie auf diese Weise ihre Wut auslassen könnten. Ein ' rasender Reporter ' der Filmstadtzeitung hatte diese Szene gesehen und in einem Artikel beschrieben. Am folgenden Tag erschien der Bericht unter dem Titel „ Berichte aus den Werkstätten — Spielbereich " neben Informationen über die Zeichentrickfilmarbeit der Videogruppe, über ein Stück der Theatergruppe etc. So wurde der Eindruck erweckt, im Spielbereich fänden vorwiegend Aktionen wie diese „ Lynchjustiz " (so der Untertitel des Berichts) statt. Protest gegen diese Berichterstattung kam von allen Seiten, vor allem von Kindern und Betreuern des Spielbereichs.

In einer längeren Diskussion am nächsten Morgen, die zuerst sehr zäh und zu stark von den Betreuern geleitet verlief, versuchten wir, mit den Kindern zu klären, was falsch gelaufen war und warum. Wir stellten fest, daß nicht unser rasender Reporter die Schuld an diesem Mißverständnis hatte, sondern daß wir eine solche Situation hätten vermeiden können, wenn wir alle zusammen über diesen Artikel gesprochen hätten. Und ganz langsam begannen die Kinder, dem, der seinen Artikel vorlas, zuzuhören, Rückfragen zu stellen oder Verbesserungen vorzuschlagen; eine Entwicklung, die aber wesentlich mehr Zeit braucht als eine Woche.

Wir Betreuer vermieden es, inhaltlich einzugreifen. Da gab es dann aber auch immer wieder kleine innere Kämpfe mit den eigenen Ansprüchen, wenn so ein Artikel am Ende ganz anders aussah als man das gewünscht oder erwartet hatte. Viel Spaß machte es den Kindern, die fertigen Artikel in eine Reihenfolge zu bringen. Alle waren der Meinung, es handele sich ja nicht um eine „ wissenschaftliche Zeitung ", deshalb müsse Ernstes und Heiteres bunt durcheinandergemischt und nicht sorgfältig getrennt werden. Seitenzahlen und Inhaltsverzeichnis wurden nach den ersten beiden Ausgaben für überflüssig gehalten; warum auch, man ging davon aus, die Kinder würden sowieso die gesamte Zeitung von vorn bis hinten lesen - und das bei ca 20 Seiten täglich.

Die Schwierigkeiten mit der Technik

Nach der letzten Redaktionskonferenz wurde es höchste Zeit, in Druck zu gehen. Natürlich sollte die Zeitung selbst gedruckt werden, alles sollte ja selbst gemacht werden. Zum Drucken standen uns ein Spiritusumdrucker und eine Kleinoffsetmaschine für normale DIN A 4 - Vorlagen zur Verfügung. Am ersten Tag war die Offsetmaschine zwar da, aber noch nicht ganz einsatzbereit, während der restlichen Tage hatte sie zahlreiche Macken, was dazu führte, daß die Nerven der Kinder, der Betreuer und des Technikers übermäßig beansprucht wurden. Jedes dieser beiden Systeme hat seine Vor - und Nachteile. Beim Umdrucker können die Kinder wirklich alles selbst machen und das Kurbeln ist für sie ein Erlebnis und macht viel Spaß. Allerdings müssen die Matritzen mit ziemlich hohem Kraftaufwand beschriftet werden, wenn das Ergebnis einigermaßen lesbar sein soll. Viele der Kinder schafften das einfach nicht, und über die mangelnde Qualität der abgezogenen Seiten kamen Beschwerden.

Für die Offsetmaschine genügen saubere Vorlagen auf normalem Papier - für die Kinder eine Erleichterung - , aber beim Drucken können sie nur wenig selbst machen und müssen hauptsächlich zusehen. Im Idealfall können aber 200 Blätter in 5 Minuten sauber gedruckt werden. Wir haben uns zusammen dafür entschieden, mit beiden Verfahren zu arbeiten. Während einige Kinder am Umdrucker arbeiteten, andere bei der Offsetmaschine zuschauten oder mit fertigen Seiten zwischen Druckraum und Zeitungszelt hin - und herrannten, wurde im Zelt alles zum Zusammenlegen und - heften bereit gemacht. Das war noch einmal viel Arbeit, da sich die Auflage der Zeitung im Laufe der Woche auf 180 Stück steigerte.

Aus den letzten Sätzen wird vielleicht klar, welches unser größtes Problem während dieser Woche war: Zeit. Sie fehlte an allen Ecken und Enden. Oft hatte die gemeinsame Vorführung auf der Bühne, die den Abschluß des Tages anzeigte, schon begonnen, und wir standen immer noch im Zelt und hefteten. Jeden Tag innerhalb von 7 Stunden eine 20 Seiten starke Zeitung vom Anfang bis zum Ende herzustellen, ist eine schwierige Sache. Aber die Kinder wollten es und wir Betreuer unterstützten sie. So fehlte es dann oft an der Zeit, bestimmte Gruppenprozesse stärker zu fördern und vor allem auch, alles einmal stehen und liegen zu lassen und einfach zusammen zu spielen, zu singen oder im Gras zu sitzen und sich zu unterhalten. Wir Betreuer haben das zu spät gemerkt, nämlich erst, als die Kinder ' streikten ' . Für sie war das nicht

Stellungnahme zum Gerücht
'Die Presse hat gestreikt'

1. Da wir praktisch jederzeit (außer Mittagspause, aber da arbeiten viele noch weiter) am schreiben sind, sehen wir einer Pause gern entgegen. Nun waren wir gestern so in unser spielen vertieft waren und auch keine große Lust hatten zur Konferenz zu kommen, blieben die meisten aus. Kann man das als Streik bezeichnen?

2. Man konnte erst um ½ 3 anfangen zu drucken und es ist unmöglich, in ¾ Stunde 3000 Blätter zu drucken. (150 Zeitungen à 20 Seiten.) Außerdem druckte die Maschine öfters leere Blätter. Das sind die Gründe, warum vor gestern keine Zeitung herauskam. Wir müssen uns aber bei der Film- und Fotogruppe entschuldigen, das wir so grob waren.
Wir waren in einer wichtigen Unterredung und waren wütend, daß man uns mit irgendwelchen Interviews mittendrin hereinplatzte.

Stefan

Zwei Tage nach der ein-seitigen Notausgabe: „Stellungnahme zum Gerücht ‚Die Presse hat gestreikt' " – in: Das Tüpfelchen auf dem i, 6. Ausgabe, Filmstadt Bonn, 5.8.1979 ein Streik in dem Sinne, wie ihn Erwachsene verstehen, sie wollten einfach mal für einen Nachmittag raus aus dem Zeitdruck und spielen. Betroffene Gesichter erst bei uns, dann bei den Kindern; das Gerücht, bei der Presse würde gestreikt, verbreitete sich in Windeseile auf dem Platz. Schon kamen die ersten Interviewer von Photo - und Videogruppe. Es wurde eine ein - seitige Notausgabe gedruckt — den Kindern auf dem Platz fehlte die schon gewohnte Zeitung. Wir dagegen nahmen die ganze Sache derweil schon etwas leichter, obwohl wir nun wußten, daß wir die Kinder und sie sich selbst überfordert hatten. Am nächsten Morgen wurde der ' Streik' noch einmal besprochen und geklärt; mit neuem Elan gingen alle an die letzte Ausgabe.

Am Kiosk

Der Höhepunkt für die Kinder der Zeitungsgruppe kam spätnachmittags, wenn für die anderen auf dem Platz der Filmstadttag zu Ende ging: die fertige Zeitung wurde verteilt. Aus der Sicht der Betreuer ein wichtiges Ziel: Öffentlichkeit herstellen, für die Kinder jeden Tag wieder ein Erlebnis: Die Zeitung ist fertig geworden, alle wollen sie lesen. Den eigenen Namen, Bericht, die eigene Geschichte oder Zeichnung in den Händen aller Kinder und Betreuer auf dem Platz zu wissen — ein Hochgefühl, das sich nur schwer beschreiben läßt. Unters Volk gebracht wurde die Zeitung am Kiosk am Ein -/ Ausgang des Platzes. Einige der Kinder hatten ihn an einem der Vorbereitungsnachmittage aus Bühnenkulissen gebaut und angemalt.

Lange Zeit hatten wir überlegt, ob die Zeitung umsonst oder gegen Entgelt (10 Pf) ausgegeben werden solle; wir wollten verhindern, daß die Zeitung allzu lieblos behandelt und die Exemplare über den Platz verstreut würden. Die Kiosk - Lösung erschien uns gut: niemand mußte Geld für die Zeitung bezahlen, aber immerhin war eine gewisse Anstrengung erforderlich, um ein Exemplar zu ergattern. Wir hatten uns um dieses Problem wohl zu viele Sorgen gemacht. Nach Ende der Vorführungen auf der Bühne setzte der Ansturm auf den Kiosk ein, Warteschlangen waren an der Tagesordnung, die Kinder rissen sich um die Zeitung; die ' Tüpfelchen - Macher ' waren zufrieden. Das Interesse der Leser an der Zeitung zeigte, daß die Mühe und Arbeit, die die Kinder investiert hatten, nicht umsonst waren. Einblick in das Wechselspiel zwischen Zeitungslesern und Zeitungsmachern bekamen die Kinder

Kinder machen ihre Zeitung selbst

Filmstadt-Kinder drängen sich am Kiosk und sind stolz auf „Ihre" Zeitung

durch direkte Reaktionen auf ihre Zeitung, auch durch Leserbriefe; leider kamen diese aber noch viel zu selten.

Vom Haufen zur Gruppe

Ich habe bereits angesprochen, was sich an Gruppenprozessen in der Zeitungswerkstatt während dieser Woche abspielte. Wir waren von der Voraussetzung ausgegangen, daß jede Werkstatt auf dem Platz für alle Kinder offen sein müsse, d.h., die Kinder mußten sich nicht am ersten Tag auf eine Sache festlegen, sondern konnten während der ganzen Woche jeden Tag in einer anderen Werkstatt mitarbeiten. Dieses System führte natürlich zu Problemen. In einem Haufen von Kindern ein Gruppengefühl entstehen zu lassen, ist schwierig, wenn jeden Tag neue bzw. andere dazukommen. In unserer Werkstatt arbeiteten ca. 8 Kinder kontinuierlich die gesamte Woche über mit, hinzu kamen dann rund 10 Kinder, die nur einen Teil der Woche oder mal einen Tag mitmachen wollten. Da der Tag immer mit einer gemeinsamen Besprechung begann, war es relativ leicht, die ' Neuen' miteinzubeziehen und mit der Arbeit vertraut zu machen. Viele Themen wurden in Gruppen von zwei, drei oder mehr Kindern bearbeitet, dadurch fiel der Einstieg nicht allzu schwer. Ein gemeinsames Spiel hätte die Integration aber sicherlich noch erleichtert. Ganz vermeiden ließ sich allerdings nicht, daß diejenigen, die kontinuierlich an der Zeitung arbeiteten, ihren Erfahrungsvorsprung vor den Neuen etwas ausspielten. Die hohe Motivation der Kinder und ihr gemeinsames Interesse an der Zeitungsarbeit ließ im Lauf der Woche langsam ein Gruppengefühl wachsen, das Nebeneinander wurde nach und nach zum Miteinander, die Selbständigkeit wuchs und die Betreuer wurden – zumindest teilweise – überflüssig. Disziplinprobleme, mit denen wir gerechnet hatten, traten kaum auf.

Ein weit größeres Problem war die Altersstruktur unserer Gruppe, zu Anfang zwischen 6 und 13, gegen Ende der Woche zwischen 5 und 15 Jahren. Die Kleinen, die noch nicht oder wenig schreiben konnten, hatten fast ausschließlich ein Interesse: Schreibmaschinenspiele. Die Größeren fühlten sich dadurch gestört, behindert. Die Besprechungen wurden unruhig, weil die Kleineren sich einfach nicht so lange konzentrieren konnten – dabei sein wollten sie aber unbedingt. Als nützlich erwies sich in diesem Fall Zeichenpapier und Stifte. Aber immer half das nicht und mitunter kam es zu Auseinandersetzungen. Wenn mehrere Kinder an einem Thema arbeiteten, so waren sie meist etwa gleichaltrig. Im Laufe der Woche nahm die Toleranz zwischen Älteren und Jüngeren aber merklich zu. Die Mädchen in unserer Gruppe waren den Jungen gegenüber leicht in der Überzahl, hatten von ihrer Rolle her aber keinerlei Probleme, sich durchzusetzen.

Nach dieser Beschreibung der praktischen Zeitungsarbeit in der Filmstadtwoche nun einiges zur Konzeption und Entstehung der Betreuergruppe der Zeitungswerkstatt.

Entstehung der Zeitungsgruppe

Die Filmstadt - Arbeitsgemeinschaft, eine Gruppe von 20 Pädagogikstudenten, hatte bereits über ein halbes Jahr an der Konzeption der Filmstadt gearbeitet. Aus dieser Gruppe bildeten sich die einzelnen Werkstattgruppen. Die Entstehung der Zeitungsgruppe war eine besonders schwierige Geburt. Die Besetzung wechselte häufig und erst 4 Wochen vor Beginn des Projekts konstituierte sich endgültig eine Betreuergruppe von 5 Leuten. Die Voraussetzungen waren schlecht, wir kannten uns teilweise kaum. Einige hatten Erfahrungen in der Arbeit mit Kindern und Jugendlichen, keiner hatte schon einmal Zeitungsarbeit gemacht. Wir hatten nur noch sehr wenig Zeit, uns in das Thema genauer einzuarbeiten, es mußte viel organisiert und vorbereitet werden. Dabei blieben persönliche Kontakte auf der Strecke, was im Verlauf der Woche zu Spannungen führte. Das Konzept unserer Arbeit stand schon länger fest, für uns war es notwendig, Lernziele zu konkretisieren, Umsetzungsmöglichkeiten zu erarbeiten, kurz, den Ablauf der Woche langsam in den Griff zu bekommen. Hemmend wirkte dabei oft eines der ' obersten Gesetze ' der Gesamtgruppe: „ Wir sind ja so offen und flexibel ". Wir befürchteten, die Kinder zu stark einzuengen, wenn wir vorher alles genau planten, andererseits wollten wir ein planloses Chaos verhindern. Es entstand das Gerüst eines Tagesablaufs, wie wir ihn dann auch während der Woche beibehalten konnten. Es wurden Themenkataloge aufgestellt, Arbeitsformen gesammelt ... Vor allem mußten wir uns mit den Techniken, die wir den Kindern vermitteln wollten, selbst vertraut machen, also: großes Kartoffeldrucktreffen an einem Nachmittag. Viel Arbeit machte das Aufstellen von Materiallisten, die Beschaffung des Materials, die Lagerung usw.

Konzeption und Lernziele

Die aufgestellten Lernziele waren dafür gedacht, uns bewußt zu machen, was wir mit unserer Zeitungsarbeit anstreben wollten. Unsere Konzeption hat keinerlei Vollständigkeitsanspruch und setzt vor allem keine Norm, an die wir uns klammern und die wir mit allen Mitteln durchsetzen wollten.

Ziele:
Zeitungsarbeit als Möglichkeit
- Bedürfnisse und Interessen zu artikulieren
- Öffentlichkeit herzustellen
- Dinge anzusprechen, zur Diskussion zu stellen, zu verändern

Letztlich unser Hauptziel war es, den Kindern zu helfen, **sich das Medium Zeitung nutzbar zu machen.**

Der Prozeß des Zeitungmachens in der Filmstadt soll nicht daran orientiert sein, wie Tageszeitungen hergestellt werden. Redaktionskonferenzen werden abgehalten, allerdings ohne hierarchische Strukturen. In diesen Redaktionssitzungen sollen Ideen gesammelt werden, die möglichst in Gruppen bearbeitet werden. Die Themen sollen weitgehend an den laufenden Ereignissen und an den Bedürfnissen der Kinder orientiert sein. Es soll darauf hingearbeitet werden, im Laufe der Woche über den Platz hinaus nach außen zu gehen. Zusammenarbeit mit den anderen Werkstätten ist uns sehr wichtig.

Konsequenzen – Erfahrungen – Hinweise

Was ist aus den Lernzielen geworden? Wenn ich im Nachhinein die Ziele, die wir unserer Arbeit gesetzt haben, mit dem vergleiche, was während der Filmstadtwoche gelaufen ist, so bin ich alles in allem zufrieden. Die Kinder haben Spaß an der Sache gehabt, das haben wir deutlich gespürt. Sie haben wirklich alles selbst gemacht, von Anfang bis Ende, und sie haben das geschrieben, was für sie wichtig war. Ihr Produkt stieß in der Filmstadt auf große Resonanz und bekräftigte sie dadurch in ihrer Arbeit. Sie haben - hoffentlich - die Scheu vor dem Medium Zeitung verloren, nachdem sie selbst eine Zeitung gemacht haben. Sie haben erkannt, daß man über das Medium Zeitung Dinge zur Sprache bringen kann, Diskussionen auslösen kann. (Die Stadt Bonn

Zeitungsproduktion: Das Zusammenlegen

hat leider noch keine Konsequenzen aus den Artikeln der Filmstadtzeitung über die Spielplatzsituation in Bonn gezogen). Wichtig sicher auch die Erfahrung, gemeinsam aktiv an einer Sache, die alle angeht, die dem Einzelnen und der ganzen Gruppe immer wieder Erfolgserlebnisse vermittelt, zu arbeiten; das gilt gerade für die Generation der Kinder, deren liebstes Spielzeug das Fernsehen ist. **Selber machen statt konsumieren.**

Ob die Kinder, die die Zeitung gemacht haben, motiviert sind, weiter an dieser Sache zu arbeiten, weiß ich nicht. Die Möglichkeiten sind vielfältig: in der Schule, in Jugendgruppen, eine Zeitung von Kindern einer Straße, einer Siedlung ... Das Material dazu ist leicht zu beschaffen, Papier und Stifte. Schwierig wird es nur mit dem Drucken, aber die meisten Schulen und Jugendheime haben zumindest einen Umdrukker, in der Nachbarschaft oder Verwandtschaft gibt es vielleicht einen Offsetdrucker, der nebenbei gerne mal ein paar Seiten druckt. Aus eigener Erfahrung weiß ich, daß sich Schülerzeitungen meist eher an die 'älteren Jahrgänge' richten. Wir haben bei unserer Arbeit gemerkt, daß gerade auch die 8–12-jährigen mit viel Interesse und Ideen Zeitung machen, daß sie Möglichkeiten haben müssen, zu Wort zu kommen.

Zeitungsarbeit unter verschiedenen Aspekten

Für die Kinder in der Zeitungswerkstatt wäre es wenig sinnvoll gewesen, Zeitungsarbeit an ihren Vorerfahrungen mit Tageszeitungen oder Zeitschriften zu orientieren. Sie hatten kaum Vorkenntnisse, sondern wollten kreativ eine eigene Zeitungsform erarbeiten, ihren Ideen freien Lauf lassen. Bei Zeitungsarbeit mit Älteren wäre das Einbeziehen der Vorerfahrungen sicher sinnvoll und notwendig. Formen der Berichterstattung, Artikelstrukturen, Funktion und Wirkung von Überschriften etc. könnten untersucht, verschiedene Zeitungen verglichen werden, eine Motivation, den Versuch zu starten, es anders/besser zu machen. Wichtig ist sicher auch die Vermittlung bestimmter Techniken, zum Beispiel Schriftgestaltung, Einsatz von Zeichnungen, Graphiken, Photos. (Unsere Zeitung arbeitete dank der intensiven Zusammenarbeit mit der Photogruppe viel mit Bildern.)

Zeitungsarbeit soll Spaß machen im Sinne eines spielerischen Ausprobierens und Lernens. Die Grenzen zwischen Spiel und Arbeit sind

Kinder machen ihre Zeitung selbst

Nachdem ersten Schultag fragt die Mutter: „Na wie war es?" „Klasse, aber der Lehrer ist Heute noch nicht fertig geworden, ich muß Morgen noch mal hin!"

*

Mutter zum Kind: „Na wie war euer M neuer Lehrer?" „Gut! Aber er ist sehr fromm, als er meine Hausaufgaben gelesen hätte stöhnte er„ oh Gott, oh Gott."

*

Warum gehen die Ostfriesen in der Weihnachtszeit durchs Fenster?

Antwort: Weil Weihnachten vor der Tür steht.

NINA

Wenn Kinder täglich ihre eigene Zeitung machen, sind für sie die selbstgemachten Witzseiten fast das Wichtigste.
Illustration aus: Das Tüpfelchen auf dem i, 6. Ausgabe, 5.8.1979, Filmstadt Bonn

allerdings sehr fließend. Es ist notwendig, so wenig Leistungsdruck wie möglich aufkommen zu lassen; den Zeitdruck wird man, wenn eine Zeitung regelmäßig erscheinen soll, sicherlich nicht ganz ausschalten können.

Anregungen zum Selbermachen

Egal, ob in Nachbarschaftsgruppen, Jugendheimen oder Schularbeitsgemeinschaften eine Zeitung gemeinsam hergestellt oder gedruckt wird, immer gehört hierzu die Veröffentlichung und somit eine genaue Orientierung auf eine spezifische Lesergruppe hin. Wirkungen stellen sich von selbst ein, sind erst einmal der notwendige Mut und das Selbstbewußtsein vorhanden. Zwar läßt sich kein **Gegengewicht** zu professionellen Blättern herstellen, aber eine kleine, von Kindern regelmäßig selbstgemachte Zeitung wendet sich schließlich auch nur an einen kleinen Adressatenkreis, will in dieser **Teilöffentlichkeit**, dem unmittelbaren Umfeld, etwas verbessern. Wenn sich einige Betreuer für eine Kindergruppe die notwendige Zeit nehmen und engagiert mitarbeiten, so bewirken Initiative, Spaß und Lernerfolg der Kinder das ihrige.

Viele gute Hinweise zum spielerischen Umgang mit dem Medium Zeitung sowie Anregungen für eine Familienzeitung finden sich in: *Fridhelm Klein / Peter Müller-Egloff: Zeitungsfibel — oder ich mach' mir meine Zeitung selbst, Weinheim und Basel: Beltz Verlag 1975, ca. 64 S. (Loseblattsammlung), 18.–DM.* Ein *Do-it-yourself für Schülerzeitungsmacher*, das Buch von *Hermann M. Rupprecht: Schreiben vor Wut, Wuppertal: Jugenddienst-Verlag, 1974, 212 S., br., 4.–DM.* liefert einige Praxisberichte und konkrete Hintergrundinformationen. Es ist so detailliert, dennoch gut lesbar geschrieben und bietet so viele praktische Hinweise, daß man nur eins machen kann: **sich seine Zeitung selbst machen.**

Das Tüpfelchen auf dem i

Entstehung und Hintergründe
eines Video—Films während der Filmstadt
von Detlev Fechtmann

I.

Die Idee, einen Film über die 'Filmstadt für Kinder' zu machen, ist so alt wie das Projekt selbst gewesen. Ende 1978 wurde ich von den Initiatoren des Projekts angesprochen, ob ich Lust hätte, eine Dokumentation über den Ablauf der 'Filmstadt' herzustellen. Ich gab spontan meine Zusage, zumal es mir zu der Zeit als eine gute Möglichkeit erschien, auf diese Weise meine filmische Ausbildung selbständig voranzutreiben. Die Sache stand also fest, bevor sich überhaupt eine Gruppe, die dieses Projekt in Angriff nehmen sollte, konstituierte.

Kontakt zu der Gesamtgruppe habe ich erst sehr viel später aufgenommen, nachdem diese bereits Lernziele, Konzeption und Ablaufplan des Projektes ausgearbeitet hatte. Ich nahm an einem Betreuerwochenende im Juni teil und bei dieser Gelegenheit tauchten die ersten Schwierigkeiten und Mißverständnisse auf. Die Gruppe war in keinster Weise darauf vorbereitet, daß jemand eine Dokumentation herstellen wollte. Es gab in der Gruppe einen grundsätzlichen Widerstand gegen alles, was **eine** Person über dieses Projekt berichten wollte. Die Auffassung war folgende: entweder die gesamte Gruppe stellt im Kollektiv eine Dokumentation her, egal ob filmisch oder literarisch, oder es sollte gar nichts dergleichen passieren. So mußte ich zunächst einmal meine Anwesenheit rechtfertigen. Ich als Außenstehender, der nicht an den konkreten Vorbereitungen teilgenommen hatte, würde ich die Intentionen der Gruppe im Film richtig darstellen? Nachdem ich mit einigen wenigen Wortführern das Problem besprochen hatte, einigten wir uns darauf, daß ich den Film machen könnte, obwohl nicht alle Vorbehalte meiner Person gegenüber ausgeräumt waren. Daß dieses alles gar kein Problem der **Gruppe** war, sondern von einigen wenigen, die sich als (Wort-)Führer der Gruppe verstanden, ohne jemals in diese Position gewählt worden zu sein, versteht sich von selbst. Dies scheint mir ein grundsätzliches Problem von Gruppen zu sein, es sei hier nur vollständigkeitshalber erwähnt.

Ich bat einen Freund, mich bei der Filmarbeit zu unterstützen und so entstand nach kurzer Zeit ein vorläufiges Konzept, nach dem wir vorgehen wollten. Zunächst hatten wir die Absicht, die Videogruppe zu dokumentieren, aber nach reiflicher Überlegung zogen wir dann doch die Zeitungswerkstatt als Beobachtungsgruppe vor, da wir uns von ihr filmisch mehr versprachen. Alle Gruppen der 'Filmstadt' zu dokumentieren, schien uns nicht ratsam, weil dies bei einer Filmlänge von 60 Minuten unweigerlich zu einem Verlust von intensiven Prozeßentwicklungsbeobachtungen geführt hätte. Der Film, der ursprünglich auf Super 8 entstehen sollte, wurde dann schließlich in Video 3/4 Zoll gedreht. Die Bundesarbeitsgemeinschaft für Medienerziehung in Bonn, die als Mitveranstalter das Projekt unterstützte, bot der Gruppe eine komplette 3/4 Zoll Videoanlage für eine eigene Dokumentation an. Da sich niemand bereit fand, den Film für die Gruppe herzustellen, habe ich mit meinem Freund Michael Weber diese Anlage übernommen, zumal die Super 8 Kamera uns wenige Tage vor Drehbeginn durch Diebstahl verloren ging. Die Betreuer, die bewußt kein Fernseh-Team in der Filmstadt sehen wollten, weil sie befürchteten, daß ein solches Team eher Unruhe unter den Kindern stiften könnte, machten uns zur Auflage, mit der 'nötigen Zurückhaltung' unsere Arbeit zu verrichten.

II.

Am Montag, dem 30. Juli 1979, startete man die Filmstadt – und das organisatorische Chaos begann. Die 3/4 Zoll Videoanlage stand nicht termingerecht zur Verfügung, wir mußten zunächst auf eine 1/2 Zoll Anlage ausweichen. Am zweiten Tag war zwar die 3/4 Zoll Anlage vorhanden, dafür gingen am gleichen Tag die Cassetten aus, sodaß am dritten Tag, nachdem man uns Nachschub versprochen hatte, wir notgedrungen uns aus eigener Tasche Cassetten besorgen mußten. Dadurch gerieten wir in den von der BAG uns gegenüber ausgedrückten Verdacht, kommerzielle Gründe für unser Engagement zu haben, weil sie die gesamte Filmtechnik zur Verfügung gestellt hatte, diese Geräte aber nicht Leuten überlassen darf, die eventuell Profit anstreben könnten. Hier mangelte es an einer vernünftigen Absprache zwischen der BAG und der Betreuergruppe, inwieweit wir den Film auch für die Gruppe herstellen und nicht aus anderen, unlauteren Gründen.

Sehr viel gelassener reagierten die Kinder auf unsere Anwesenheit. Nachdem die Betreuer der Zeitungswerkstatt uns den Kindern vorgestellt hatten und erklärten, wir würden einen Film über diese Gruppe machen, nahmen sie kaum noch Notiz von uns. Wir bauten die Anlage am Eingang des Zeitungszeltes auf, wir übten nötige Zurückhaltung. Dank Tele und Weitwinkel konnten wir aber auch auf diese Weise den Prozeß, der in dieser Gruppe ablief, mit attraktiven Bildern einfangen. Nur manchmal, wenn wir die Videoanlage über den Filmstadtplatz schleppten, fragten uns einige Kinder, ob wir vom Fernsehen seien. Ansonsten sind wir wohl nicht störend aufgefallen. Vielleicht unterschätzen auch manche angehenden Pädagogen die Unbefangenheit von Kindern.

Normalerweise verfügt man über ein Drehbuch, wenn man einen Film machen will. In diesem Fall waren wir davon abhängig, was passieren würde, und bei Kindern passiert immer das, womit man nicht rechnet. Wir konnten nichts stellen, keine Szene wiederholen, entweder das, was uns als wichtig erschien, war letztlich in brauchbarem Zustand auf dem Rohmaterial, oder nicht, dann war es nicht mehr zu ändern. Nachdem sich ein gewisser regelmäßiger Ablauf in der Zeitungswerkstatt entwickelt hatte, konnten wir darüber nachdenken, wie der fertige Film aussehen sollte. So war es uns möglich, gewisse Szenen im Voraus zu planen und in unser Konzept einzubauen. Wir wollten möglichst alle Entwicklungsstufen in dieser Gruppe dokumentieren, natürlich waren wir letztlich darauf angewiesen, daß in der Gruppe überhaupt etwas passierte. Aber wir hatten mit der Zeitungswerkstatt einen guten Griff getan, da sie wohl die einzige war, die in einem überschaubaren Rahmen kontinuierlich arbeitete und so für die Kamera viele reizvolle Augenblicke entstanden.

Bei einem Interview, das ein Teil der Kinder in den umliegenden Straßen durchführte, bei dem es um die Frage ging 'Was tut die Stadt Bonn für die Kinder?', wurde deutlich, wie hilflos und unwissend einige Erwachsene auf die Fragen der Kinder reagierten. Bis auf zwei weitergehende Vorschläge kamen nur armselige Hinweise darauf, daß wohl noch einige Spielplätze nötig seien. Die Kinder merkten auch, wie Erwachsene zunächst 'spontan' auf sie eingehen wollten, dann aber — beim Anblick der Kamera — in eine gewisse Unsicherheit verfielen und erst jetzt die Fragen der Kinder ernst nahmen. Umso sicherer fühlten sich die Kinder mit der Kamera im Rücken und stellten sofort weitere Fragen, wenn die erste nur oberflächlich beantwortet wurde. So bemerkte eine Frau, 'daß auch die Kinder etwas für die Erwachsenen tun könnten, z.B. in der Straßenbahn älteren Menschen den Platz anbieten'. Darauf endlud sich der Zorn eines Mädchens sehr impulsiv. Sie empfand diese Bemerkung als ungerecht, zumal sie manchmal 'genauso kaputt' sei und den Sitzplatz auch benötige. Außerdem könne sie es 'älteren Menschen im Gesicht ablesen, ob sie auch danke sagen können'. Und sie hat die Erfahrung gemacht, daß dies Erwachsenen sehr schwer fällt.

Auch die Tatsache, daß die Kinder nach einigen Tagen an einem Nachmittag 'streiken', weil sie keine Lust mehr zum Arbeiten hatten und lieber spielen wollten, ist aus der Sicht eines Filmemachers ein reiner Glücksfall, da hier etwas deutlich wurde, was Kinder in allen Bereichen erleben, aber nicht immer so eindeutig ausdrücken können: natürlicher Widerstand gegen einen **eigenen Leistungsanspruch**, der kaum kindgemäß sein kann, ein Stress aber, dem Kinder — und nicht nur in der Schule — ständig ausgesetzt sind.

III.

Nach Beendigung des Filmstadtprojektes hatten wir 8,5 Stunden Rohmaterial. Nachdem wir eine Woche mit dem Schnitt beschäftigt waren, und etwa ein Drittel des Films glaubten fertiggestellt zu haben, sahen wir uns das halbfertige Produkt an und entschieden uns spontan dazu, noch einmal von vorne anzufangen. Wir baten Bettina Pötz, die als Betreuerin in der Zeitungswerkstatt mitwirkte, uns bei der Arbeit zu helfen, um die Intention der Gruppe beim Schneiden nicht völlig aus den Augen zu verlieren. Nach einer weiteren Woche hatten wir es geschafft, aus dem 8,5 Stunden Rohmaterial eine 1,5—Stunden—

Selbstgemachtes

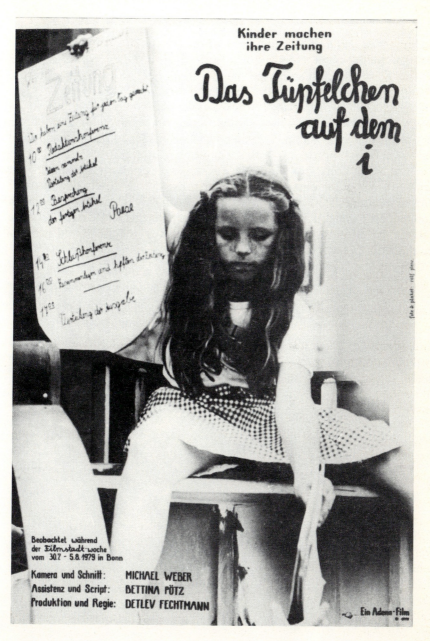

Das Plakat zum fertigen Videofilm. Foto und Gestaltung Ralf Plenz

Fassung herzustellen, die uns dann aber auch noch als zu lang erschien. Da die technischen Geräte nicht immer einwandfrei funktionierten, wurde dieser wichtige Prozeß beim Filmherstellen unnötig unterbrochen. Schließlich kürzten wir den Film auf knapp 60 Minuten.

Auf einen erklärenden Kommentar haben wir bewußt verzichtet, um ausschließlich die Bilder sprechen zu lassen. Ich glaube auch nicht, daß zum Verständnis des Films ein Kommentar nötig sei, womit ich mich aber in konträrer Meinung zu einigen Betreuern befinde. Insgesamt ist ein Film entstanden, der erstens sehr deutlich die Entwicklungsprozesse, die die Kinder in der Zeitungswerkstatt durchgemacht haben, veranschaulicht und zweitens diejenigen bekräftigen könnte/sollte, die Medienarbeit mit/über Kinder für möglich und sinnvoll halten.

Soziales Lernen?

Nebeneffekt von Videopraxis

von Rotraut Greune

Im Rahmen der medienpädagogischen Aktion „Filmstadt" arbeiteten innerhalb der Werkstatt Video/Super 8 drei Gruppen mit sehr unterschiedlichen Lernprozessen und Zielen.

Die Möglichkeiten, mit Video innerhalb von einer Woche interessante inhaltliche Ergebnisse zu erzielen, sind in den beiden nachfolgenden Beiträgen gut beschrieben. In diesem Artikel soll Soziales Lernen am Beispiel einer Videoproduktion vorgestellt werden – vielleicht kommt dieser „Nebeneffekt" in Konzeptionen häufig zu kurz und die hier vorhandenen Möglichkeiten, mit Video relativ simple spielerische Gruppenprozesse zu fördern, wird übersehen.

Überwindung von Artikulationshemmungen mit Hilfe von Video

Ein neunjähriger Junge, der in die Videogruppe aufgenommen worden war und weder an der Gruppe noch an der thematischen Arbeit interessiert schien, blieb während der Diskussionen in der Gruppe meist stumm. Auf Fragen antwortete er nur widerwillig, eigene Anregungen oder Ideen brachte er in die Gruppenarbeit nicht ein. Dementsprechend wenig interessierten sich die übrigen Gruppenmitglieder für ihn.

Das Interesse des Jungen richtete sich auf die Technik, die der Gruppe zur Verfügung stand. Er wollte unbedingt hinter der Kamera agieren. An den vorbereitenden Rollenspielen nahm er lustlos und ohne Engagement teil, er blieb stumm und teilnahmslos. Zunächst bediente er die Kamera, doch als ein anderes Kind die Technik benutzen wollte, kehrte er bereitwillig in die Rolle des Schauspielers zurück. Sein Interesse- und Teilnahmslosigkeit hörte unmittelbar auf, als er merkte, daß das Rollenspiel abgefilmt wurde. Er integrierte sich problemlos in die Gruppe, hatte offensichtlich zuvor auch immer intensiv und aufmerksam die inhaltlichen Aspekte des Themas aufgenommen – während des gesamten Spiels wich er inhaltlich nicht von dem Konzept ab, das die anderen

Kinder entwickelt hatten. Ohne Technik kehrte er in die Teilnahmslosigkeit zurück. Es gelang während der einwöchigen Videogruppenarbeit zwar nicht, festzustellen, inwieweit er sich mit der Gruppe identifizieren konnte, im Verlauf der Woche wurde jedoch sein Verhalten von der Gruppe zunehmend akzeptiert, so daß er gegen Ende der Filmstadt nicht mehr nur formal, sondern durchaus auch sozial in die Gruppe integriert war, die Mittagspausen gemeinsam mit den anderen Gruppenmitgliedern verbrachte und zu einem teilnehmenden Mitglied geworden war.

„Klau in der Filmstadt" — der Inhalt des Videofilms

In der Folge eines intensiven und kontinuierlichen Gruppenprozesses entstand in unserer Videogruppe ein Film, der sich thematisch mit der Intensivierung der Beziehungen innerhalb der Gruppe von einem Film über Diebstahl zu einem Film über Beziehungen wandelte.

Die Ausgangslage der Gruppe war von folgenden Momenten gekennzeichnet:
- die Kinder kannten sich vor Beginn der Filmstadt nicht
- die Zusammensetzung der Gruppe war willkürlich auf der Basis spontaner Sympathie entstanden
- das vorgeschlagene Thema fand in der Gruppe keine Resonanz, so daß direkt zu Beginn der Gruppenarbeit gemeinsam nach einem neuen Thema gesucht werden mußte
- die anfangs einzige zur Verfügung stehende Videoanlage wurde von einer anderen Videogruppe benutzt, so daß ein Einstieg über die Technik (der zwar nicht angestrebt war, in Anbetracht der thematischen Lage aber als eine Möglichkeit erschien) nicht erfolgen konnte
- die Altersstruktur der Gruppe war problematisch; sieben Kinder im Alter zwischen acht und zwölf Jahren und eine sechzehnjährige Jugendliche, die sich ihre Rolle zwischen den Kindern und den beiden Betreuerinnen (23/24) erst allmählich suchen mußte.

Themenerarbeitung

Die Unsicherheit der Betreuerinnen nahm zu, je länger die Gruppe ohne thematischen Rahmen war. Verschiedene Vorschläge auf der Basis des ursprünglich von den Betreuerinnen vorgeschlagenen Themas „Wohnen" führten schließlich zu einer Einigung: Die Kinder wollten das Thema „Ungerechtigkeit" erarbeiten.

Erste Ansätze einer aktiven Umsetzung führten jedoch zu ersten Frustrationserlebnissen. Nach den langwierigen Diskussionen über die Themenfrage waren die Kinder nicht mehr dazu motiviert, die Realisation des von ihnen gewünschten Themas zu erarbeiten. Auch spielerische Anregungen erreichten kein Ziel. Spontane Rollenspiele und eine Expedition lockerten zwar die Situation auf, blieben inhaltlich jedoch unbefriedigend. Vier der ursprünglich acht Teilnehmer wechselten nach diesem ersten Tag die Gruppe.

Die Jugendliche und die drei verbliebenen Jungen einigten sich am nächsten Tag auf den Bereich „Diebstahl". Anregung hierzu war das Beispiel eines Jungen gewesen, der von „ungerechten Verdächtigungen" gesprochen hatte. Technische Geräte standen auch am zweiten Tag unserer Gruppe aus organisatorischen Engpässen noch nicht zur Verfügung, sodaß zunächst die Möglichkeiten der Realisation erörtert und schriftlich festgehalten wurden. Folgende Schritte einer Umsetzung wurden diskutiert:
- Dokumentation in einem Kaufhaus
  - einer der Teilnehmer „klaut" etwas, das er vorher bezahlt hat
  - Filmen der Auslagen, die zum Diebstahl verführen
- Interviews mit einem Kaufhausdetektiv, einem Kaufhausdirektor, auf einer Polizeiwache

Das Thema (das übrigens nicht von den Jugendlichen aufgeworfen worden war), wurde sehr intensiv diskutiert, doch an eine tatsächliche Umsetzung war aufgrund der fehlenden technischen Geräte nicht zu denken.

Aus diesem Grunde wurde die Idee in die Diskussion eingebracht, in der Filmstadt einen Diebstahl zu inszenieren und die verschiedenen Möglichkeiten, die die Filmstadt bot, einzubeziehen — eine „Anzeige" in die Filmstadtzeitung zu setzen, den Diebstahl über das „Filmstadt-Radio" bekanntzugeben, die Reaktion der Betreuer am Informationsstand zu erkunden, und alles aufzuzeichnen und zur Diskussion zu stellen. Während der gesamten Diskussion um die Verwirklichung des Themas war ein deutliches Interesse an Realismus spürbar, die Kinder schlugen keine Elemente vor, die ihnen von Kriminalfilmen aus dem

Fernsehen bekannt waren, ihr wesentliches Anliegen war die Dokumentation des Verhaltens Erwachsener und Kinder, wenn sie real mit Diebstahl konfrontiert werden.

Drehbuch-Entwurf

In einem Rollenspiel wurde schließlich eine Spielhandlung entwickelt, die ausschlaggebend für die weitere Diskussion wurde. Die Thematisierung des Diebstahls verlagerte sich von einem Interesse an realen Reaktionen auf die Frage, wie der Besitzer des gestohlenen Gegenstandes reagieren könnte. Aus verschiedenen Rollenspielen wurde schließlich folgendes Drehbuch entwickelt (das immer noch dem Anspruch der Kinder nach Authentizität genügen sollte):
- In einer Kindergruppe zeigt eines der Kinder den anderen eine Feldflasche, die es aus dem Urlaub mitgebracht hat
- Ein zweites Kind verabschiedet sich unter einem Vorwand
- Die Feldflasche wird entwendet
- Die Suche nach dem Dieb führt zunächst zum Informationsstand (der Betreuer dort sollte vorher nicht informiert werden, daß der Befragung eine Spielhandlung zugrunde lag)
- Über eine „Radiosendung" der Werkstatt Ton/Musik wird auf den Diebstahl hingewiesen
- Eine Anzeige in der Filmstadtzeitung wird aufgegeben
- Der Dieb wird entdeckt (eine „Fangfrage" des Besitzers entlarvt ihn) und bestraft

Die Gruppe hatte sich in der Zwischenzeit weiterhin verändert: ein weiterer Junge war hinzugekommen, die Kinder hatten schließlich gemeinsam nach weiteren Gruppenmitgliedern in der Filmstadt gesucht, sodaß schließlich eine neue Gruppe von acht Mitgliedern entstanden war.

Realisation

Die Umsetzung des Drehbuches gestaltete sich im Hinblick auf die technischen Schwierigkeiten sehr langwierig, viele Szenen mußten mehrmals gefilmt werden, das Interesse der Kinder an der Handlung ließ immer mehr nach. Ihre Beziehungen untereinander stabilisierten sich im Verlauf der Woche, die zuletzt gekommenen Kinder verloren das Gefühl, an einem Film mitzuarbeiten, der thematisch nicht von ihnen geplant gewesen war.

Inhaltliche Diskussionen ergaben sich schließlich, als der Schluß des Films, die Auflösung, gefunden werden mußte. Hier wurde nun deutlich, wie intensiv der Anteil Sozialen Lernens in dieser Gruppe war. Folgende Lösungsmöglichkeiten standen zur Verfügung:
- Der Besitzer stellt den Dieb allein und übergibt den Dieb dem Betreuer des Informationsstandes
- Der Besitzer löst den Konflikt, indem er den Dieb verprügelt und wegjagt
- Der Besitzer verprügelt den Dieb, die anderen Kinder aus der Kindergruppe greifen ein; der Dieb erklärt, warum er die Flasche genommen hat und entschuldigt sich; der Streit wird beigelegt und die Kindergruppe bleibt zusammen.

Die Kinder entschieden sich für die letzte der genannten Möglichkeiten. Die Stabilität der Gruppe, die sich im Verlauf der Woche (bei 7 Stunden täglicher Zusammenarbeit) entwickelt hatte, wirkte sich auf die Spielhandlung aus: die Kindergruppe des Filmes war ihre eigene Kindergruppe, die Konflikte des Films mußten von ihnen gelöst werden. Interessant ist in diesem Zusammenhang auch, daß der Anspruch der Authentizität, der eingangs bestanden hatte, immer mehr durch gruppeninterne Entwicklungen in den Hintergrund gedrängt war. Als in der Filmstadt einem Jungen tatsächlich etwas weggekommen war, interessierten sich die Kinder unserer Gruppe nur am Rande dafür. In den Vordergrund war die eigene Gruppe gerückt.

Vorführung

Nach Beendigung des Films wollten die Kinder bei der Vorführung auch selbst die Diskussion leiten. Ein Junge, der sich bisher gern in den Mittelpunkt gedrängt hatte, schreckte vor dieser Aufgabe zurück − sie wurde von einem ruhigeren, sehr viel ausgeglicheneren Jungen übernommen. Die Vorführung fand bei den Filmstadt-Besuchern großes Echo, technische Mängel in der Qualität des Films störten niemanden (weder die Kinder, die den Film gemacht hatten, noch die Kinder, die ihn sich anschauten), die anschließende Diskussion um Diebstahl allgemein und Diebstahl unter Freunden war sehr interessant.

Die Gruppe war nach der Fertigstellung des Films in der Lage, sich nicht nur die Themen der Weiterarbeit zu überlegen, sondern es gelang den Kindern, ohne die Betreuer eine Gruppenaufteilung vorzunehmen, bei der die verschiedenen Interessen berücksichtigt wurden.

Die Entwicklung dieser Gruppe zeigt sehr deutlich, wie intensiv bereits ein einwöchiges Projekt Kindern neue Erfahrungen und Erlebnisse vermitteln kann. Die Verlagerung der Schwerpunkte in so kurzer Zeit konnte von den Betreuerinnen zwar unterstützt werden, den wesentlichen Anteil an der Entwicklung der Gruppe hatten jedoch die Kinder selbst. Das soziale Verhalten, das sie von sich selbst in der Spielsituation gefordert hätten, wurde auch in den Film eingebracht.

Action oder Aktionen?

Medienpädagogik im Jugendfreizeitbereich
von Ulrich Gilles

Ich glaube, es fällt niemand besonders schwer, sich in die folgende Vorstellung hineinzuversetzen:
....Er/sie in einem Zimmer, dessen Wände mit Postern geschmückt sind, eine Schallplatte läuft im Hintergrund, auf dem Bett liegt aufgeschlagen eine Zeitschrift, der Fernsehschirm schimmert bläulich, ein Blick aus dem Fenster: Reklamewände fallen ins Auge ...

Dies ist **Wirklichkeit**, aber eine „aus zweiter Hand", wie man sagt, denn in diese Realität hat schon jemand eingegriffen, sie gestaltet, damit verändert. Wir erfahren sie, oft als millionenfach gleiche Botschaft, vermittelt über technische Medien oder Massenmedien wie Zeitung, Film, Fernsehen, Rundfunk. Die **Medienwirklichkeit** (Medium = Mittler) nimmt unbestritten einen immer größer werdenden Teil unseres Lebens ein. Das, was wir wahrnehmen oder erfahren, ist also zunehmend eine von anderen mit bestimmten Absichten produzierte Realität. Vor allem im optischen Bereich sind dies Zeichensysteme (also im gewissen Sinne Sprachen), deren Bedeutung wir nicht in der Schule gelernt haben. Trotzdem werden wir alltäglich davon beeinflußt, zum Beispiel wenn wir Werbung oft nur unterbewußt konsumieren.

Der **Konsum** ist ohne Frage eine vorherrschende Tätigkeit. Wir lernen von Kindesbeinen an, Medien wie Nahrung aufzunehmen, ohne uns allerdings um die Verdauung zu kümmern und ohne oft nach einem Speiseplan vorzugehen.

Wie kann der Einzelne dann überhaupt noch auf die Vielfalt, die Buntheit, den Perfektionismus dieser Reize reagieren? Wenn Pädagogik allgemein die Spannung zwischen Individuum und Gesellschaft auszubalancieren versucht, so liegt die Aufgabe der Medienpädagogik darin, den Einzelnen bei der Bewältigung der Medienwirklichkeit zu unterstützen. In einer eher willkürlichen Abgrenzung geht es im folgenden um die Massenmedien und ihre Bedeutung für das Leben von Jugendlichen. Im Unterschied zur schulischen Beschäftigung mit den Medien ist vorerst der außerschulische Bereich anvisiert.

Hieß es früher „Augen zu vor Schmutz und Schund", sucht Medienpädagogik heute die Auseinandersetzung: die Medien (d.h. genauer die Medienprodukte, die Medieninstitutionen) werden nicht nur kritisch analysiert; man geht vielmehr darüber hinaus und versucht, selbst die technischen Medien in die Hand zu nehmen und in den Griff zu bekommen. Diese **aktive** Medienarbeit, so wie sie heute wohl von den meisten Medienpädagogen verstanden wird, verfolgt weitreichende Ziele:
- der praktische Umgang mit den Geräten soll erlernt werden; Lernen vollzieht sich im eigenständigen Benutzen und ist mit Spaß und Kreativität verbunden
- durch Beschreibung, Wissensvermittlung, Analyse und Reflektion soll über die Medien, ihre Sprachen und Funktionen aufgeklärt werden
- durch die Verwendung technischer Medien ist es besser möglich, eine (wenn auch meist sehr begrenzte) Öffentlichkeit zu erreichen. In diesem Sinne ist aktive Medienarbeit politisch.
- durch die Anknüpfung der Inhalte an die eigenen Interessen und Bedürfnisse der Lernenden ist die Möglichkeit des Ausdrucks eigener Meinungen gegeben. Damit wird ein Beitrag zur Steigerung von Selbstbewußtsein, Identität und persönlicher Emanzipation geleistet.

Ganz schön anspruchsvoll, diese Ziele, nicht wahr! Aber auch wenn Sie diese Ziele für erstrebenswert und sinnvoll halten, über die Realisierungschancen ist damit noch lange nichts gesagt! Das Alltagsverhalten von Jugendlichen kommt nämlich diesen pädagogischen Wunschvorstellungen nicht gerade entgegen.

Denn: Wer **macht** noch etwas selbst (z.B. malen, fotografieren, schreiben usw.), wenn er als **Konsument** großgeworden ist, wenn er — wie dies als kennzeichnende Beschreibung heutiger Jugendlicher und Kinder gilt — sich immer und überall „füttern" läßt, ohne selbst genau zu wissen, was er da gerade warum und in welchen Mengen zu sich nimmt. Es ist in dieser Situation also ganz und garnicht selbstverständlich, mit Jugendlichen in die Produktion eines Films z.B. einzusteigen und dieses Produkt dann auch fertigzustellen, wenn das Bewußtsein vorherrscht, daß man dies alles doch auch viel einfa cher, schneller und perfekter haben (= kaufen) könne. Diese düstere Schilderung hat auch ihr Gutes: Indem sie vor allzu großen Erwartungen warnt, verhilft sie zu einer realistischen Einschätzung, zu einem vielleicht bewußteren und damit letztlich erfolgreicheren Eingehen auf die Probleme heutiger Jugendlicher. Wenn man dies beachtet, werden sich auch die ersehnten Erfolgserlebnisse einstellen. So sehr ändert sich die Jugend nicht, wohl aber die Bedingungen, unter denen sie aufwächst.

Jugendliche brauchen also jemand, der sie auf etwas aufmerksam macht, der hilft, vorhandenes, verschüttetes Potential freizusetzen, eigene Gedanken und Wünsche zu artikulieren und auf der Basis dieser Motivation Fantasie und Kreativität beim Tun zu entwickeln. Dies ist natürlich eine pädagogische, eine zudem technische und organisatorische Unterstützung.

Als Klärungsversuch zum Gegenstandsbereich und zum Begriff Medienpädagogik kann die Serie *Was ist Medienpädagogik* in: *Medien und Erziehung (merz), Heft 2 und 3/1976* gelten, in der sich zahlreiche Wissenschaftler zu Wort melden. Die Vielzahl der unterschiedlichen Definitionen und Meinungen veranschaulicht die Probleme des neuen Fachs.

Viele wichtige Stichwörter zur Medienpädagogik enthält: *Medienpädagogik – Begriffe, Bereiche, Bezüge* von *Michael Schaaf, Aachen: Bundesarbeitsgemeinschaft für Jugendfilmarbeit und Medienerziehung, 1977, 175 S., ca 4.–DM.* Die Stichwörter werden jeweils auf einer Seite abgehandelt, eine weitere Seite enthält passende Literaturausschnitte und –hinweise. Das Buch ist bei dieser Kürze nicht immer einfach verständlich, enthält natürlich auch Lücken, ist aber trotzdem als Einstieg in die medienpädagogische Begriffswelt zu empfehlen.

Sowohl medientheoretische Überlegungen wie auch praktische Erfahrungsberichte findet man in: *Kritische Medienpraxis, herausgegeben von Alex Diel, Köln: Dumont, 1974, 300 S.* Speziell mit *Kindermedien* beschäftigt sich das *Heft 27/1977 von Ästhetik und Kommunikation, Berlin: Verlag Ästhetik und Kommunikation, 112 S.,9,50 DM.* Dort geht es ebenso wie in dem Buch *Jugendkultur – Ästhetische Praxis in der Pubertät* von *Helmut Hartwig ,Reinbek: Rowohlt, 1980,*

380 S., 10,80 DM nicht nur um Massenmedien. Vielmehr wird auf der Basis psychologischer, historischer und sozialer Analysen zum sogenannten „Neuen Sozialisationstyp" die ästhetische Alltagspraxis heutiger Kinder und Jugendlicher untersucht und danach gefragt, wie Kunsterziehung, Kultur- und Sozialarbeit an diesen Artikulationsformen und Zeichensprachen ansetzen können.

Wenn man nach einem Modell für die Analyse von Medienprodukten sucht, kann man sicher auf *Bernward Wember : Wie informiert das Fernsehen?* verweisen. Das Buch, *München:List,1976, 176 S.* ist eine Dokumentation der gleichnamigen ZDF-Sendung, zusätzlich kann man die entsprechende Videocassette kaufen. Es ist dies ein großangelegter und didaktisch reflektierter Versuch, die Mittel des Fernsehens zu analysieren.

Das Lesen von Büchern allein reicht selbstverständlich nicht aus — wichtiger ist wohl die praktische Erfahrung. Aus diesem Grunde folgt nun ein Praxisbericht.

„Die Drehtür — von einem, der den Dreh nicht findet"
Ein Videofilm von, über und mit jugendlichen OT-Besuchern

Medienpädagogik im Jugendfreizeitbereich hat damit zu kämpfen, daß die Freizeit der Jugendlichen bereits mit Medienkosum angefüllt ist. Weiterhin gibt es bei jeder einzelnen Aktion immer wieder aufs Neue konkrete Probleme, die meist technischer, organisatorischer Natur sind. Einmal vorausgesetzt, Ziele und Methoden sind klar, so ist alle Mühe umsonst, wenn nur ein Gerät defekt, wenn ein Raum nicht zugänglich ist. Es scheint mir aus einigen Gründen wichtig, konkrete Erfahrungsberichte zu vermitteln, weil:
- man kann sich an den aufgeführten Einzelaspekten orientieren und gewinnt so bei der Komplexität der meisten Projekte einen ersten Überblick
- man erhält einen Maßstab für den eigenen Erfolg/Mißerfolg — Projekte ohne Probleme gibt es nicht
- man lernt, die Dimensionen des eigenen Vorhabens (Dauer, Kosten, Beteiligte usw.) besser einzuschätzen.

Der Leser möge versuchen, vom folgenden Beispiel ausgehend, Ziele, Funktionen und Bedingungen von Jugendmedienarbeit zu verallgemeinern und auf seine spezielle Situation/Zielgruppe zu übertragen.

Im Rahmen einer Öffentlichkeitsaktion der Bonner Jugendheime (= OT = Offene Tür) hatten sich einige Jugendliche aus der OT Kölnstraße zusammen mit ihrem Betreuer dafür entschieden, einen Videofilm als Beitrag zu erstellen. Zusammen mit einem anderen Medienpädagogen wurde ich hinzugeholt und übernahm die Planung, Organisation und Durchführung dieser Aktion. Dieser Anfang ist eher untypisch, dabei ist aber eine Öffentlichkeitsaktion als Anlaß für Medienarbeit sicherlich günstig.

Ziel sollte es hier sein, die Öffentlichkeit mit einer authentischen Darstellung der persönlichen Situation von Jugendlichen und der Rolle der OT dabei zu konfrontieren. Unter diesem Aspekt schien die Selbstartikulation der Betroffenen besonders wichtig. Entsprechend war der methodische Aufbau angelegt: wir begannen mit einer Sammlung von Problemen der Jugendlichen, versuchten diese zu strukturieren und zu zwei Metaebenen in Beziehung zu setzen: inwieweit können hier exemplarisch gesellschaftliche Probleme aufgezeigt werden (Beziehungen zwischen Arbeitslosigkeit – OT-Besuch, Verhältnis der Jugendlichen zu den Eltern, Arbeitgebern, zur OT-Leitung), und wie muß die mediale Form aussehen, die die Absichten der Jugendlichen auszudrücken am ehesten in der Lage ist? Aus technischen, dramaturgischen und didaktischen Gründen entschieden wir uns für eine Mischform aus Dokumentation und Spielhandlung. Generell gilt nämlich, daß eine „reine" Dokumentation oft zu „trocken" wirkt, während ein „reiner"Spielfilm als zu abgehoben von der Realität erscheint. Vor allem aber sind diese Formen mit den vorhandenen Möglichkeiten meist nicht zu realisieren. Bei anderen Anlässen sind natürlich auch andere Gestaltungsmittel denkbar: Rollenspiel, Reportage, Interview, Theater, allerdings ist das Medium Video besonders gut für Beobachtung und Dokumentation geeignet.

Auf diesen Überlegungen aufbauend wurde beim zweiten Treffen der Gruppe ein Handlungsrahmen, also eine Geschichte entwickelt, das sogenannte Treatment. Nach der **Brainstorming-Methode** wurde zuerst den Ideen freier Lauf gelassen um erst in einer zweiten Phase die Realisierbarkeit zu überprüfen. Bewußt war das Drehbuch noch nicht ausgestaltet, als wir den dritten Abend für eine Einführung in den Umgang mit der Videotechnik nutzten. Man kann auch mit der Technik beginnen und dabei die Faszination des Mediums motivationssteigernd einsetzen, doch sollte man immer beachten, daß nicht die Technik, sondern der Inhalt im Vordergrund stehen sollte. Alles andere ist eigentlich unredlich.

Video kann von der gerätetechnischen Seite her sicher ganz interessant sein, sicher hat man auch seine **technischen Probleme** damit:
- nicht jede Institution hat eine eigene Videoanlage. Auch im vorliegenden Fall mußte sie ausgeliehen und nach jeder Benutzung zurückgebracht werden
- die Technik ist immer noch relativ störanfällig; man sollte sich daher zumindest in der Bedienung sehr gut auskennen und auch mal ein Kabel löten können
- es ist sehr ärgerlich, daß immer noch eine Vielzahl verschiedener Videosysteme existieren und auch neue wieder hinzukommen. So muß man sich ständig mit der Bedienung neuer Systeme vertraut machen, man kann fertige Cassetten/Bänder nicht austauschen, die Geräte veralten, man erhält kein Zubehör mehr usw. Auf diese Weise kann sich keine Infrastruktur dieses neuen Kommunikationsmediums entwickeln!
- es gibt aber auch Erfreuliches: die Geräte werden allgemein besser, kompakter und auch billiger. Die Jugendlichen bedienen sich auch ganz selbstverständlich dieser neuen Techniken, die Handhabung ist wirklich „kinderleicht".

Der entstandene Videofilm zeigt den Tagesablauf eines arbeitslosen Jugendlichen. Der tägliche Ärger zu Hause, die Schwierigkeiten auf dem Arbeitsamt, die Erlebnisse in der OT bilden den Handlungsrahmen. Besonders wird sich mit der Konsumhaltung der meisten Jugendlichen auseinandergesetzt.

In zwei Drehtagen und an zwei Drehorten entstand so ein Film von 20 Minuten Länge. Diese Drehzeit ist sehr knapp bemessen; sie macht Improvisation zur Notwendigkeit, größere Pannen und Zeitverzögerung dürfen allerdings nicht vorkommen. So wird die möglichst genaue Vorplanung wichtig, darin eingeschlossen: alternative Vorgehensweisen und ein zeitlicher Spielraum, da sich meist unvorhersehbare Verzögerungen ergeben (Darsteller erkrankt, keine Dreherlaubnis usw.).

Action oder Aktionen?

Die Durchführung eines solchen komplexen Vorhabens gelingt auch nur dann, wenn die Beteiligten so motiviert und engagiert mitarbeiten, daß sie auf Probleme mit verstärktem Einsatz reagieren. Wenn Jugendliche aber erst einmal Feuer gefangen haben, sind sie ungeheuer begeisterungsfähig, erfindungsreich und auch ausdauernd.

Die meisten Projektbeschreibungen leiden unter einer zu starken Theorielastigkeit, die eigentlich nur dadurch aufgehoben werden kann, das entstandene Produkt **sinnlich** vorzustellen. Nun kann ich leider dem vorliegenden Buch *Kinder und Medien* keine Videocassette beifügen; es bleibt nur eine Annäherung über die schriftliche Wiedergabe des Inhaltes: Ralf (er ist der Hauptdarsteller und gleichzeitig der „rote Faden" des Films) wird von seiner Mutter geweckt und an einen Termin beim Arbeitsamt erinnert. Von dort kommt Ralf wieder, ruft bei einer Firma an und wird (wieder einmal) abgelehnt. Er streitet mit seiner Mutter, weil er nicht jede „Drecksarbeit" übernehmen will. Aus dieser alltäglichen Frustsituation heraus flüchtet er ins OT.

Aus technischen Gründen wurde der erste Teil in einer Wohnung gedreht. Es ist natürlich einfacher, den Telefonanruf bei einer Firma zu simulieren, als mit dem ganzen Aufnahmeteam zu einer Firma zu fahren

Eine Seite des Drehbuches für diesen Videofilm, zusammengestellt von Jugendlichen und dort zu filmen. Man muß hier jeweils Aufwand und dramaturgisch/inhaltliche Notwendigkeit gegeneinander abwägen. An Ort und Stelle wurde improvisiert, neue Ideen wurden eingebracht, die Texte waren nicht exakt vorgegeben, sondern wurden von den Darstellern aufgrund einer bestimmten Handlungssituation und der Charakterisierung der jeweiligen Rolle entwickelt. Dies funktionierte vorzüglich, wahrscheinlich weil die gespielten Rollen den realen sehr ähnlich waren.

In dem darauf folgenden Zwischenteil werden Interviews mit Passanten vor der OT gezeigt. Hierbei ergeben sich aufschlußreiche Bemerkungen über das Verhalten von Jugendlichen aus der Sicht der Erwachsenen, die wie Kommentare zum Film wirken. Während des letzten Interviews erscheint Ralf in der OT. Sein Rundgang durch das Jugendheim auf der Suche nach Bekannten dient gleichzeitig dazu, das Jugendheim und seine Einrichtungen vorzustellen. Zentrales Ereignis ist die Disco, aus der mehrminütige Musikszenen gezeigt werden, die etwas von der Monotonie der Musik und der Langeweile der meisten Jugendlichen vermitteln. In einem Gespräch mit dem Sozialarbeiter der OT wird noch einmal die persönliche Situation von Ralf, die der der meisten OT—Besucher entspricht, thematisiert. Das Ende ist offen: Ralf verläßt die OT... sieht der nächste Tag genauso aus, oder zieht Ralf Konsequenzen aus der Reflektion seiner Lage?

Technisch am schwierigsten erwiesen sich die Aufnahmen in der Disco: akustisch mußte eine sehr laute Musik mit einer Unterhaltung koordiniert werden, optisch lagen durch die Light—Show sehr starke Helligkeitsunterschiede vor, organisatorisch mußten die Besucher als „Statisten" vom genauen Ablauf der Szene in Kenntnis gesetzt werden. Die Resultate sind qualitätsmäßig schlechter als die Aufnahmen bei Tageslicht — sie geben andererseits etwas von der kommunikationshemmenden Atmosphäre wieder.

Der Videofilm wurde im Rahmen der Öffentlichkeitsaktion dann auf dem Bonner Marktplatz mehrmals gezeigt und anschließend zur Vorführung an die einzelnen Bonner OT's verliehen.

Es gibt vor allem aus dem Videobereich zahlreiche Praxisberichte. Die Euphorie der Video—Steinzeit ist allerdings einer etwas nüchterneren Einschätzung der Möglichkeiten gewichen. Man kann diese Entwicklung nachlesen in der Zeitschrift *Medium*, die vom *Gemeinschaftswerk der evangelischen Publizistik, Franktfurt/M.* herausgegeben wird, ebenso in der Reihe *Medienarbeit*, die vom *Medienpädagogischen Zentrum Hamburg (MPZ), Thadenstr. 130, 2000 Hamburg 50* herausgegeben wird.

Als eine preiswerte Einführung in die Videoarbeit kann man zwei Taschenbücher von *Gerhard Lechenauer* empfehlen: *Videomachen, Reinbek: Rowohlt, 1979,190 S., 6,80 DM* enthält die technischen Grundlagen, Beschreibungen der verschiedenen Systeme und Adressenlisten, *Alternative Medienarbeit mit Video und Film, Reinbek: Rowohlt, 1979, 236 S., 7,80 DM* enthält Projektbeschreibungen, Literaturhinweise, Adressen von Mediengruppen, Geräteherstellern, einen Vergleich zwischen Video und Film.

Speziell in Hinblick auf Jugendarbeit konzipiert ist *Video als Medium in der Jugendarbeit, herausgegeben von der Landesvereinigung Kulturelle Jugendbildung, Remscheid 1979,* kostengünstig zu beziehen über: LKJ, Küppelstein 34, 5630 Remscheid.

Selbstverständlich besteht Medienarbeit mit Jugendlichen nicht nur aus Video; Es kann in diesem Rahmen auf die anderen Möglichkeiten jedoch nur über Literaturhinweise informiert werden. Einen knappen und sehr praktischen Überblick über die Möglichkeiten und Übungen in der Medienarbeit geben *Franz Stuke und Dietmar Zimmermann: Praktische Kommunikationslehre – Übungsvorschläge für die medienpädagogische Arbeit, Münster: Fahle, 1975. 120 S.* Es werden dabei die Bereiche Presse, Ton, Film und Fernsehen angesprochen.

Nur mit dem Bereich Fernsehen beschäftigt sich der Band *Mediendidaktische Modelle: Fernsehen, herausgegeben von Dieter Baacke, München: Juventa, 1973.* Man findet dort grundlegende Aufsätze zur Fernsehanalyse und zur Video– und Filmarbeit. Ein anderer Band dieser Reihe, ebenfalls von *Baacke* herausgegeben, enthält Aufsätze und didaktische Vorschläge zur Zeitungs– und Zeitschriftenanalyse.

Was man selbst mit Farbe und Papier alles machen kann, um die Öffentlichkeit zu erreichen, steht im *Handbuch zur praktischen Medienarbeit in Initiativgruppe I* von der *Arbeitsgemeinschaft sozialpoliti-*

scher Arbeitskreise, Berlin 1976, 190 S., 8,50 DM. Daß man auch mit Fotografien etwas anderes machen kann als sie ins Fotoalbum zu Hause einzukleben, zeigen *Wolfgang Kunde* und *Lienhard Wawrzyn* (Herausgeber) in: *Eingreifendes Fotografieren, Berlin: Verlag Ästhetik und Kommunikation, 1979, 240 S., 19.80 DM*. Dabei meint ,,eingreifendes Fotografieren" die bewußte Verwendung von Fotografie im Alltag unter im weiterem Sinne politisch/aufklärerischer Zielsetzung. Wie man mit Fotos anderen die Augen öffnen kann, wird in zahlreichen Projektbeschreibungen wiedergegeben. Ahnlich auch in: *Fotografie als Waffe — Geschichte der sozialdokumentarischen Fotografie, Hamburg: VSA, 1977, 191 S., 16,80 DM* von *Roland Günther*. Das Medium Fotografie wird hier dargestellt als Gegenstand des Nachdenkens und der Problematisierung, damit als Auslöser für Veränderung, wie dies an historischen und aktuellen Beispielen aus der Bürgerinitiativbewegung gezeigt wird.

Mit Notenbuch und Kamera

Medienpädagogik in der Schule
von Ulrich Gilles

Medienarbeit in der Schule gestaltet sich aufgrund einer ganzen Reihe von Problemen, die sich vor allem durch den institutionellen Rahmen ergeben, noch schwieriger als die Medienpädagogik im Jugendfreizeitbereich, wie sie auf Seite 231 dargestellt wurde. Die schulischen Bedingungen ermöglichen Projektarbeit im eigentlichen Sinne kaum. Trotzdem möchte ich einmal die Merkmale der **Projektmethode** aufführen, da sie für die Methodik der **aktiven Medienarbeit** kennzeichnend sind. Es erscheinen gleichzeitig auch jene Faktoren, die im schulischen Rahmen diese Projektorientierung verhindern:

- Ausgangspunkt: der Alltagsrealität entnommen, sind dies Probleme, Interessen und Bedürfnisse der Lernenden.
  Die Schule versteht sich demgegenüber als eine Institution, in der man zwar etwas über die Realität lernt, jedoch von ihr getrennt ist. Zudem wird die Realität in Fächer und Einzelstunden zerstückelt, damit gehen Lebenszusammenhänge verloren.
- Planung: die Methoden der Arbeit sollen erst im Laufe des Projektes gefunden werden und den jeweiligen Erfordernissen in flexibler Weise angepaßt werden. Sie sind also veränderbar, abhängig von den Entscheidungen der Lernenden. Durch den längeren, kooperativen Umgang miteinander ist Lernen gleichzeitig auch immer Soziales Lernen.
  Der starre Rahmen von Stundenplan, Fächergrenzen, die nicht-freiwillige Mitarbeit der Schüler verhindert in der Schule die Orientierung an diesen Prinzipien. Außerdem fehlt der planerische Freiraum.
- Ergebnis: in der Regel ist ein sinnlich-wahrnehmbares, in seiner Komplexität nur von einer Gruppe zu bewältigendes Produkt, die Ergebnisse zielen oft über die Lerngruppe hinaus in Richtung auf eine Teilöffentlichkeit.
  Die Grenzen der Schule verhindern meist eine Orientierung an außerschulischen, aktuellen Problemen.

Schon in dieser knappen Auflistung wird deutlich, unter welchen ungünstigen Bedingungen schulische Medienarbeit steht, die mehr sein will, als eine Vermittlung von Faktenwissen. Man wird daher in der Regel meist nur von einer **Produktorientierung** sprechen können. Resignation vor diesen Zwängen oder das Ausweichen auf die etwas flexibleren schulischen Arbeitsgemeinschaften liegt auch darin begründet, daß es kein **Schulfach Medienpädagogik** gibt, sondern nur eine aufgrund der zunehmenden didaktischen Relevanz des Kommunikationsbegriffes entstandene Tendenz, medienpädagogische Inhalte in den Fächern Kunst und Deutsch unterzubringen. Den meisten Schulen fehlt es auch an den notwendigen technischen Einrichtungen wie Fotolabor, Offsetmaschine, Videoanlage (die VCR—Geräte in den Schulen sind ungeeignet) etc. An neueren Schulen, vor allem aber an Gesamtschulen, sieht die Lage in dieser Beziehung etwas besser aus. Trotzdem sind im allgemeinen die Voraussetzungen für eine konsequente Medienarbeit in der Schule denkbar schlecht.

Wenn sich der folgende Praxisbericht auf den Bereich Video bezieht, geschieht dies aufgrund der persönlichen Erfahrung. Aus Platzmangel kann auf die anderen Bereiche nur mittels Literaturverweis informiert werden. Offensichtlich sind die Erfahrungen der nachfolgenden Projektbeschreibung typisch für die schulische Lage.

Wie sehen Schüler ihre Schule?
Versuch projektorientierten Arbeitens mit Video

Zuerst in aller Kürze die notwendigen Fakten: der Versuch wurde in einem 7. Schuljahr einer Hauptschule im Ruhrgebiet durchgeführt. Die Klasse bestand aus 26 Schülern/Schülerinnen. Zur Verfügung standen pro Woche die zwei aufeinanderfolgenden Stunden des Kunstunterrichts. Die Schüler hatten bis dato keinerlei Erfahrung mit Video. Vorausgegangen war allerdings eine Unterrichtsreihe über Perspektive, Einstellungsgrößen usw.
Die Ziele dieser Unterrichtsreihe erscheinen in etwas ausführlicher und in einer in der schultypischen Terminologie gehaltenen Form. Diese Soll-Formulierungen sind weitgehend übertragbar auf andere Versuche medienpädagogischer Arbeit:

Die Schüler sollen im Lauf der Unterrichtsreihe
- sich durch den spielerischen Umgang mit der Videoanlage mit deren

Handhabung und deren Einsatzmöglichkeiten vertraut machen
- unter Berücksichtigung der technischen, organisatorischen und thematischen Bedingungen und Intentionen ein Drehbuch für einen Videofilm erarbeiten
- sich mit Hilfe von Arbeitsmaterialien und Übungen mit der Sprache der Medien vertrautmachen
- aufgrund eigener Erfahrung, Bedürfnisse und Motive in Hinblick auf eine bestimmte Zielgruppe und eine Teilöffentlichkeit einen Videofilm produzieren
- zur reflektierten Einschätzung und Bewertung der Ergebnisse anhand des erworbenen Wissens fähig sein
- über das Medium sich weitere Aspekte der Wirklichkeit aneignen
- durch die eigenen, gestalterischen Prozesse in die Wirklichkeit eingreifen und sie für sich neu interpretieren
- sich der Authentizität ihrer Darstellung bewußt sein und diese Eigenleistung gegenüber anderen vertreten können
- die Notwendigkeit des arbeitsteiligen, kooperativen Umgangs bei derartig komplexen Prozessen erkennen und ihren Beitrag dabei als Teil einer gemeinsamen Artikulation der Klasse gegenüber einer Teilöffentlichkeit verstehen

Für die Durchführung standen leider nur sieben Doppelstunden zur Verfügung. So mußte zwangsläufig darauf verzichtet werden, mittels Lehrgängen das theoretische Grundwissen zu vermitteln. Dies kommt zwar den Bedürfnissen der Schüler nach praktischer Arbeit entgegen, entspricht aber nicht einer für die eigentliche Bewältigung des Themas notwendigen Vorgehensweise. Eine ähnlich problematische Vorbedingung wie die Zeitknappheit war die Zahl der Schüler. Durch Aufteilung in drei getrennt an dem Gesamtvorhaben arbeitenden Gruppen wurde dies zu lösen versucht. Für den Lehrer gestaltete sich dabei die Betreuung und Beaufsichtigung der Gruppen ebenso schwierig, wie es die relativ selbständige Gruppenarbeit der Schüler selbst war.

In einer Brainstormingphase zu Beginn suchten die Schüler nach geeigneten Themen. Hier wurden Themen in Anlehnung an massenmediale Muster (Western, Action, Gruselgeschichten usw.) genannt. Die Auswertung ergab jedoch, daß solche Themen einerseits mit den vorhandenen Mitteln nur sehr schwierig zu realisieren waren, und sich andererseits ein gemeinsamer Nenner der verschiedenen Vorschläge erst durch die

Orientierung an gemeinsamen eigenen Problemen ergeben konnte. So wurden die von den Schülern vorgeschlagenen Themen zur Schule auf drei Gruppen verteilt. Die Zusammensetzung der Gruppen wiederum richtete sich nach den Wünschen, die die Schüler bezüglich ihrer Aufgaben dabei geäußert hatten (also Technik, Kamera, Schauspiel usw.). Nach dieser Phase der Bestimmung der Inhalte und der Arbeitswünsche der Schüler erfolgte eine Unterweisung in der Videotechnik. In dieser Doppelstunde war jeder Schüler sowohl Kameramann/frau wie auch Aufnahmeobjekt. Die Aufgabe lautete, sich selbst und seine Hobbies usw. einmal vorzustellen. Zusätzlich erhielten die Schüler schriftliches Material, welches sie mit den Begriffen der Videotechnik vertraut machte.

Dies mußte als Vorerfahrung genügen; allerdings ist es auch erstaunlich, wie schnell Schüler den Umgang mit technischen Geräten erlernen. Übungs- und Produktionsphasen des Videofilms waren von nun an kaum mehr zu trennen. Je nach Thema und der dabei notwendigen theoretischen Vorarbeit begannen die Gruppen mit den Aufnahmen oder entwickelten ein Drehbuch. Den Schülern wurde dabei die Komplexität dieses Vorganges deutlich, so daß ich die Situation zum Anlaß nehmen konnte, die eher theoretische Erarbeitung eines Drehbuches anzugehen. Diese planerisch-theoretische Arbeit stieß auf geringes Interesse. Man kann die Gründe sowohl in der (notwendigen) Theorielastigkeit dieser Phase wie in der offensichtlichen Überforderung der Schüler in Hinblick auf die gedankliche Vorwegnahme des gesamten komplexen und sinnlichen Filmprozesses vermuten.

Gab es bei der Drehbucharbeit Störungen, Feindschaft, Desinteresse und uneffektive Arbeit, so war die gleiche Arbeitsgruppe innerhalb weniger Minuten wie ausgewechselt, als es an die praktische Arbeit mit der Videokamera ging: sie verhielten sich ausgesprochen kooperativ, sie tauschten die Rollen, arbeiteten wie ein eingespieltes Team zusammen. Das Ergebnis war dementsprechend zufriedenstellend. Innerhalb von nur drei Doppelstunden entstand so der gesamte, etwa 20–minütige Film, der von mir (ohne Schnittrecorder) zusammengestellt wurde, während die Schüler die Zwischentitel gemalt und die Musik ausgesucht hatten.

Der Videofilm beginnt mit Interviews. Es werden Lehrer und Schüler zu schulischen Themen befragt (Unterricht, Hobbies, Lieblingsfach, Klassenfahrten, Zustand der Schule, Noten usw.). Nach den ersten Proben hatte die Interviewgruppe gemerkt, daß man die Fragen vorbereiten muß und sich dann eine Liste zusammengestellt, die sich als sehr hilfreich erwies.Die Kurzfilmgruppe beschäftigte sich mit dem Problem des Rauchens in der Schule. In vier Szenen wird gezeigt, wie rauchende Schüler auf dem Schulhof vom Lehrer erwischt werden, zum Rektor gebracht werden, der ihnen einen Verweis androht, sich dann aber eine große Zahl der Klassenkameraden dazu bekennt, auch auf dem Schulhof geraucht zu haben und dadurch verhindern, daß zwei Schüler exemplarisch bestraft werden. Die Maßnahme des Rektors besteht dann darin, den beiden aufzutragen, zusammen mit der Klasse eine schulische Ausstellung über das Rauchen zu organisieren. Die Form des Kurzfilms/Spielfilms ist die aufwendigste Form der Videoarbeit. Daher wurde hier der Zeitmangel besonders spürbar. So mußte z.B. die beim Rektor spielende Szene während einer Schulpause ohne vorherige Probe aufgenommen werden; die Dialoge sind dementsprechend „holprig". Eine dritte Gruppe beobachtete mit der Kamera das Verhalten anderer Schüler auf dem Schulhof. Technisch relativ unproblematisch, bekam diese Gruppenarbeit erst einen Sinn, als sie zusammengestellt und mit nachvertonten Schülerkommentaren über die Funktion der Pause für die Schüler und die Möglichkeit der Schulhofgestaltung versehen worden war.

Der fertige Film wurde dann auf dem Schulfest der Öffentlichkeit gezeigt. Leider reichte die Tonqualität nicht aus, um im lauten Treiben dieses Festes das Gesprochene für alle verständlich zu übermitteln.

Wie in der Schule üblich, erfolgte auch eine Lernzielkontrolle. Sie diente jedoch nicht so sehr der Benotung, sondern war als Mittel zur Auswertung des Versuches gedacht. Die Schüler erhielten dazu mehrseitige Arbeitsblätter, die entweder Wissensfragen (meist multiple choice) enthielten oder nach Meinungen fragten. Ohne genauer auf die Ergebnisse einzugehen, sind die Tendenzen ganz eindeutig festzustellen: Zufrieden waren die Schüler damit, daß überhaupt einmal mit Video gearbeitet wurde, sehr zufrieden waren fast alle mit der praktischen Arbeit, denn sie beinhaltete neue und interessante Tätigkeiten, stellte Anforderungen an die eigenen technischen/kreativen Fähigkeiten. Demgegenüber wurde die Drehbucharbeit schlecht beurteilt,

sie erschien als aufgezwungen und unverständlich. Die Form der Gruppenarbeit wurde begrüßt, jedoch teilweise als unbefriedigend empfunden.
Feststellbar ist nach dieser Auswertung demnach ein Interesse der Schüler
- an der selbstverständlichen Nutzung heutiger technischer Medien
- an Methoden der Selbstreflexion und Identitätsfindung, an Möglichkeiten der Artikulation mit audiovisuellen Medien
- am Erfinden von Geschichten, am Beobachten, am Spielen
- an dem Versuch, sich mittels eines audiovisuelles Codes, der z.T. aus den Medien bekannt ist und z.T. sich angeeignet werden kann, anderen mitzuteilen
- an der Faszination des Mediums Arbeitsmotivation zu gewinnen, ohne dabei später das Medium zum Selbstzweck werden zu lassen.

Ob es sich bei dem vorgestellten Versuch um einen Erfolg handelt oder nicht, ist eine Frage des Maßstabes. Man sollte daher zum Vergleich vorliegende Praxisberichte heranziehen. Da sich die Medienarbeit in der Schule hauptsächlich in den Fächern Kunst und Deutsch ereignet, bieten sich fachdidaktische Zeitschriften an: *Kunst und Unterricht, Friedrich Verlag, Velber,* oder auch: *Praxis Deutsch* aus dem gleichen Verlag.

Zur *Didaktik der Massenkommunikation* gibt es drei Bände, die ersten beiden sind von *Reent Schwarz*, der letzte ist von *Joachim Paech* herausgegeben. *Band 1: Manipulation durch Massenmedien – Aufklärung durch Schule, Stuttgart: Metzler, 1974, 248 S.* enthält die Entwicklung der schulischen Beschäftigung mit Massenmedien. *Band 2: Materialien zum Fernsehunterricht, Stuttgart: Metzler, 1976, 300 S.* enthält vor allem Analysen zu bestimmten Fernsehreihen und -Gattungen. *Band 3: Schülerfernsehen, Stuttgart: Metzler, 1977, 310 S.,* berichtet über die WDR-Reihe Schülerfernsehen, bei der Schüler die Gelegenheit bekamen, ihre (bzw. die mit Hilfe des WDR gedrehten) Filme im Rahmen des Schulfernsehens zu zeigen. Ebenfalls von *Joachim Paech* (zusammen mit *Anne Silberkuhl*) herausgegeben ist das Taschenbuch *Foto, Video und Film in der Schule, Reinbek: Rowohlt, 1979, 218 S., 7,80 DM.* Man findet hier Arbeitsberichte aus der Schule, dazu Gerätebeschreibungen und organisatorische/ technische Tips. Konkrete Berichte aus der Schule mit z.T. sehr ähnlichen Ergebnissen wie bei dem geschilderten Vorhaben stehen in *Heft 23/24* von *Medienarbeit* mit dem Heftthema *Schule und Medien, herausgegeben vom MPZ Hamburg,88 S.,ca. 4.—DM*.

Nicht um Video, sondern um Fotografie geht es in *Axel von Criegerns Fotodidaktik als Bildlehre, Berlin: Rembrandt, 1976, 192 S., 19,80 DM*. Criegern analysiert die wichtigsten vorliegenden didaktischen Ansätze schulischer Fotografie, beschreibt im theoretischen Teil die Fotografie vor allem unter ikonologischen Gesichtspunkten und bietet dann Unterrichtsvorschläge an.

Adressen

Medienpädagogische Institute u.ä.
entnommen aus: *Heike Mundzeck und Wilfried Schneider: Praktische Medienerziehung, Weinheim und Basel: Beltz Verlag, 1979, 152 S., 17.—DM*

Aachener Zeitungsmuseum, Pontstraße 13, 5100 Aachen
Akademie Remscheid für musische Bildung und Medienerziehung e.V. Küppelstein 34, 5630 Remscheid (führt Seminare durch; Veranstaltungsprogramm anfordern)
Arbeitsgruppe für kommunale Filmarbeit, c/o Kommunales Kino Frankfurt, Saalgasse 19, 6000 Frankfurt am Main
Bundesarbeitsgemeinschaft für Jugendfilmarbeit und Medienerziehung, Melatner Straße 106, 5100 Aachen
Bundesgremium für Schulphotographie, Gutleutstr. 8—12, 6000 Frankfurt/M.
Deutsches Jugendinstitut München, Saarstraße 40, 8000 München 40 (Medien- Wirkungsforschung)
Deutsches Museum, Museumsinsel, 8000 München 22, Abt. Nachrichtentechnik und Fotografie
Deutsches Rundfunk Museum e.V.,Hammarskjöldplatz 1, 1000 Berlin 19
Deutscher Volkshochschul—Verband e.V., Referat Fernsehen, Postfach 1160, 4370 Marl
Fachstelle für Jugendphotographie e.V., Karlstraße 19—21, 6000 Frankfurt/Main
Hans—Bredow—Institut, Heimhuderstraße 21, 2000 Hamburg 13 (Medien—Wirkungsforschung)
Internationales Zentralinstitut für das Jugend— und Bildungsfernsehen, Rundfunkplatz 1, 8000 München 2
Kinder— und Jugendfilmzentrum, Rechtsträger: Akademie Remscheid
Wissenschaftliches Institut für Jugend— und Bildungsfragen in Film und Fernsehen, Waltherstraße 23, 8000 München 2

Leerseiten

Ich hatte Sie im Vorwort gebeten, sich Ihre Erwartungen in Bezug auf das Thema dieses Buches bewußt zu machen und sich einige Notizen hierzu aufzuschreiben. Ich möchte Ihnen an dieser Stelle eine (symbolische) Rückoppelungsmöglichkeit geben, zwei Seiten Raum, damit Sie ihren gemischten Gefühlen in Bezug auf dieses Buch und das Thema Luft machen können.

Kritik wurde von mir in diesem Buch nicht nur großgeschrieben, sondern wird auch von mir dankbar entgegengenommen. Ich lerne gerne etwas dazu, und freue mich über neue Anregungen. Sicherlich fließen einige von Ihnen schon in das nächste Buch zum Thema „Medien" ein. Meine Anschrift:
      Ralf Plenz
      Eulenhof-Verlag Ehrhardt Heinold
      Eulenhof
      2351 Hardebek

Zeichnung von Gerhard Seyfried, in: Gerhard Seyfried: Wo soll das alles enden – 1 kleiner Leitfaden durch die Geschichte der undogmatischen Linken, Rotbuch-Verlag, Berlin, 1978, 96 S., kt., 8.–DM

Am eigenen Schopf aus dem Sumpf ziehen

Schaut man sich — vielleicht unter neuem Blickwinkel nach Lektüre von *Kinder und Medien* — die heutige Medienlandschaft genauer an, die ja doch ganz schön sumpfig ist, so sieht sie differenzierter als bei flüchtigem Blick aus: es gibt viele, die gemerkt haben, wie sumpfig und verfahren hier doch vieles ist, wie wenig die Massenkommunikation eigentlich beidseitige lebendige Kommunikation ist, und wie sehr sie Verteilung von irgendwelchen Inhalten an die Massen ist.

Es ist müßig, sich auf die Brecht'sche Radiotheorie und Enzensbergers „Baukasten zu einer Theorie der Medien" zu berufen, diese sind sowieso allen Medientheoretikern bekannt und nur für deren Diskussion wichtig. Hier nur dies: „Senden" und „Empfangen" ist im Gespräch und sogar noch im Theater gleichzeitig möglich und notwendig, Rückkoppelung ist das entscheidende Stichwort. Und bei den Medien Fernsehen, Radio, Zeitschrift und Zeitung ist dieses — abgesehen von gänzlich erstarrten Pseudo-Rückkoppelungen — verlorengegangen. Um diesen direkten Rückbezug wieder herzustellen, ist es notwendig, daß sich möglichst jeder die wenigen Kenntnisse und Techniken aneignet, die notwendig sind, um mit diesen Medien auf einer einfachen Ebene (Video, Hörfunk —z.B. im Krankenhaus — , und Schüler- und Stadtteilzeitungen) selbst arbeiten zu können.

In einem **ersten** Schritt kann sich jeder (auch schon Kinder) in ein distanziertes Verhältnis zu den „großen" Medien setzen: aufgrund gerade erworbener medienkundlicher Basiskenntnisse kann er die Medienprodukte mit anderen Augen sehen, analysieren, und sich ganz nach Bedarf mehr und mehr in Analyse und Kritik einarbeiten. Dieser Schritt ist schon wesentlich weiter, als eine konservative Medienkunde es anstrebte.

In einem **Zwischenschritt** kann man als nächstes ein Zeitungs- oder Videoprojekt von der Idee über Planung, Durchführung, Auswertung und Weiterarbeit **simulieren**. Das, was in der Dramendidaktik unter dem Stichwort der „simulierten Inszenierung" verstanden wird, kann man mühelos auf Medienprojekte übertragen.

In einem **zweiten** Schritt (der auch ohne Zwischenschritt möglich ist) wendet man die bisher erworbenen Kenntnisse an und schafft sich sein eigenes Medienprojekt, gibt selbst eine Zeitung heraus, macht Videofilme, Tonband- und Cassettenproduktionen, schafft sich für diese Produkte eine Teilöffentlichkeit, redet mit den Lesern/Zuschauern/Hörern über alles und läßt diese auch bei weiteren Projekten mitarbeiten. Ist das illusorisch? Etliche Beispiele emanzipatorischer Medienarbeit in diesem Buch belegen, daß dieses möglich ist.

Nur in einem **dritten** und letzten Schritt kann im Idealfall erreicht werden, daß Massenkommunikation (im Stadtteil) wieder im überschaubaren Rahmen stattfindet und alle überregionalen Medien so gut wie unbedeutend werden. Denn nach einem längeren Bewußtwerdungsprozeß wird sich die Erkenntnis durchsetzen, daß nur die überschaubaren Lebenszusammenhänge letztendlich entscheidend und somit wichtig sind.

Starthilfen

Wenn die ersten anderthalb Schritte vollzogen sind und hierbei auch manche in *Kinder und Medien* besprochene Bücher (wenngleich nicht alle berücksichtigt werden konnten und meine Auswahl immer subjektiv war) einen wichtigen Beitrag geleistet haben, so wird es spätestens dann etwas schwierig, wenn man Geräte benötigt. Die besten Hilfen erhält man bei den Landesbildstellen, die allen staatlichen Stellen offenstehen, jedoch unterschiedlich ausgestattet und besetzt sind. Manche Volkshochschule oder Familienbildungsstätte sowie manch eine Kirche ist deswegen materiell und personell ganz gut ausgestattet, weil viele jungen Medienpädagogen hier freiberuflich oder als Angestellte tätig sind und Pionierarbeit leisten. Finanziell sieht es bei den meisten dieser Institutionen aber recht flau aus.

In fast jeder Stadt gibt es einen oder mehrere Vereine zur Förderung von Medienarbeit. Nach oft schwierigen Anfangsjahren erhalten sie als gemeinnützige Vereine auch Zuschüsse von der Stadt/dem Land/dem Bund, und verdienen sich durch den Verleih von Geräten, Filmen usw. auch einen Teil dazu. Die Adressen sind meist über die jeweiligen alternativen Stadtzeitungen oder überregionale Video/Medienzeitschriften zu erfahren. Natürlich kommt es vor, daß in bestehenden Vereinen die angestrebten Ideen sich nicht in gewünschter Weise durchführen lassen. Doch gerade über Stadtteilzeitungen oder über die Kontakte der Landesbildstellen und ähnlicher Institute lassen sich weitere aktive Leute (z.B.auch Lehrer) finden, die gerne mithelfen, einen neuen Verein für die Verwirklichung dieser Ideen mitzugründen.

Ein Erfahrungsbericht über die Durchführung des medienpädagogischen Projektes ,,Filmstadt für Kinder in Bonn" mit etlichen Tips zur Organisation , zur Gruppenstruktur sowie zur Vereinsgründung und Geldbeschaffung findet sich in dem Buch *Filmstadt-Dokumentation , Akademie Remscheid, ca 200 S., ca 2.—DM Schutzgebühr*, das im Frühsommer 1981 erscheint. Es ist dann auch lieferbar über die *Bundesarbeitsgemeinschaft für Jugendfilmarbeit und Medienerziehung, Aachen* — sie war Mitveranstalter dieses Projektes. Hier wird auch deutlich, wie sich Initiatoren in einer selbstorganisierten Gruppe erst einmal diversen Gruppenprozessen ausgesetzt sahen, diese durchstanden und letztendlich trotz aller Unterschiede ein gemeinsames Projekt schafften.

Von der *Filmstadt* gibt es eine Mappe mit 24 Ausstellungstafeln DIN A 3, die zum Preis von *12.—DM zuzüglich Versandkosten* über folgende Anschrift erhältlich ist: *Verein zur Förderung von Medien- und Kulturarbeit e.V., Konrad-Adenauer-Platz 3, 5300 Bonn 3*. Sie ist meines Erachtens gut für eine Vorbereitung auf medienpädagogische Projekte geeignet, weil sie auch die grundlegenden medientheoretischen Voraussetzungen mitdiskutiert.

Ist man deswegen dem Sumpf schon entronnen? Natürlich noch nicht. Hat man aber kleine Inseln gesichtet oder geschaffen (mögen sie ruhig klein und wackelig sein, so ist die Lage nicht ganz hoffnungslos. Immerhin hat man sich umgeschaut, einen Überblick verschafft und möglicherweise auf einen dieser Inseln Position bezogen. Inseln sind aber auf Dauer keine Lösung: Die Inseln müssen sich ausbreiten, zu einer Selbstverständlichkeit (nicht zu Institutionen!) werden und untereinander ein Netz aufbauen, das immer tragfähiger wird. Je engmaschiger dieses ,,Netz auf Gegenseitigkeit" geknüpft ist, umso besser läßt es sich im Sumpf leben. Und mit einer gewissen Wahrscheinlichkeit läßt sich das Bild des ,,Mediensumpfes" möglichst vielen Multiplikatoren bewußt machen . Der Sumpf läßt sich trockenlegen; im Klartext: es lassen sich die großen privatwirtschaftlichen Medien (Zeitungen und

Am eigenen Schopf aus dem Sumpf ziehen

Zeitschriften sowie die öffentlich-rechtlichen Medien (Hörfunk und Fernsehen) in ihrer jetzigen Struktur verändern/auflösen. Doch das Ziel ist viel zu weit weg, als daß es sich ernsthaft anstreben ließe. Hat man erst das Zwischenziel, sich auf das Schaffen von Inseln zu konzentrieren, ist schon vieles in Bewegung gesetzt.

Wie sieht dieses konkret in der Schule aus, in der Institution, in der Kinder und Jugendliche die Hälfte des Tages zwecks Erziehung und Bildung verbringen? So unterschiedlich wie nur irgendwie denkbar. Manch eine Schule hat in der Reformeuphorie der frühen siebziger Jahre mutige Medienschritte gemacht, andere kamen damit zu spät, als der Trend schon wieder rückläufig und sowieso kein Geld mehr vorhanden war. Allgemein läßt sich sagen, daß es müßig ist, gegen die Windmühlenflügel der Bürokratie anzukämpfen.

Diesen ungleichen Kampf kann man erst dann aufnehmen, wenn die oben beschriebene Bewußtseinsbildung weiter vorangeschritten ist und sich mehrere Lehrer der unterschiedlichsten Fachrichtungen mit der Unterstützung ihrer Kollegen an die Arbeit heranmachen. Initiativen, die „von oben herab" kommen, sollte man sowieso nicht erwarten. Daß die Grundsteine für Lehreraktivitäten aber in einer guten medienpädagogischen Lehrer- und Dozentenausbildung gelegt werden müssen, versteht sich von selbst. Vielversprechende Ansätze von Grundlagen- und Wirkungsforschung im Medienbereich an diversen Hochschulinstituten müssen daher voran getrieben werden und konkrete Auswirkungen für die Studiengänge zeigen. Und die Curricula. Wahrlich, eine sehr sumpfige Angelegenheit!

Um zum anfänglichen Bild zurückzukehren: wenn man diese angedeuteten Wege beschreitet, betrügt man sich dann selbst, indem man sich wie der Baron Münchhausen „am eigenen Schopf aus dem Sumpf" zieht? — Nein, denn mit eigener Kraft (die aus einer entsprechenden Motivation entspringt), mit Hilfe von Inseln sich aus dem Sumpf befreien, ist kein Selbstbetrug und auch kein Märchen, sondern eine realistische Möglichkeit.

In diesem Sinne, *Der Herausgeber*

Autorenverzeichnis

An diesem Buch haben ein gutes Dutzend Autoren mitgearbeitet, die ihre Beiträge allesamt unentgeldlich zur Verfügung stellten. Sie haben viel Mühe und Zeit in diese Arbeit gesteckt — ihnen sei an dieser Stelle ganz ganz herzlich gedankt. Ohne ihre Arbeit wäre dieses Buch nur ein Fragment.

Gedankt sei auch den Verlagen, die uns die Rezensionsexemplare zur Verfügung gestellt haben.

Hans Bachmüller, ehemaliger Sendeleiter bei Radio Bremen, Freier Produzent, Freier Kritiker (epd), lebt in Köln

Joachim Burauen, Diplom-Pädagoge, Vater von drei Kindern, anderthalb, dreieinhalb, achteinhalb Jahre alt, lebt und arbeitet als freier Referent und Medienpädagoge in Kendenich

Detlev Fechtmann, Pädagogikstudium, lebt und arbeitet als freier Filmemacher in Achim b. Bremen

Ulrich Gilles, Lehrer und Diplom-Pädagoge, Niederkassel, arbeitet als Referent für Medienpädagogik, Fotografie und ist nebenbei als Lehrer tätig

Klaus Göbel, Dr. phil. Priv.doz. Universität Bonn, Pädagogische Fakultät, Seminar für Didaktik der Deutschen Sprache, lebt in Köln

Helmut Greulich, Verantwortlicher Redakteur beim ZDF für die Sendereihe „betrifft: fernsehen", Mainz

Rotraut Greune, Diplom-Pädagogin, Kinderfilmarbeit, lebt und arbeitet in Hamburg

Sieglinde Issberner, Hausfrau, Mutter dreier Kinder, elf, dreizehn und siebzehn Jahre alt, lebt in Morenhoven

Gudrun Jochmus-Stöcke, Lehrerin, Bonn

Hans Kimmel, Leiter der Hauptabteilung Internationale Angelegenheiten beim ZDF, Mainz

Hiltrud Kortz, Lehrerin, div. Medienarbeiten, Düsseldorf

Michael Kunczik, Dr. rer. pol., Universität Bonn, Pädagogische Fakultät, Akademischer Rat, Soziologie-Seminar

Gert K.Müntefering, Leiter des WDR-Kinderfernsehprogramms, Köln

Network-Medien Cooperative, Hallgartenstr. 69, 6000 Frankfurt/M.

Ralf Plenz, Diplom-Pädagoge, lebt und arbeitet als freier Autor, Medienpädagoge und Grafiker in Hamburg

Bettina Pötz, Lehramtsanwärterin, lebt in Mölln und Hamburg

Inserentenverzeichnis

Basis-Verlag	261
Wilhelm Fink-Verlag	262
Gemeinschaftswerk der Ev.Publizistik	261
Hoheneck-Verlag	264
Verlag J.F.Schreiber	263
Schroedel-Verlag	260

Wir zeigen Mut zur Kritik
Sie arbeiten viel mit Kinder- und Jugendbüchern
Sie sollten das **Bulletin Jugend + Literatur** kennenlernen

Seit über 12 Jahren beschäftigen wir uns berufsmäßig mit der jährlich wachsenden Vielzahl der Kinder- und Jugendbücher. Die Redaktion des Bulletin Jugend + Literatur, an ihrer Spitze einer der besten Kenner der Kinderbuchszene, Horst Künnemann, liest für Sie die wichtigsten Neuerscheinungen, macht auf kleine Verlage und engagierte Macher aufmerksam.

Neben vielen Einzel- und Sammelrezensionen finden sich aber auch eine kritische Aufarbeitung von Trends und „weißen Flecken" im Kinder- und Jugendbuchbereich.

Unser Mut hat schon manch einen Kritiker oder Verleger verärgert – haben Sie Mut zur Meinung – abonnieren Sie das monatliche Bulletin Jugend + Literatur. In jedem Heft gibt es viele interessante und fachinterne Nachrichten, Termine und Diskussionsbeiträge aus dem In- und Ausland, immer mind. 32 Seiten, angereichert mit vielen Illustrationen. Auch die Nachbarmedien wie Comic und Zeitschrift, Fernsehen und Kindertheater werden behandelt. Oft zählen Engagement & kritische Meinung mehr als angestrebte (Pseudo-) Objektivität.
Zu besonders umfangreichen Themen machen wir auch Bücher...

Schroedel
elementar

Aus der Reihe Praxis-Handbücher:

Peter Lefold
Medienerziehung am Beispiel Fernsehen

ISBN 3-507-**62060**-x, kt., 17,80
1980. 164 Seiten

Medienprojekt mit Kindern. Drei Programme mit Fotos, Schmalfilmen und Tonbandaufnahmen.

Kinder müssen lernen, mit dem Medium Fernsehen „richtig" umzugehen, aus dem immer größer werdenden Programmangebot sinnvoll auszuwählen.
Peter Lefold macht in diesem Buch konkrete und praktikable Vorschläge, wie man schon bei Vorschulkindern mit einer Medienerziehung beginnen kann. Sein erster Schritt ist, Kindern vor Augen zu führen, daß alles, was sie auf dem Bildschirm sehen, „gemacht" wird. Wenn sie das begriffen haben, ist die Gefahr einer „Fernsehsucht" schon wesentlich geringer.

HERMANN SCHROEDEL VERLAG KG
Hildesheimer Straße 202–206 · 3000 Hannover 81

Wir machen auch Bücher

In unseren Büchern, den „Beiheften zum Bulletin Jugend + Literatur" greifen wir jeweils ein Thema auf und arbeiten es intensiv auf. So finden sich in den je ca 250 Seiten zum Thema „Sachbuch", „Bilderbuch", „Religion" und „Medien" in einer großzügigen Ausstattung mit vielen Illustrationen nicht nur hundert Rezensionen, sondern auch Berichte & Beiträge von Autoren, Illustratoren, Verlegern, Erziehern und Hochschullehrern nebeneinandergestellt nach dem Prinzip der Kontrastmontage.

Die Auswahl der besprochenen und diskutierten Bücher ist immer eine persönliche Entscheidung der einzelnen Autoren, die an den von Horst Künnemann und Ralf Plenz herausgegebenen Büchern mitarbeiten. Mitunter wird auch die eine oder andere „Heilige Kuh" geschlachtet.

Nachschlagewerk und Diskussionsforum, Ort der Selbstdarstellung von Machern & Konsumenten - das werden die etwa vier neuen Bücher pro Jahr immer sein. Für Leute, die viel mit Kinder- und Jugendbüchern arbeiten, eine wichtige Ergänzung im Bücherregal. Bisher sind erschienen: →

Schule anders machen!!!

Hildburg Kagerer
In der Schule tobt das Leben
Eine 10. Hauptschulklasse und ihre Lehrerin machen sich selbst zum Thema
Basis Unterricht 11, 144 Seiten, 10.50
... der aufregendste Bericht über die ‚Wirklichkeit des Hauptschülers' seit Konrad Wünsches Buch ...
(J. Fritsche in ‚Westermanns Pädagogischen Beiträgen)

Christine Koitka (Hg.)
Freinet-Pädagogik
Unterrichtserfahrungen zu: Freier Text/Selbstverwaltung/Klassenzeitung/Korrespondenz u.a.
Basis Unterricht 8, 144 S. mit Fotos, 10.50

Raimund Krumme, Mo Wilke
den Trick filmen
2 Arbeitsmappen mit je 40 DIN A4-Blättern, pro Mappe 14.80

Basis Verlag, Postf. 645x, 1 Bln 15

12mal jährlich medienübergreifend
Information
Analyse
Kritik

gratis für jedes neue Abo
V. Pavlov: Asylum
Ein Bilderbuch

medium
Zeitschrift für
Hörfunk
Fernsehen
Film, Presse

Einzelheft 4,50 DM
Jahresabonnement 54 DM
Schüler- und Studentenabonnement 37,80 DM

PROBEHEFT KOSTENLOS

Redaktion medium:
Gemeinschaftswerk der Evangelischen Publizistik
Friedrichstraße 2-6, 6000 Frankfurt/M.

Sieben Pfeile

Hyemeyohsts Storm

Indianerroman

381 Seiten mit 186 Abb. im Text, Ln. DM 36,–

„Eines der schönsten Bücher, die ich je gelesen habe."
(Robert Kirsch, Los Angeles Times)

„Ein wunderbares Buch, nicht nur wegen der hervorragenden Illustrationen, sondern auch wegen der einfühlsamen Sprache."
(N. Scott Momaday)

Wilhelm Fink Verlag

☐ Beiheft 10: Omnibus – 1.Jahrbuch zur Kinder- und Jugendbuchszene, 1979, 256 S., 24.– DM

☐ Beiheft 11: Abenteuer! Abenteuer?, 1979, 240 S., 24.– DM

☐ Beiheft 12: Tonkonserven – Schallplatten und Kassetten für Kinder und Jugendliche, 1980, 256 S., 24.– DM

☐ Beiheft 13: Religion im Kinder- und Jugendbuch Nr.2, 1981, 264 S., 26.

  Beiheft 14: Omnibus – 2.Jahrbuch zur Kinder- und Jugendbuchszene, 1980, 264 S., 24.– DM

☐ Beiheft 15: Kinder und Medien – Was Kinder und Jugendliche mit Fernsehsendungen, Radiosendungen und Zeitschriften machen (können), 1981, 264 S., 26.– DM

Abs.: ....

....

....

Hiermit bestelle ich:

☐ Jahresabonnement Bulletin Jugend + Literatur, 12 Hefte, kündbar mit 30 Tagen Frist zum Jahresultimo, Preis incl.MwSt., zuzügl. Porto   76.– DM

☐ Studentenabonnement BJ+L, (gültige Studienbescheinigung beilegen), incl. MwSt.,zuzügl. Porto: 55.–DM

☐ Probeheft (kostenlos)

☐ bei Abobestellung Beih.Nr....kostenlos

☐ sowie die angekreuzten Beihefte

Datum   Unterschrift

Eulenhof-Verlag
Ehrhardt Heinold

Eulenhof

D 2351 Hardebek

Unsere Kinderzeitschriften haben Eigenschaften, die sie in besonderer Weise qualifizieren!

Die Kinder- und Jugendzeitschriften »Teddy«, »Ted report« sowie die Spiel- und Bastelmappe »Ted aktiv« haben die Aufgabe, die geistige und charakterliche Entwicklung des Kindes im besten Sinne zu unterstützen.

Dafür garantiert ein Team erfahrener Pädagogen und Kinderpsychologen, das die phantasievollen und lehrreichen Beiträge altersgerecht auswählt. Die kreativen Anlagen des Kindes werden in scheinbar spielerischer Form gefördert, wodurch es unbewußt Spaß und Freude am Lesen und Lernen entwickelt. »Teddy«, »Ted report« und »Ted aktiv« enthalten keine kommerzielle Anzeigenwerbung und sind nicht am Kiosk erhältlich.

Die Zeitschriften grenzen sich augenfällig von den vielfach »konsumierten« Comics und Pop-Illustrierten ab. »Teddy«, »Ted report« und »Ted aktiv« werden vom Deutschen Jugendschriftenwerk empfohlen und finden bei Pädagogen vielfach Anerkennung. Vielleicht wollen Sie sich anschließen?

Unsere Zeitschriften eignen sich als schulbegleitende Lektüre und bieten überdies auch den Eltern eine hilfreiche Unterstützung ihrer Erziehungsarbeit. Fordern Sie bitte kostenlose Musterhefte an.

»Teddy«
Die große Monatszeitschrift für Sechs- bis Zehnjährige

»Ted report«
Die farbige Monatszeitschrift für Zehn- bis Vierzehnjährige

»Ted aktiv«
Spiel- und Bastelmappe für Acht- bis Vierzehnjährige. Erscheint vierteljährlich

Coupon

An den Verlag J.F. Schreiber GmbH
Postfach 285, 7300 Esslingen

Ich möchte mich überzeugen. Senden Sie mir bitte
___ Expl. ___ Expl. ___ Expl.
»Teddy« »Ted report« »Ted aktiv«

Name:

Adresse:

Günter Beaugrand

Familienpartner Fernsehen

116 Seiten
DM 16,80

Je länger der Bildschirm als Partner in den Familien seinen Platz behauptet und auch für die Kinder als selbstverständliches Freizeit-Medium gilt, um so schwerer wird es weithin Eltern und Erziehern, diese Selbstverständlichkeit zu durchbrechen und den täglichen Fernsehkonsum durch ausgewählte Sendungen abzulösen.

In der vorliegenden Schrift versucht der Autor, der bereits seit vielen Jahren Eltern und Erziehern durch verschiedene Publikationen mit den Grundfragen der Fernsehpädagogik vertraut gemacht hat, aktuelle Perspektiven der Fernseherziehung aufzuzeigen. Er will praxisnah, jedoch wissenschaftlich fundiert, gangbare Wege für einen familiengerechten, kindgemäßen Umgang mit dem Medium Fernsehen weisen.

Vielfältige Kontakte und Gespräche des Autors mit Kindern, Eltern und Erziehern bieten die Gewähr für eine an den Sachfragen orientierte Behandlung des Themas. Darüber hinaus werden auch verschiedene wichtige Programmsparten wie Vorschulprogramm, Kinder- und Jugendsendungen sowie Werbung besonders berücksichtigt.

HOHENECK-VERLAG GMBH, POSTFACH 291, 4700 HAMM 1